·尼山儒学文库·

《论语学研究》第三辑

『《孔子家语》与中国文化新认识』专辑

魏衍华　主编

齊魯書社
·济南·

图书在版编目（CIP）数据

论语学研究. 第三辑 / 魏衍华主编. -- 济南：齐鲁书社, 2023.8

ISBN 978-7-5333-4749-9

Ⅰ. ①论… Ⅱ. ①魏… Ⅲ. ①《论语》－研究 Ⅳ. ①B222.25

中国国家版本馆CIP数据核字(2023)第120574号

项目统筹/许允龙
责任编辑/裴继祥
装帧设计/赵萌萌

论语学研究（第三辑）
LUNYUXUE YANJIU
魏衍华 主编

主管单位	山东出版传媒股份有限公司
出版发行	齊魯書社
社　　址	济南市市中区舜耕路517号
邮　　编	250003
网　　址	www.qlss.com.cn
电子邮箱	qilupress@126.com
营销中心	（0531）82098521　82098519　82098517
印　　刷	日照日报印务中心
开　　本	787mm × 1092mm　1/16
印　　张	15.75
插　　页	3
字　　数	318千
版　　次	2023年8月第1版
印　　次	2023年8月第1次印刷
标准书号	ISBN 978-7-5333-4749-9
定　　价	68.00元

《论语学研究》第三辑

本书由中国孔子基金会资助出版
山东省社科理论重点研究基地孔子研究院
“中外文明交流互鉴研究基地”成果

作者简介

杨朝明　山东大学儒学高等研究院教授，博士生导师，孔子研究院原院长，中华孔子学会论语学研究中心主任

张　涛　北京师范大学历史文化学院教授，博士生导师

魏衍华　孔子研究院“中外文明交流互鉴研究基地”研究员，中华孔子学会论语学研究中心副主任

韦　英　曲阜师范大学教育学院博士研究生

陈以凤　孔子研究院副研究员，学术研究部部长，《走进孔子》编辑部主任

吕　双　曲阜师范大学历史文化学院硕士研究生

张　磊　山东师范大学齐鲁文化研究院教授，博士生导师

李金璇　天津师范大学历史文化学院博士研究生

齐金江　孔子研究院研究员，山东省铸牢中华民族共同体意识研究基地首席专家

孔祥安　孔子研究院研究员，传承发展部部长

孔　丽　孔子研究院副研究员，山东省泰山学者青年专家

杨富荣　孔子研究院助理研究员

李文文　曲阜师范大学孔子文化研究院硕士研究生

陈　岳　曲阜师范大学孔子文化研究院讲师

郑丽媛　济宁市圣地名师

高尚举　齐鲁理工学院齐鲁文化研究所教授

陈　东　曲阜师范大学孔子文化研究院教授

闫春新　孔子研究院特聘教授，济宁市尼山学者，山东师范大学齐鲁文化研究院教授

杜春婷　曲阜师范大学孔子文化研究院硕士研究生

赵建华　文学硕士，曲阜市尼山镇昌平中学老师

俞秀玲　西北政法大学哲学与社会发展学院副教授

杨　洁　潍坊学院文史学院讲师

孙永波　山东大学儒学高等研究院博士研究生

陈　霞　孔子研究院副研究员，《走进孔子》编辑部执行主任

廖名春　清华大学历史系教授，博士生导师，曲阜师范大学孔子文化研究院特聘教授

王承略　山东大学儒学高等研究院教授，博士生导师

孔德立　首都师范大学哲学系教授，山东省泰山学者

前 言

说到“论语学”，人们通常首先想到的是儒家经典《论语》，自然也会想到这是与《论语》相关的学术发展史。看到《论语学研究》的名字，人们通常会认为这应是刊发《论语》研究的一本专刊。应该说，这种想法本没有错。“论语学”首先就是要研究《论语》这本儒家经典，如研究《论语》在儒家经典中的作用与地位，研究《论语》在历代的流传与诠释，同时也研究《论语》在当代的认识、运用与理解等，几乎涵盖历史学、哲学、文献学、社会学等所有的人文学科，这是《论语学研究》所刊登的学术成果最核心的内容。

当然，就传世本《论语》的编纂、形成以及流传过程而言，它原本就不应该是孤立存在的。正如孔安国在《孔子家语后序》开篇所说：“《孔子家语》者，皆当时公卿士大夫及七十二弟子之所谘访交相对问言语也。既而诸弟子各自记其所问焉，与《论语》《孝经》并时。弟子取其正实而切事者，别出为《论语》，其余则都集录之，名之曰《孔子家语》。”① 这段文字说的是《孔子家语》《论语》这两部经典的材料来源、成书问题以及二者的关系，等等，特别是从中获悉了二者的异同。它们的相同之处：《孔子家语》与《论语》是同根同源的，成书时间几乎同时，而且皆为孔门弟子记录、整理的“孔子言论”；不同之处：《论语》选编者以“正实而切事”为标准，将认为重要的“孔子言论”选编入《论语》，其余材料则归入《孔子家语》。

《汉书·艺文志》中也记录了《论语》的成书过程，恰好与孔安国《孔子家语后序》中的说法相互印证：“《论语》者，孔子应答弟子时人及弟子相与言而接闻于夫子之语也。当时弟子各有所记。夫子既卒，门人相与辑而论纂，故谓之《论语》。”② 这里的“论”是“论纂”之“论”，也就是从众多“孔子遗说”中“选编”的意思，而

① 杨朝明、宋立林主编：《孔子家语通解》，齐鲁书社 2013 年版，第 578 页。
② 《汉书》，中华书局 1962 年版，第 1717 页。

选编的标准就是孔安国所说的“正实而切事”。所谓“正实”，说的是可靠性，也就是皆为可靠的“孔子遗言”，或者说是能真实地反映孔子思想的言论；所谓“切事”，说的是有效性，也就是“关注社会生活中的现实问题”①，或者说是对治理天下国家最有借鉴意义的“孔子遗言”。

不可否认，时代不同，编者不同，即便是皆遵循“正实而切事”的原则，从众多的“孔子遗言”中进行选编，其结果也一定会存在不小的差别。如果说作为“孔子遗说”之“选集”的《论语》至关重要，那么作为“文集”的《孔子家语》同样也非常重要。所以，当刘向、刘歆父子在整理汉代中央秘府的藏书时，就将与《论语》属性相似的文献皆附于其后，计“十二家，二百二十九篇”，共同构成了两汉时期学者公认的“论语学”体系。特别需要强调的是，此后历代官修的正史皆延续了两汉时期的这一分类传统，在《论语》后皆附有《孔子家语》这本珍贵的历史文献。从这样的角度说，传统社会的“论语学”体系皆包括“论语类”文献在内，并非人们心目中认为的仅仅是指《论语》及其学术问题。

然而，随着《古论语》《齐论语》《鲁论语》等汉代时期“论语类”文献的失传，以及《孔子家语》逐渐被视为典型的“伪书”，近代以来的中国“论语学”也就变成“《论语》学”了，对学术界产生的影响甚至难以扭转。随着新出文献的面世，如河北定州八角廊汉墓竹简《儒家者言》、安徽阜阳双古堆汉墓木牍，特别是上海博物馆藏战国楚竹书的成功释读，人们开始重新认识到《孔子家语》这部“论语类”文献的重要价值。业师杨朝明先生在总结前辈学者成果的基础上，把《孔子家语》的研究继续向前推进，在《孔子家语通解·代前言》中提出“与包括《论语》在内的众多文献相比，该书完全称得上‘孔子研究第一书’”的论断，为学术界重新审视“论语学”的原貌，并为重构新时代中国“论语学”新体系提供了新的契机。

基于此，新时代的中国“论语学”固然需要研究《论语》，但是并不能只限于研究《论语》，而是要涵盖所有的“论语类”文献，也就是包括《论语》在内的所有“孔子遗说”，以及它所生成的历史“文献”。正如杨朝明先生在《论语学研究》创刊的《代前言》中所说：“实际上，‘论语学’的内涵应该十分丰富。它不仅要研究《论语》及‘论语类’文献在儒家经典中的地位，还要研究《论语》在历代流传与研究的历史，更要研究《论语》在当代的认识、理解与运用。”② 当然，新时代的“论语学”

---

① 杨朝明主编：《论语诠解》，山东友谊出版社2013年版，前言第11页。

② 杨朝明：《构建中国的“论语学”》，魏衍华主编：《论语学研究》（第一辑），青岛出版社2018年版，第6页。

不能只关注细节，重要的是有“立乎其大”的意识，注重开辟孔子、儒学研究的新境界，注重打开中华文明研究的新局面。

其实，这也是我们召开“论语学”论坛、成立论语学研究中心以及编辑出版《论语学研究》最重要的初衷。随着对《孔子家语》认识与研究的深入，越来越多的学者开始认识到这部“论语类”文献的价值，认识到它与孔子、儒学研究的关系，千年“伪书”的公案也基本得到平反。为凝聚《孔子家语》研究以往取得的共识，为阐释《孔子家语》蕴含的圣贤智慧，为打开《孔子家语》研究的新局面，2021 年 10 月，我们以“《孔子家语》与中国文化新认识”为主题，邀请到国内该领域的 50 余位专家学者一起畅谈《孔子家语》研究的新感想，共叙《孔子家语》的回归为“论语学”研究带来的新局面。把最新研究成果编辑出版，不亦说乎！与师友们一起煮酒论世，不亦乐乎！人不知《孔子家语》价值而不愠，不亦君子乎！

目　录　《论语学研究》第三辑

学术史谭

学术专访

【综合研究】

《孔子家语》与传统文化新境界

杨朝明

2020年12月26日，在山东济宁举办的第50届“孔孟之乡智慧沙龙”上，笔者应邀发表题为“《孔子家语》及其重要价值”的专场学术演讲。在演讲结束之后，会议组织者以书法作品相赠：半部《论语》治天下，一部《家语》兴中华。世人皆知“半部《论语》治天下”的说法，“一部《家语》兴中华”的说法还很新鲜！人们不禁谈论《孔子家语》的价值，了解《孔子家语》与《论语》的关系，思考何以会有“一部《家语》兴中华”的说法。

一、“《孔子家语》热”迹象显现

近几十年来，学术界开始关注《孔子家语》研究。按照西汉时期学者孔安国的说法，《孔子家语》在性质上与《论语》相同。《论语》的价值当然不可小觑，历史上诸如“半部《论语》治天下”“天不生仲尼，万古长如夜”之类的说法，绝不是前人的梦呓。今人读《论语》、学《论语》、研究《论语》者很多，研究论著汗牛充栋，实属正常。然而，《孔子家语》生动翔实地记录了孔子及孔门弟子的思想言行，同样具有极其重要的价值。

历史研究以典籍文献为基础，判断文献真伪成为历史研究必须最先进行、最为基础的工作。历史研究要建立在可考的材料上，但是在历史文献中偏偏有一种文献类似于“知其伪而不能废”者，实可算是“怪”现象了。在所有类似情况的著作中，《孔子家语》可以说是最为典型的一部。在《孔子家语》的问题上，历代都有学者处在矛盾境地，既承认其价值，又不敢轻易使用。实际上，“知其伪而不能废”的说法背后是对《孔子家语》成书与流传问题认识的模糊。

由于特殊的历史文化背景，中国自宋代以来产生了疑古思潮，尤其是近代以来，疑古思潮登峰造极。人们严苛审查古书，以至于出现了极大的偏差。《孔子家语》在这样的背景下，就成了典型的所谓“伪书”。20世纪70年代以来，随着早期出土文献的不断发现，人们开始对许多早期文献重新审视，疑古的坚冰终于逐渐被打破。在这个过程中，作为记载孔子言行事迹的《孔子家语》逐渐受到人们的重视。

2013年11月26日，习近平总书记考察孔子故里，来到孔子研究院视察，看到桌子上摆放的孔子研究院研究成果中的《论语诠解》和《孔子家语通解》，说“这两本书我要仔细看看”。党和国家领导人的高度重视，是一个特殊的机缘，引发了人们对《孔子家语》这本典籍的关注。有心人已经注意到，在笔者出版《孔子家语通解》（台湾万卷楼图书股份有限公司2005年版、齐鲁书社2009年版）之后，又有图书以同名出版，如王盛元的《孔子家语通解》（译林出版社2014年版）、高宏存和张泰的《孔子家语通解》（研究出版社2014年版）。

在此之前，《孔子家语》已经有几部标点本和注译本。近五六年以来，学术界瞩目《孔子家语》，先后出版了多部著作，例如刘巍《〈孔子家语〉公案探源》（社会科学文献出版社2014年版）、邬可晶《〈孔子家语〉成书考》（中西书局2015年版）、王秀江《〈孔子家语〉考述》（中国社会科学出版社2016年版）、宁镇疆《〈孔子家语〉新证》（中西书局2017年版）、宋立林《〈孔子家语〉探微》（中国文史出版社2017年版）等。

与《孔子家语》研究相关的学位论文也大批涌现，仅曲阜师范大学的博士、硕士学位论文就至少有二三十篇（我本人指导的博士、硕士学位论文，也有多篇专门研究《孔子家语》，更多的则是围绕《孔子家语》，与之密切相关。见文后附录）。大家围绕《孔子家语》的种种问题进行了全方位的研究，例如《孔子家语》的材料来源、《孔子家语》的编撰、《孔子家语》的流传、《孔子家语》的书序、《孔子家语》断代研究、《孔子家语》单篇研究、《孔子家语》与相关文献的比较研究、《孔子家语》思想研究等。

全国图书馆文献缩微复制中心出版了《孔子家语文献辑录》，该书《影印前言》概述了以前《孔子家语》研究的基本状况。纵观历代学者对《孔子家语》的研究，我们不难看出，近代以前对于《孔子家语》的研究，主要围绕着其成书、流传、真伪和注本等进行，其中尤以《孔子家语》的真伪为研究的重点和争论的焦点。王肃“伪造说”在经历了隋唐元明清时期学者们的据理论辩之后，压倒了“非伪说”和“增加说”，最终占据了《孔子家语》研究的主阵地。这本书在很长的时间内被定为“伪书”，其作为思想史史料的价值未能受到重视。在“伪书说”占据主流的局面被打破之后，其学术价值越来越受到人们的重视和肯定，甚至有的学者称其为“孔子研究第一书”。对于《孔子家语》的研究，需要在充分利用历代研究成果的基础上，重点从《孔子家语》的文献价值、文本整理和注译等方面展开研究，进一步扩大《孔子家语》的影响力。

《孔子家语文献辑录》作为“中国文献珍本丛书”之一，于2013年10月影印出版。该书收入了中国历代的相关文献十四种，分为八册，为研究者提供了珍贵的资料。2019年9月，上海古籍出版社还出版了宋立林校点的日本学者太宰纯增注的《孔子家语》。2021年9月，中华书局出版了高尚举教授的《孔子家语校注》，列入“新编诸子集成续编”。除了学界研究，社会各界曾举办过专门的《孔子家语》书法展览，又有《孔子家语》名言选辑、《孔子家语》专题讲座、《孔子家语》网络讲读、《孔子家语》研读班等。所有这些情况都有益于进一步推动《孔子家语》研究。这似乎也预示着《孔子家语》这个“宝库”即将被打开，“《孔子家语》热”或许不久就会到来。

二、从“伪书”到“儒学第一书”

不言而喻，《孔子家语》能不能热起来，能不能受到人们应有的重视，当然首先取决于其自身价值。可以肯定的是，真正走出疑古时代还需要更长的时间，《孔子家语》的价值还需要进一步的研究得以彰明，还需要有更多的人参与进来。

《孔子家语》是记录孔子及孔门弟子思想言行的著作，今传本《孔子家语》共十卷四十四篇，魏王肃注，书后附有王肃序和孔安国《后序》。过去，因为疑古派的非难，人们多认为《孔子家语》是伪书，而近代简帛文献的出土一再证明，《孔子家语》确为先秦旧籍，经过认真的研究考察，我们发现《孔子家语》的价值绝不在“四书”之下，完全可以称得上“儒学第一书”或“孔子文化第一书”。

问题的关键就在这里，对于中华传统文化而言，还有谁能比孔子的地位更加重要？而在孔子儒家经典的体系中，同样没有哪部书能比《论语》更加重要。如果《孔子家语》不是伪书，那么对于中华文化而言，这样一部极其重要、与孔子关系极其密切的著作却长期得不到有效利用，简直难以用语言表达这是一件多么大的憾事。

近代兴起的“辨伪学”曾给中国史学的变革带来了动力，但也存在着相当多的问题，产生了极其严重的后果。例如，随着疑古思潮的逐渐升级，《孔子家语》成为有的学者心目中“赝中有赝”的著作，是“伪书之中尤其伪者”，连“痛加攻击之必要”都没有的典型伪书。随着早期出土文献的陆续问世，人们开始在方法论层面对传统辨伪学进行质疑、检讨，中国学术史因而进入一个新的阶段。如河北定州八角廊汉墓竹简、安徽阜阳双古堆木牍、上海博物馆藏战国楚竹书等，都有与《家语》直接相关的材料，这些材料引发了人们的极大兴趣，深入细致的研究随之陆续展开。

经过考察，《孔子家语》是王肃伪造的“成见”已经逐渐不为学者们所接受，但有关《家语》的材料来源、成书过程及思想价值等问题，还有待进一步更深入的研究。我们对于《孔子家语》的成书与可靠性进行考察后认为，《孔子家语》不仅不伪，而且与儒家“四书”等相比，甚至可称得上“儒学第一书”。这个结论也许还需要相当长的时间才能得到人们的普遍认可，但是《家语》的宝贵价值，以及由此对“古书”的反思和对传统辨伪学的检讨，还需要继续深入进行。

从梳理《孔子家语》材料来源的角度出发，我们爬梳《论语》《礼记》《孔子家语》等文献中的相关记载，如“子张书诸绅”“退而记之”“小子识之”等语句，可以看到孔子弟子“有随时记录和整理孔子言语的习惯”。《孔子家语·七十二弟子解》中“每孺子之执笔记事于夫子”的材料极其重要，孔子弟子叔仲会与孔琁二人每每“迭侍左右”，不仅表明了《家语》等孔子遗说的材料来源，也验证了孔安国《孔子家语后序》说法的可靠性。

在《孔子家语后序》中，孔安国说：“《孔子家语》者，皆当时公卿士大夫及七十二弟子之所谘访交相对问言语也。既而诸弟子各自记其所问焉，与《论语》《孝经》并时。”在审慎研究的基础上，我们提出《论语》是由子思子领纂的观点。子思子在孔门弟子所记材料中选取“正实而切事者，别出为《论语》”，其余则都集录为《孔子家语》。如果说《论语》的形式可算是选编的孔子“语录”，《孔子家语》则相当于孔子文献的“集录”，宋代王柏等人所谓“王肃杂取”诸书以“混乱精粗，割裂前后，织而成之”的看法是站不住脚的。

唐代颜师古在《汉书·艺文志》的“《孔子家语》二十七卷”下注曰：“非今所有《家语》。”颜师古立论的根据还不得而知，但是只有充分认识到《家语》流传过程的复杂性，才能对此问题做出近真的回答。实际上，学术界对颜师古此语的解读存在问题，《汉志》所列“二十七卷本”应是藏于中秘的官本，而不同于孔安国整理的家传本，此官本应是“孝景皇帝末年，募求天下礼书”，当时士大夫“皆送官”的产物。相对于秘府中的材料，孔安国的本子在文本数量上少了很多，其中既有“不复录”的内容，也有“皆不取”的部分。这也正是司马贞《史记索隐》所引《家语》的内容于今传本中或有或无的原因。孔安国所整理的本子，不仅与子思子最初汇集的不同，而且也与汉代官府本有异。当然，无论如何编次，他都会尽力保存《家语》材料之真，该书的材料真实性并未因此受到影响，这就解决了长期困惑学者的难题。

综合借鉴学者们的研究，分析新出文献透露的信息，我们完全可以断言《孔子家语》是与《论语》高度相关的儒家著作，《汉书·艺文志》将《孔子家语》归结为“《论语》类”，也与《孔子家语后序》中的说法若合符节。根据对安徽阜阳双古堆汉墓木牍的研究成果，至少在西汉初年已经有类似的书籍流传。有学者推断《孔子家语》是“孟子以前的遗物”，或者其时间当在“《荀子》之前”，这与我们曾经推断《孔子家语》“最终成于子思的领纂”的说法相吻合。我们将《孔子家语·论礼》与上博楚竹书《民之父母》、《礼记·孔子闲居》相比勘，也可以证明这一结论可信。因为在大多数情况下，《家语》都表现出更为完整、古朴的文本状态，一般还对于事件原委进行了细致的交代，孔安国整理的《家语》整体看来更为近真。

《孔子家语》不是伪书，自然不是说该书没有任何问题，只是这些问题与该书的不可靠是完全不同的两回事。《家语》可能存在着孔子弟子整理时的“润色”、后人传抄过程中的“增损”以及孔安国整理时的误排等问题，这些问题曾是疑古学者判定其为“伪书”的“铁证”。然而，在清醒认识古书成书及流传规律之后，这些关于《家语》“割裂织成”之类的说法就应当被重新认识了。因为将今本《家语》与材料相同、相通的传世典籍相比较，就不难发现其珍贵的价值。

《孔子家语》是专门的孔子儒学的记录，在规模上远远超过儒家“四书”中的任何一部。在深入研究《家语》的价值之后，我们认为《家语》至少可以与《论语》《大学》《中庸》《孟子》“四书”具有同等价值，儒学最紧要、最基本的典籍可由传统的“四书五经”改为“五书五经”。将《孔子家语》与“四书”、《史记》等比较，更能得出这样的认识：要准确地理解孔子，要真正走进孔子，决不能舍弃《孔子家语》，该书无愧于可以被称为“儒学第一书”，它可以将千余年来争论不休的《家语》“伪书”案终结，而且为进一步利用其材料研究中国传统文化奠定坚实基础。

三、中华文明研究的全新视野

与新出土文献相互印证，与传世文献资料综合比对，经过多年的苦心思考和研究，坚定了我们对《孔子家语》的整体认知。《孔子家语》并非后世“言之凿凿”的伪书。《家语》中的文献资料不仅纠正了不少传世文献的错误，更激活了一批被人们长期忽视的“伪书”，夯实了孔子儒学与中国早期思想文化研究的基础。尽管《孔子家语》可能经过了整理润色、传抄中的增损以及重新编订，但这与传统意义上的作伪具有本质的不同。《孔子家语》为今天人们认识孔子儒学、认识中国上古文明打开了全新的视野。

《孔子家语》最为直接的价值，就是增加了数量庞大的可以使用的重要文献资料。

对于先秦时期的历史文化，尤其是对于孔子和早期儒家思想的研究，只字片语都足以宝之，更何况数量这么巨大的真实资料。任何事物的发展变化都具有其规律，历代对《家语》的认识也具有自身的内在逻辑。在经历了被怀疑乃至被否定之后，由于新材料的辅助，加以慎重研究，《家语》的成书真相终于被揭示出来，孔子与儒学研究终于重获了长期失落的宝贵材料。

凡是对《孔子家语》进行认真研究的学者，一般都认可其重要的文献价值。《孔子家语》保存了一大批比较原始的记载，许多地方明显胜于其他古籍，具有重要的版本、校勘价值。《家语》内容丰富、规模庞大，其价值之高出乎很多人的想象。

《孔子家语》与《论语》思想相通，可以印证校验《论语》等文献的记载。对于《孔子家语》与《论语》的关系，孔安国说《论语》具有“正实而切事”的特点，它是从众多材料中选辑出来的孔子语录。《家语》的资料性质与《论语》相同，《论语》具有材料汇编的特点，《孔子家语》中可以随处看到《论语》的“影子”。比之《论语》的“纯正”，《家语》要显得“驳杂”。正如有学者看到的，绝大多数认为王肃伪撰《家语》的书，都是这样先自己划定某种圣人言行的“神圣模式”，凡有不合“模式”的文字则必被打成伪作。那么，如果说有一个“神圣模式”的话，它一定与《论语》的“纯正”有关。不少学者研究问题，往往不顾《论语》有特定的选材标准，而以“《论语》未见”为理由，否定一些孔子言行存在的真实，其偏颇显而易见。

孔安国《孔子家语后序》说《论语》是“取”有关孔子言论材料而成。受此启发，我们认为“论语”之“论”有“选择”“别择”的意思。清朱骏声《说文通训定声·屯部》曰：“论，假借为抡。”《国语·齐语》“权节其用，论比其材”，韦昭注：“论，择也。”《荀子·王霸》：“君者，论一相，陈一法，明一指，以兼覆之，兼照之，以观其盛者也。”杨倞注：“论，选择也。”如果《论语》书名的“论”为选择之义，则《论语》应该是选自“孔子家”之“语”中的材料，由此《孔子家语》对于《论语》研究的意义就不难察见。

在传统学术研究的方法论方面，《孔子家语》给了我们很好的启示。《家语》“伪书”案的终结，为历史文献研究方法提供了借鉴，也是历代学者研究得失的一次非常好的检验。南宋时朱子说《家语》“是当时书”，所言极是！只要认真比较今本《家语》与很多的典籍材料相同、相通之处，例如，将《家语》与大、小戴《礼记》等进行比勘，《家语》材料的优点或优势就能显现出来。

受疑古思潮的影响，历史上有不少人认为《家语》思想不纯、文辞粗陋，其实这不是戴着“有色眼镜看问题”的偏见，就是没有认真观察比较之妄言。关于《家语》的文辞，清人崔述《洙泗考信录》有曰：“取所采之书，与《家语》比而观之，则其

（按：指《家语》）所增损改易者，文必冗弱，辞必浅陋，远不如其本书，甚或失其本来之旨。”其实，如果认真对比，就不难发现崔述所论以王肃“杂取众书”伪造《家语》为前提，其论断有极为强烈的主观色彩，是完全不符合实际的。我们通过对读《家语》与互见者所能得出的结论常是互有优劣，实际上，更多情况是《家语》要优于他书。

在疑古思潮的影响下，有些学者虽没有专门研究《家语》，没有看到《家语》不伪的事实，却发现了《家语》的重要价值，因而在相关的研究中并没有对其视而不见，不得不引用该书的材料，这便如清朝四库馆臣所谓“知其伪而不能废”。例如，李启谦先生在谈论孔门弟子研究的材料运用问题时说：“有时可信的书中，也有错误的地方……相反，被称为‘伪书’的《孔子家语》，其所记的很多内容……则都是可信的。”新的材料终于促使人们思考最为根本的问题：难道人们弃之如敝屣般地摒弃《家语》是合理的？难道在那么早的年代，这样长达数万字的大书真的出于后人的伪托？为什么历史上还有那么多的人不断地强调该书的价值？

由《孔子家语》的重要地位所决定，它可以开辟中国文化研究新天地。与《论语》相比，《孔子家语》不仅内容丰富，具体生动，而且首尾完备，提供了更多学术信息。《家语》汇集了孔子的大量言论，再现了孔子与弟子、时人谈论问题的许多场面，还有经过整理的孔子家世、生平、事迹以及孔子弟子的材料。作为先秦儒家文献，《孔子家语》可与许多传世文献、出土文献相互对照综合，考证上古遗文，校勘先秦典籍，印证许多记述，充实思想信息。《孔子家语》更全息地展现了丰满的孔子形象，它打开的是一个更真实真切、更细致深入、更翔实活泼的中国古代思想文化世界。

四、中国学术史的绝佳标本

《孔子家语》密切联结着传统学术的发展，在疑古之风炽盛的时期，《家语》几乎被众口一词认定为王肃伪造。然而，在认真回顾《家语》研究历程之后，人们不得不承认，在所谓“辨伪学”的影响下，过去对于《孔子家语》只能看到“观念的历史”，而不是“客观的历史”。孔子是中国五千年文化承前启后、继往开来的人物，人们对于他认识的模糊，不能不影响对于中华文化的认识。因此，厘清《孔子家语》公案，不只意味着在孔子研究中多了一部可信的、丰富的、珍贵的材料，更蕴含着对中国文化史救偏补弊的意义。

新材料的不断问世，打开了人们的学术视野，大家看清楚了《孔子家语》成书问题的真相。该书资料珍贵，卷帙丰富，把人们带入中国早期思想认识的新境界。《家语》伪书案的终结，为历史文献的研究方法提供了重要借鉴，也是历代研究得失的很好检验。因为《孔子家语》的特殊性质，它与中国学术的每一个阶段都有密切的联系，可以说它是一个绝佳的标本。

孔子长期从事教学活动，留下了很多遗说。孔子去世后，这些遗说在流传、在整理、在编纂，对这个过程的认识，实际上是认识《论语》《孔子家语》《孔丛子》等经典文献的关键，这是中国传统学术的重大问题。秦汉之际的学术思想、汉代的学术与政治、汉代经学的发展历程等，都与《孔子家语》价值的认识直接关联。

在中国的传统文化中，儒家经典具有神圣的地位，虽然宋代以来的疑古思潮照常可以疑传疑经，但儒家经书的影响毕竟很大。可是在汉代经学兴盛时期，《孔子家语》却错过了被列为“经”书的机会。《孔子家语》也曾有过幸运，这就是它躲过了秦始皇的焚书坑儒。按照孔安国的说法，荀卿入秦，以“孔子之语及诸国事、七十二弟子之言凡百余篇”献秦昭王，《家语》由此传入秦国，由于《家语》与诸子同列，故始皇焚书时得以幸免。可是，在整个汉朝时期，《孔子家语》却只是一直在孔氏私家内部流传。

本来，《孔子家语》是可以立于学官的。孔安国之孙孔衍曾将《孔子家语》上奏朝廷，他在奏言中说明了相关情况：“时鲁恭王坏孔子故宅，得古文科斗《尚书》《孝经》《论语》，世人莫有能言者，安国为之今文，读而训传其义。又撰次《孔子家语》。既毕讫，会值巫蛊事起，遂各废不行于时。”奏言又说，孔衍本人觉得《孔子家语》等“典雅正实，与世所传者不可同日而论”，继续申明情况，认为不宜将这些“孔子家古文”任意割取至《礼记》等书，这是“便除《家语》之本篇，是为灭其原而存其末”，所以他上奏朝廷。只是凑巧的是，虽然“天子许之”，然“未即论定而遇帝崩，向又病亡，遂不果立”。谁曾想，就因为历史的这样阴差阳错，《孔子家语》最终未能立于学官。如果《家语》被立为学官，不知道后来情况又将如何。

三国时期，孔衍后人孔猛学于王肃。王肃为《孔子家语》作注，这使得《家语》流行开来，可谓幸运！但因为王肃反对郑玄之学，不少人的成见是王肃之学专与郑玄作对，因而后世许许多多的学者认为王肃“伪作”了《家语》，乃至更多的著作，其认识起点也都是一点，那就是王肃“反对郑玄”。称王肃反郑固无大错，但说王肃“故意与郑玄作对”就未必准确。关于这一点，我们已经进行过详细论述，兹不赘述。

尽管有所谓王肃与郑玄学术之争的影响，但在魏晋南北朝隋唐时期，《孔子家语》始终广泛流传着，唐朝编修《群书治要》依然收录《孔子家语》。宋代疑古思潮兴起，《孔子家语》首先遭到质疑；清代怀疑古代的学术思潮更盛，《孔子家语》才逐渐成为“典型的伪书”。清代有关于《孔子家语》的疏证著作，乃仿阎若璩《古文尚书疏证》，也是认识疑古思潮的绝佳材料。然而，同为清代学者的徐文靖作《竹书纪年统笺》，不仅逐字详注，而且诸凡所引书间有讹误，亦并笺之，对《竹书纪年》的认识与那些“疏证”路数不同。

显然，走出疑古时代还需要一个漫长的过程，因为疑古辨伪方法有一个“科学的古史学”的名号。“古史辨派”辨别古史，最后落脚于辨别古书，到了顾颉刚先生时代，儒家经典简直几乎“无书不伪”，孔夫子就成了名副其实的“空夫子”。对此，我们需要一个“大历史观”，我们的确需要认真反思的，不仅是其学术观点，更是其学术方法问题。

孔子生前不仅整理了“六经”，还长期从事教育，他的许多言论被弟子后学记录并保存下来，孔子与这些儒家经书的关系，以及大量的孔子遗说，应该就是我们研究孔子的重要依据，这恐怕能被多数学者所认可。孔子以后，历朝历代对儒家经书和孔子遗说传习不绝，虽然偶尔有几声“惑经”的言论，但一直没有造成多大的影响。宋代以来，学者们不再仅仅疏通章句，于是开始探索经书义理。

宋人的“刨根问底”发展到清代的考据学，文献研究取得了有目共睹的成就。但它又派生出了所谓古籍“辨伪”之学。由宋代而清朝，特别是由清末而“古史辨派”，疑古之风愈演愈烈。20 世纪二三十年代以后，疑古成为风潮，把“辨伪思想”推到了失控状态。顾颉刚先生在自己的《读书笔记》中说：“予若不处五四运动时代，决不敢辨古史；即敢辨矣，亦决无人信，生不出影响也。”“适宜之环境”加上当时“少年之勇气”，使他走在了疑古风潮前端。

这样的大气候下，人们都过于苛刻地“甄别”史料，以“审慎”相尚，以“谨严”自矜，许多宝贵文献被列入“伪书”，有的被疑而不敢用，有的被弃而不再用。崔述的疑古考辨对当时的学者影响很大。胡适称他是“科学的古史家”，钱玄同也认为他是“两千年来的一个了不起的疑古大家”。顾颉刚先生对崔述更是服膺甚至崇拜，其言自己读崔述的书“高兴极了”，“读了大痛快”，他的“层累说”即受到崔说的直接影响和启发。

胡适认为顾先生的研究方法是“剥皮主义”，并认为他的这个见解同样起于崔述。他对古史古书的层层“剥皮”，在气质上与崔氏“打破砂锅问到底”相同。顾先生一方面推崇崔氏的著作，认为自己望尘莫及，另一方面，又“蓄意要辨论中国的古史，比崔述更进一步”，他甚至想到“换了一个方法做去，也足以补他的缺陷”。在《孔子研究讲义按语》中，处处可见顾先生对崔述的心悦诚服。但他似乎与崔述又有不同。从出发点上看，崔述实际上信任儒经，尊重先王，他带着捍卫圣道的目的进行疑古和考信；顾先生则经、史等观，认为它们无一没有经过后世的加工乃至歪曲。就像当年阎若璩的《古文尚书疏证》推倒了“儒学宝典”的神圣那样，顾先生虽然称自己“不管是非，不管善恶”，“不要糅杂丝毫感情”，“立于超然者的地位”，但是，在客观上，他的研究结果却真的彻底荡平了“孔子之道”的崇高，顾先生与崔述在学术终点上判然有别。

顾先生认为，对于孔子，前人“研究”者很少，大多数是“闭着眼睛而崇拜孔子或攻击孔子的人”，可是他们崇拜或者攻击的并不是真正的孔子，孔子只是代人受过。所以，他写过《春秋时的孔子和汉代的孔子》，认为“各时代有各时代的孔子”，“各时代的人，他们心中怎样想，便怎样说，孔子的人格也就跟着他们变个不歇”。他从考察“圣人”观念的变化入手，认为各时代有各时代的圣人观念，从而各个时代都给孔子披上了自己时代的外衣。

于是，顾先生希望用“客观的态度来研究孔子”，不存计算功利的念头，从而去寻得“真”的孔子，剥去后来各个时代为孔子披上的“外衣”。他以历史的“超然者”身份自居。然而实际上人文社会科学的研究哪里有纯粹意义上的“超然者”？在顾先生心目中，孔子的本真仅是“君子”而已，他希望自己的研究能够恢复孔子“君子”的本真，使“各时代人替孔子加上的伟大都还给各时代”，只是顾先生有不少都“还”错了对象。

借用“剥皮”的说法倒也切当而形象。以今天的眼光视之，与“孔子事实”有关的历史记载很多。如郭沂先生曾经综论各种孔子史料的可靠性，认为《论语》以外，今本和帛书本《易传》、《孝经》、《礼记》和《大戴礼记》中的有关文献、《荀子》中的有关文献、《孔子家语》和《孔丛子》中的有关文献、河北定州汉墓竹简《儒家者言》和《哀公问五义》、上博楚竹书中的有关文献也都与《论语》具有同等价值，都是可靠的孔子史料。孔子所作的《春秋》、整理的《诗》、《书》、《礼》、《乐》、《易》及《春秋》三传、先秦儒家子书、《史记》的《孔子世家》和《仲尼弟子列传》等，都是孔子研究的可靠文献。此外，先秦两汉诸子书、史志、汉代传记中的有关记载，也都比较可靠。

这样的看法，在顾颉刚先生看来，简直是大谬而特谬。顾先生的基本认识是：“孔子传说经两千年之编造，五花八门，无奇不有。”按照顾先生的说法，崔述所考信之真孔子，实以《论语》《左传》《孟子》三书为根本，而《国语》《公羊传》《礼记》《史记》等皆视为次等材料。但顾先生认为这样的标准“尚失之于宽”，认为《孟子》未必可取，《左传》未必尽信。那么到底还有哪一部书可信呢？《孔子家语》显然不可。顾先生认为，《家语》出于西汉人伪造，至王肃又别伪一本，今日之本则又非王肃之旧，可谓“赝中有赝”。此书虽为记载孔子之专书，却无任何取信之价值。因为该书在学术上“曾未发生影响”，所以，此书连“痛加攻击之必要”都没有。

司马迁被认为是严谨的历史学家，他摒弃“不雅训之言”，那么他的记述如何？顾先生认为，《孔子世家》“三语之中必讹其二”，在他看来，仅仅经过崔述和梁玉绳的考证，《史记》中的“伪孔子”就已经被击得“体无完肤”。因此，司马迁的《孔子世家》只是西汉人的“《孔子传》”而已，远非真实的“孔子传”。

《大学》《中庸》之类亦不可，其中所载孔子之言“笃实极矣”，但“自传说之眼光观之，彼固与采桑娘、山隐居之故事立于同等之地位者也”。看来，剩下的只有《论语》了。可是，崔述考定《论语》也有窜乱、续附，出于多人而汇为一本，又复采自他书以足成之，前后十篇文体多异，最后五篇尤不可信。顾先生则说《论语》“乃一至不纯壹之本，乃一三国时凝固之本”。按照顾先生的逻辑，书既晚成，其可靠性也就可想而知了，因为“中经汉人窜乱者实不知其几”。

孔子与“六经”的关系，顾先生自然也是否定的。他的理由是《孟子》和《史记》所谓孔子删述六经的话不见于《论语》，“除了乐的一件”，其中“只有他受了《诗》、《书》等的影响而说出的话”，“就是这几条也有信不过的地方”。考虑“六经”，总结“六经”研究的历史，牵涉极大。钱穆先生曾言：“儒家亦古学一大宗，《六经》亦古籍一大类，儒家之与《六经》，其自身即为古史一大部。”顾先生也说，这样做下去“几乎牵涉到中国的全部历史”。

清代以来“疑古”成为风尚。在《孔子研究讲义按语》中，顾先生特别提到，范家相与孙志祖都以《家语》为伪，而他们“一生未尝相闻问”，两家之书，又无只字互道，“足见此心此理之同自有客观之真实，而时势所趋每不期而归于一虑，有不可摇之大力在焉”。关于“客观之真实”，我们今日仰赖地下出土材料，比历史上任何时候都看得更清楚。庞朴先生指出：“以前我们多相信，《家语》乃王肃伪作……现在上博藏简《民之父母》篇的再世，轰然打破了我们这个成见。对照竹简，冷静地重读《孔子家语·礼论》和《礼记·孔子闲居》，不能不承认，它们确系孟子以前遗物，绝非后人伪造所成。”看来，所谓“时势”，所谓“不可摇之大力”无他，惟疑古风潮是也！

顾先生谈到可以写一部自己“满意的孔子研究”，却认为我们所能见到的“真孔子”“其量绝少”，想知道孔子的“历年生活”是不可能的事。既然写真实的《孔子传》完全没有可能，顾先生所满意者，恐怕只能是将孔子文献与孔子相剥离的“辨伪”工作，这种工作的结果当然也就是把“孔夫子”彻底变为一个“空夫子”。

自今日视之，顾先生所辨不当已不难判定。从整个《孔子研究讲义按语》看，他喜欢酣畅淋漓的怀疑和“辨伪”，只是嫌人“辨伪”不足，嫌人“缺乏批评精神”。他已经在自己的思路上刹不住车，一旦发现“伪迹”，就不再反转过来考虑。例如，范家相判定《家语》三序为伪，顾先生还认为其考订未尽，因为《史记》谓孔安国早卒，而王肃后序乃言“年六十卒于家”，“岂年六十犹可云‘早卒’乎！”顾先生为了说《家语》为伪，不得不说它“弥缝甚工”。今日我们可否换一个角度去想：难道王肃如此之愚，他能细密地伪作整部《家语》，为什么还会在这里露出马脚？

就像顾颉刚先生的疑古主观上是为了发现历史的真相，得到合乎事实的令人信服的结论一样，崔述的疑古不也明明标识“考信”吗？每个时代的学术大势都会不同程度地影响到这个时代的人。就在清朝以来疑古越来越盛的时候，王国维先生提出了著名的“二重证据法”，但其本人也并非没有受到疑古思潮的影响，他对《今本竹书纪年》的疏证结论其实即是一例。所不同的是，他较早利用了地下之材料，是受疑古思潮影响较小的学者而已。

钱穆先生曾为《崔东壁遗书》作序，说“崔氏之于古史，有信之太深者，亦有疑之太勇者”，含有对疑古太过的批评。钱穆先生看到了保存中华民族文化的非同寻常的意义，忧虑“疑古过勇”将会带来不良的后果，他说：“中国二千年来之人才几于皆儒教之人才，故二千年来之历史亦不啻儒术之历史，二千年来之文化亦不啻儒术之文化也。”他又说道：“一民族之复兴，必将于其民族文化自身为内力之新生；而求其文化自身有内力之新生者又必于其已往之历史有清明之别择。”钱先生的话可谓语重心长！

作为一部“孔子”的书，《孔子家语》与他书不同。而《孔子家语》又在学术史上经历了如此坎坷的命运，它实在承载了太多！历史上有人感叹《论语》的价值，遂有“半部《论语》治天下”之说。在大力弘扬中华优秀传统文化的今天，《孔子家语》的价值得以揭示，广为世人所知，为繁荣文化所用，为文化自信助力，当然令人激动不已。《孔子家语》补充增加了孔子儒学研究的新资料，更“激活”了更多的古代文化资料，这是儒学研究不能越过的经典，也是普通人应该仔细阅读的经典。《孔子家语》这部典籍需要进入更多人的视野，尤其需要进入传统文化研究者的视野，而且还要让更多人认识它、了解它，正本清源认识其地位，发挥其独特价值。真希望“一部《家语》兴中华”的意义能被人理解，希望此言被世人叫响！

附录：

杨朝明有关《孔子家语》的著述

一、著作

1. 杨朝明、宋立林主编：《孔子家语通解》，台湾万卷楼图书股份有限公司 2005

年版。

2. 杨朝明、宋立林主编：《孔子家语通解》，齐鲁书社2013年版。

3. 杨朝明：《〈孔子家语〉综合研究》，齐鲁书社2017年版。

4. 杨朝明、李文文：《问学孔子家语》，中华工商联合出版社2014年版。

5. 杨朝明注说：《国学新读本·孔子家语》，河南大学出版社2008年版。

6. 杨朝明主编：《中华传统文化经典教师读本·孔子家语》，济南出版社2019年版。

7. 杨朝明主编：《〈孔子家语〉精粹百句》，河北美术出版社2018年版。

二、文章

1. 杨朝明：《〈孔子家语·执辔〉篇与孔子的治国思想》，《儒家文献与早期儒学研究》，齐鲁书社2002年版。

2. 杨朝明：《〈孔子家语·颜回〉篇与“颜氏之儒”》，《齐鲁文化研究》2002年第1期。

3. 杨朝明：《〈礼记·孔子闲居〉与〈孔子家语〉》，《新出土文献与古代文明研究》，上海大学出版社2004年版。

4. 杨朝明：《〈论语〉首章与〈孔子家语·屈节〉篇——孔子政治命运悲剧的两个诠释》，《儒林》第一辑，山东大学出版社2005年版。

5. 杨朝明：《〈礼运〉成篇与学派属性等问题》，《中国文化研究》2005年第1期。

6. 杨朝明：《读〈孔子家语〉札记》，《文史哲》2006年第4期。

7. 杨朝明：《〈中庸〉成书问题新探》，《河南科技大学学报（社会科学版)》2006年第5期。

8. 杨朝明：《〈孔子家语〉的成书与可靠性研究》，《故宫学术季刊》2008年第1期。

9. 杨朝明、魏玮：《〈孔子家语〉“层累”形成说考辨》，《古籍整理研究学刊》2009年第1期。

10. 杨朝明、张磊：《〈孔子家语·致思〉篇研究》，《东岳论丛》2009年第4期。

11. 杨朝明、卢梅：《子游生年与〈礼运〉的可信性问题》，《史学月刊》2010年第7期。

12. 杨朝明：《荀子与〈孔子家语〉》，《邯郸学院学报》2013年第4期。

13. 杨朝明：《今天应当怎样研究“孔子遗说”》，《光明日报》2014年5月19日。

14. 王纪东、杨朝明：《〈孔子家语〉对荀学研究的意义》，《中国哲学史》2014年第 1 期。

15. 杨朝明：《从师旷撞平公看孔子“诛”少正卯》，《衡水学院学报》2014 年第 2 期。

16. 杨朝明、卢梅：《孔子弟子年龄问题汇考——以〈史记〉、〈孔子家语〉为考察中心》，《孔子学刊》第五辑，2014 年。

17. 杨朝明、崔海鹰：《〈孔子家语〉与〈周礼〉》，《儒家文明论坛》，山东人民出版社 2015 年版。

18. 杨朝明、崔海鹰：《〈孔子家语·执辔〉篇与〈周礼〉可靠性问题》，《济南大学学报（社会科学版）》2015 年第 3 期。

19. 杨朝明：《〈孔子家语·弟子行〉研究》，《历史文献研究》2016 年第 2 期。

20. 杨朝明：《〈礼运〉“大同”说的实质与意义》，《衡水学院学报》2016 年第 6 期。

21. 杨朝明：《“御车马”与“御天下”——读〈孔子家语·执辔〉》，《山东省社会主义学院学报》2020 年第 2 期。

三、评论

1. 孔祥安：《驱拨迷雾，洞见价值——杨朝明〈《孔子家语》综合研究〉评介》，《孔子研究》2018 年第 4 期。

2. 刘续兵：《〈孔子家语〉：从“典型伪书”到“孔子研究第一书”》，《社会科学报》2014 年 2 月 13 日。

3. 陈霞：《从典型伪书到研究要籍——杨朝明、宋立林主编〈孔子家语通解〉评介》，《孔子研究》2010 年第 1 期。

4. 魏衍华：《〈孔子家语通解〉读后》，《中国史研究动态》2010 年第 2 期。

5. 侯乃峰：《研究普及两相宜的“预流”之作——杨朝明等〈孔子家语通解〉书后》，《管子学刊》2009 年第 4 期。

6. 王德成：《〈孔子家语〉研究的里程碑——读杨朝明主编的〈孔子家语通解〉》，《管子学刊》2007 年第 1 期。

7. 崔海鹰：《杨朝明先生与〈孔子家语〉研究》，《济宁学院学报》2014 年第 1 期。

四、指导学位论文

1. 魏衍华：《原始儒学：早期中国的大成智慧——孔子思想与先秦社会互动研

究》，曲阜师范大学2010年博士学位论文。

2. 宋立林：《“儒家八派”的再“批判”——早期儒学多元嬗变的学术史考察》，曲阜师范大学2011年博士学位论文。

3. 卢巧玲：《孔子施教体系研究》，曲阜师范大学2019年博士学位论文。

4. 陈岳：《孔子王道思想研究——以〈孔子家语·王言解〉为中心的考察》，曲阜师范大学2022年博士学位论文。

5. 孙海辉：《孔子与老子关系研究——以〈孔子家语〉为中心》，曲阜师范大学2004年硕士学位论文。

6. 王政之：《王肃〈孔子家语注〉研究》，曲阜师范大学2006年硕士学位论文。

7. 化涛：《清代〈孔子家语〉研究考述》，曲阜师范大学2006年硕士学位论文。

8. 刘萍：《〈孔子家语〉与孔子弟子研究》，曲阜师范大学2006年硕士学位论文。

9. 崔冠华：《孔子的“五帝”“三王”观研究》，曲阜师范大学2006年硕士学位论文。

10. 刘光胜：《战国时期儒学传播研究》，曲阜师范大学2007年硕士学位论文。

11. 魏玮：《〈孔子家语〉“三序”研究》，曲阜师范大学2009年硕士学位论文。

12. 卢梅：《〈礼运〉篇研究》，曲阜师范大学2010年硕士学位论文。

13. 张向向：《〈孔子家语·王言解〉研究》，曲阜师范大学2011年硕士学位论文。

14. 秦飞：《“鲁哀公问孔子”文献综合研究》，曲阜师范大学2011年硕士学位论文。

15. 胡培培：《西汉时期孔子遗说的整理与写定——从〈孔子家语〉与“二戴”〈礼记〉比较的角度》，曲阜师范大学2011年硕士学位论文。

16. 杨萍：《孔子“周游列国”史实考述——兼论孔子的境遇与境界》，曲阜师范大学2011年硕士学位论文。

17. 白海萍：《从“诛少正卯”看孔子的刑政思想》，曲阜师范大学2012年硕士学位论文。

18. 苏刚：《孔子“陈蔡绝粮”及其历史文化解读》，曲阜师范大学2013年硕士学位论文。

19. 陈岳：《孔子“礼本于太一”说发微》，曲阜师范大学2017年硕士学位论文。

20. 刘昭：《〈儒行〉篇研究》，曲阜师范大学2018年硕士学位论文。

21. 史亚洁：《〈孔子家语·本命解〉研究》，曲阜师范大学2020年硕士学位论文。

关于《孔子家语》的再认识

张　涛

历史上，“亚圣”孟子曾力倡读书要“知人论世”，这对今人仍有重要的启发作用和指导意义。在阅读《孔子家语》的时候，有必要首先对这部古籍的作者问题、成书情况、流传过程、思想内涵、学术价值以及学术界相关的争鸣和论辩有一个较为系统的了解和把握，并借此进一步深化《孔子家语》以及其他中华优秀传统文化经典的学习和研究。

一

《孔子家语》，或简称《家语》，今本十卷四十四篇，是中国古代儒家的一部重要典籍，它记录了孔子及孔门弟子的思想言行，记载了先秦两汉时期孔门思想的发端和演进。关于其作者和成书年代，历来存在不同的说法。元代马端临《文献通考·经籍考》引三国魏王肃注《孔子家语》所附汉孔安国后序说：“《孔子家语》者，皆当时公卿士大夫及七十二弟子之所谘访交相对问言语也。既而诸弟子各自记其所问焉，与《论语》《孝经》并时，弟子取其正实而切事者，别出为《论语》，其余则都集录之，名之曰《孔子家语》。”后来，“《孔子家语》乃散在人间，好事者或各以意增损其言”，安国“于是因诸公卿大夫私以人事募求其副，悉得之，乃以事类相次，撰集为四十四篇”。《通考》又引汉成帝时孔安国之孙孔衍奏言：武帝时，“鲁共王坏孔子故宅，得古文科斗《尚书》《孝经》《论语》，世人莫有能言者。安国为改今文，读而训传其义。又撰次《孔子家语》。既毕讫，会值巫蛊事起，遂各废不行于时”。《汉书·艺文志·六艺略》“论语类”著录《孔子家语》二十七卷，唐代颜师古注：“非今所有《家语》。”汉末三国时期，中国学术发展史上先后出现了郑学、王学以及两派的论争，其中王学的代表人物就是王肃。王肃，东海郯（今山东郯城）人，是继郑玄之后著名的经学大师，精通贾逵、马融之学，遍注儒家经典，对诸家经义加以综合融会，并极力反对郑玄之说。王肃在《孔子家语序》中说，他从孔子二十二世孙孔猛那里得到《孔子家语》，发现其思想内容与己所论“重规叠矩”，故为之注解。由此，王肃注本遂广泛流行于世。《隋书·经籍志·经部》“论语类”著录《孔子家语》二十一卷，王肃解。此后，各种公私目录大都著录有王肃注《孔子家语》十卷。

然而，由于孔安国、孔衍序奏存有疑点，《汉书·艺文志》的著录亦与今本不同，王肃本人又与《孔子家语》有着密切关联，于是自宋以来，就有一些学者认为《孔子家语》及二孔序奏系王肃伪作，目的是伪托古人以自重，攻击郑玄之学。例如，宋代王柏撰有《家语考》，“以四十四篇之《家语》，乃王肃自取《左传》、《国语》、《荀》、《孟》、二《戴记》割裂织成之，孔衍之序亦王肃自为也”①。至清代，一些学者出于尊崇郑玄之学的缘故，把王肃当成讨伐的目标，纷纷力证《孔子家语》的著作权属于王肃，较有代表性的有姚际恒（《古今伪书考》）、四库馆臣（《四库全书总目》）、范家相（《家语证伪》）、孙志祖（《家语疏证》）等。其间也有一些学者持有异议。例如，朱熹认为：“《家语》虽记得不纯，却是当时书。”“《家语》只是王肃编古录杂记。其书虽多疵，然非肃所作。”② 清代陈士珂撰《孔子家语疏证》，意在证实《家语》渊源有自，非王肃伪作，并且强调，颜师古“既未见安国旧本，即安知今本之非是乎？”③ 此外，黄震（《黄氏日钞》）、钱馥（《家语疏证》跋）、沈钦韩（《汉书疏证》）等都曾对王肃伪作说提出过不同看法。比如，钱馥认为，王肃所注《孔子家语》是在《汉书·艺文志》所载二十七篇的基础上增加了十七篇，“肃传是书时，其二十七卷具在也，若判然不同，则肃之书必不能行。即行矣，二十七卷者必不至于泯没也。惟增多十七篇，而二十七篇即在其中，故此传而古本则逸耳”④。三国时期马昭曾认定：“《家语》，王肃所增加，非郑（玄）所见。”⑤ 钱馥之说应该是本于马昭，而其判断也应该是基于古代典籍的成书规律，有一定的可取之处。但是，这些似乎并未引起人们的关注和重视。此后，学术界疑古之风日益盛行，《孔子家语》乃王肃伪作的观点几成定谳，以至于有

---

① ［清］朱彝尊撰，林庆彰等主编：《经义考新校》，上海古籍出版社 2010 年版，第 5021～5022 页。此语又见于［宋］王柏：《鲁斋集》卷九《家语考》，文字稍有不同。

② ［宋］黎靖德编，王星贤点校：《朱子语类》，中华书局 1986 年版，第 3252 页。

③ ［清］陈诗：《〈孔子家语疏证〉序》，陈士珂辑：《孔子家语疏证》，《丛书集成初编》本，商务印书馆 1940 年版，卷首第 1 页。

④ ［清］孙志祖：《家语疏证》，《丛书集成初编》本，中华书局 1991 年版，第 139 页。

⑤ ［清］陆陇其辑：《读礼志疑》卷十，《丛书集成初编》本，商务印书馆 1939 年版，第 85 页。

人直接将《家语》之文当作分析、研究王肃思想甚至魏晋时期思想文化的主要资料，有的出版者则在出版《孔子家语》时径直标为“王肃著”或“王肃编著”，这些显然是极不妥当的。

20世纪70年代以来，天不爱道，地不爱宝，在考古发掘中出土了不少与《孔子家语》有关的简牍文献，并得到了学术界的广泛关注，这也使人们再度考虑《家语》的真伪问题。1973年，河北定州八角廊西汉墓出土的竹简《儒家者言》，内容与今本《孔子家语》相近。1977年，安徽阜阳双古堆西汉墓也出土了篇题与《儒家者言》相应的简牍，内容同样和《家语》有关。李学勤先生将其称为竹简本《家语》，看作是今本《家语》的原型或古本，并进而指出：孔安国序和王肃序的说法是有根据的。王肃称《家语》得自孔猛，当为可信。《家语》很可能陆续成于孔安国、孔僖、孔季彦、孔猛等孔氏学者之手，有很长的编纂、改动、增补过程，是汉魏孔氏家学的产物。王肃对原书或许作过一些改窜，但要说伪造整部书，恐怕是不可能的。①

胡平生先生则通过对阜阳双古堆汉简的研究，认定旧说孔安国编纂《孔子家语》并作序，应当是可信的。从汉初开始就已经流传了一批记载孔子及其弟子言行和诸国故事的文献，这些就是后来《孔子家语》《说苑》等书的基本素材。《孔子家语》的编纂，正是汉代儒术发达及孔子受到重视和推崇的产物。而王肃伪作《孔子家语》所列举的诸多证据，是古籍传承的普遍问题，不能由此来论定《孔子家语》为伪书。② 后来在上海博物馆藏战国楚竹书中，有一篇文献被定名为《民之父母》③，它与今本《家语》的《论礼》大体相同。庞朴先生据此认定，《家语》是“孟子以前遗物，绝非后人伪造所成”④。受到关注的还有敦煌本《孔子家语》残卷。该残卷大体为六朝写本，是目前所见最早的《家语》版本。张固也先生从分析该残卷入手，试图证明今本系孔安国所编的二十七卷本，并力求对汉唐时期《家语》的分卷变迁进行合理解释，从而认为《孔子家语》并非王肃作伪。⑤ 再往后，北京大学藏西汉竹书中，也有被定名为《儒家说丛》者⑥，其内容与《家语》的《贤君》近似，亦引起了人们的关注。⑦

---

① 李学勤：《竹简〈家语〉与汉魏孔氏家学》，《孔子研究》1987年第2期；《古文字学十二讲·纸以前的书籍》，《文史知识》1985年第6期。

② 胡平生：《阜阳双古堆汉简与〈孔子家语〉》，《国学研究》第七卷，北京大学出版社2000年版。

③ 马承源主编：《上海博物馆藏战国楚竹书》（二），上海古籍出版社2002年版。

④ 庞朴：《话说“五至三无”》，《文史哲》2004年第1期。

⑤ 张固也、赵灿良：《〈孔子家语〉分卷变迁考》，《孔子研究》2008年第2期。

⑥ 北京大学出土文献研究所编：《北京大学藏西汉竹书》（三）上海古籍出版社2015年版。

⑦ 《深化〈孔子家语〉研究》，《中国社会科学报》2017年6月19日。

上述各种出土文献的发现及其分析、研究，都可以说明，今本《孔子家语》是有来历的，早在西汉时就已有原型存在并流传，不能简单地说成是伪书，更不能直接说成是王肃撰著，应当承认它在有关孔子和孔门弟子及古代儒家思想尤其是孔氏家学研究中的重要价值、地位和影响。

二

就文献价值、史料价值而言，《孔子家语》有许多地方明显胜于其他相关古籍，可用来勘正其史实、文字的讹误，弥补其记载、抄录的疏略，应当予以高度重视。其实，不少前贤也已经注意到这一点。如《大婚解》："夫其行己不过乎物，谓之成身。不过乎，合天道也。"而《礼记·哀公问》此处仅有"不过乎物"4个字，于义不确。故朱熹曰："以上下文推之，当从《家语》。"① 再如《贤君》"孔子见宋君"云云，"宋君"，《说苑·政理》作"梁君"②。俞樾指出："仲尼时无梁君，当从《家语》作'宋君'为是。"③ 又如《七十二弟子解》记樊须"少孔子四十六岁"，《史记》作"三十六岁"。考《左传·哀公十一年》，季氏以"须也弱"为由，不同意樊须为车右。而据《礼记·曲礼上》"二十曰弱"，当时孔子68岁，樊须则在20岁左右。因此，《家语》所说"少孔子四十六岁"是可信的。还有，从《问玉》中，亦可考见《齐论》的佚文。另外，《王言解》等篇也保存了一些古代亡佚之书的片段，可谓弥足珍贵。惟其如此，在清代，就连断言"其出于（王）肃手无疑"的四库馆臣也不得不承认："特其流传已久，且遗文轶事，往往多见于其中，故自唐以来，知其伪而不能废也。"④ 凡此种种，都显示出《家语》的特殊生命力和巨大影响力。

实际上，早已有学者在自己的研究著作中把《家语》所记作为立论的重要依据。如《本姓解》记述孔子生平，其中提到："孔子三岁而叔梁纥卒，葬于防。至十九，娶于宋之并（或作'亓''上'）官氏。一岁而生伯鱼。鱼之生也，鲁昭公以鲤鱼赐孔子。荣君之贶，故因以名曰鲤，而字伯鱼。"这段记载不见于别处，但又至为关键，所以每每为人们所引证、取资。只是由于疑古之风渐盛，人们谈伪色变，类似于这样的地方，大都不便或不敢明言出于何处而已。

---

① ［清］孙希旦撰，沈啸寰、王星贤点校：《礼记集解》，中华书局1989年版，第1264页。

② 北京大学出土文献研究所编《北京大学藏西汉竹书》（三）之《儒家说丛》亦作"梁君"。

③ ［汉］刘向撰，向宗鲁校证：《说苑校证》，中华书局1987年版，第153页。

④ ［清］永瑢等：《四库全书总目》卷九十一《孔子家语》条，中华书局1965年版，第769页。

众所周知，孔子是我国历史上地位最为重要、影响最为巨大的思想家、教育家，其思想学说、行为品格构成了中华民族传统思想文化和人文精神的核心内容。所以，记述孔子思想言行的文献资料历来备受关注。那么，《孔子家语》又是如何反映孔子的思想言行的呢？通观全书，可以发现，《始诛》《王言解》《大婚解》《好生》《贤君》《辩政》《哀公问政》《入官》《执辔》《刑政》《正论解》等篇，较为集中地记述了孔子的仁政之说，勾画出孔子关于理想社会的美好蓝图和远大目标。在具体的治国方略和为政措施上，孔子力倡重德教、轻刑罚，先德教、后刑罚，实行仁德之治。他猛烈抨击"苛政猛于暴虎"的社会现实，要求统治者"省力役、薄赋敛"，呼吁各级官吏"奉法以利民"，公正廉洁，坚持"廉平之守"。在孔子的社会政治、伦理道德思想中，仁是核心、是根本，礼则是仁的表现形式。孔子非常重视礼乐制度的建设，而且身体力行、乐此不疲。《观周》《辩乐》等篇即记述了孔子认真研习礼乐的一些情况。《弟子行》《问礼》《论礼》《礼运》等篇则较为集中地载录了孔子关于礼的一些论述。在他看来，礼作为一种秩序和规范，与仁一样，也是治国理政、济世安邦的大事和要务。孔子首创私学教育，主张"有教无类"，因材施教，堪称中国历史上第一个进行公开教育的伟大教育家。《致思》《三恕》《好生》《弟子行》《子路初见》等篇章就记述了不少孔子关于教育问题的言论。这些与《论语》所反映的孔子的思想倾向是基本一致的、相通的。毫无疑问，《论语》是研究孔子和孔门弟子以及早期儒家学派的权威典籍和主要依据，文约意丰，言近旨远，但毕竟其篇幅较小，语言简略，难以展示孔子等人思想言行的全貌和风采。《家语》尽管还不便直接用作先秦史料，却完全可以作为对《论语》的有益补充、必要呼应和有力释证。

从文学艺术的角度来看，孔子及其弟子等人的人物形象、性格特征也在《孔子家语》的许多篇章中得到成功塑造和充分展现。如《相鲁》中夹谷之会一段，通过生动的细节描写和人物对话，很好地刻画出孔子这位有胆有识、智勇双全的杰出政治家、外交家的形象：当时齐强鲁弱，齐国试图趁着两国国君相会的时机来施加压力，迫使鲁国无条件成为附庸国，因而屡屡寻衅、滋事，甚至想以武力劫持鲁君。孔子受命为鲁定公相礼，他正义凛然，临危不惧，应付裕如，以礼制、道义为武器，牢牢据守道德高地，巧妙地进行周旋和抗争，及时挫败齐国的各种阴谋，收回失地，在一定程度上维护了鲁国的尊严和利益。我们知道，孔子讲"仁"讲"义"，常常与"勇"联系在一起。例如，他曾强调："志士仁人，无求生以害仁，有杀身以成仁。"① "见义不

---

① ［清］刘宝楠：《论语正义》卷十八《卫灵公》，中华书局1990年版，第620页。

为，无勇也。”①《论语》中的这些记述，与《家语》里孔子的忠勇形象，可谓相互呼应、相得益彰、异曲同工。另外，孔子一生坚持自强不息、积极进取、昂扬向上的人生价值观，用他自己的话来说就是“默而识之，学而不厌，诲人不倦”，“发愤忘食，乐以忘忧，不知老之将至”②，“知其不可而为之”③，等等。而充分体现这种可贵精神和人格风范的孔子形象，在《家语》中有不少成功刻画，一些故事性、趣味性的细节描写，更是生动丰满，有血有肉，让人倍感亲切，百读不厌，回味无穷。

由此可见，在中国古代文学史特别是散文发展史上，《孔子家语》同样值得写上浓墨重彩的一笔，甚至大书特书。当然，在《家语》这里，作为承上启下的典籍，前代作品的各种样板之用、资鉴之功也是不容忽视的，何况《家语》有些篇章本身或许就是由这些作品采撷加工而来的。但不管怎样，在这一方面所进行的深入思考，必将大大深化、丰富中国文学史特别是中国散文史研究和教学的内容，而人们就此所做的积极探索也会大大有益于相关的学科建设和学术发展。

三

时至今日，对于《孔子家语》，已经很少有人再坚持王肃伪作的说法，也很少有人无视其文献价值和学术意义，这是学术研究特别是孔子和儒学研究的一项重大进展。当然，在这个问题上，目前学术界仍存在着不同的认识和见解，甚至还有一些激烈的争论。这也很正常，因为要在现有基础上进一步明确《家语》的具体作者和成书年代，还有待人们发现、占有更多、更直接的文献和考古资料，继续做大量艰苦、细致的研讨工作。尽管目前已有大量相关出土文献被发现、被释读，但还是要认真、审慎地加以对待，绝不可一锤定音，一断于出土材料而将传世文献和前人成果束之高阁、弃之不顾，更不必也不能将以往的“疑古”成果打翻在地、悉数推倒。在这个问题上，我们完全接受日本学者池田知久先生的如下观点：“随着新出土资料以令人惊异的速度出土问世，特别是 20 世纪 90 年代以后，出现了有目的有意识地对‘疑古派’研究成果予以否定的风潮。这股风潮认为，应该相信经书等中国古典文献的作者、时代和内容就是历代传承下来的面貌，应该相信古典文献所描绘的内容反映了各个时代的历史事实。我不赞成这种轻率

---

① ［清］刘宝楠：《论语正义》卷二《为政》，第 74 页。
② ［清］刘宝楠：《论语正义》卷八《述而》，第 254、270 页。
③ ［清］刘宝楠：《论语正义》卷十七《宪问》，第 597 页。

的‘信古主义’。相反，我主张，要继承‘疑古派’研究成果中杰出的部分，并批判地超越之。”① 池田知久先生的这段论述，我们认为也适用于对《孔子家语》的认识和研究。

“古来新学问起，大都由于新发现。”② 可以说，当今的古籍整理和文献研究，也已经离不开对出土文献的关注和研究，离不开对“二重证据法”的传承和应用了。但另一方面，这些年出土文献的频频发现，相关研究不断强化，又使学术界出现了某种不正常、不健康的现象或势头，那就是对出土简帛及其研究成果的过度信从，而对传世典籍及其研读或多或少、或隐或显地有所轻视，甚至认为整理研究出土材料高人一等，是所谓“预流”，而一心沉潜于传世文献的人则根本“未入流”。当然，其依据看似也是有的，那就是王国维先生的“二重证据法”，还有陈寅恪先生当年为陈垣先生《敦煌劫余录》所作序文中说的那段话：“一时代之学术，必有其新材料与新问题。取用此材料，以研求问题，则为此时代学术之新潮流。治学之士，得预于此潮流者，谓之预流（借用佛教初果之名）。其未得预者，谓之未入流。此古今学术史之通义，非彼闭门造车之徒，所能同喻者也。”③ 这里，我们不得不说的是，对陈寅恪先生所谓“新材料”、对“二重证据法”，有些学者存在着狭义的甚至是片面的理解，只是我们不确定这种理解是由于眼界、视野和格局有限，还是由于其他什么原因。

根据我们的理解，陈寅恪先生所论是对“二重证据法”的进一步发挥、发展，而陈先生所谓“新材料”，不单单是指甲骨文、金文、简牍、帛书等出土资料，还应包括从常见的传世文献中读出新意、得到新解，找到前人未加珍视、不曾措意的某些“新材料”。就陈寅恪先生而言，他一生的主要学术贡献和影响还是运用新方法、新眼光来看旧典籍，从常见书中读出别人看不出、想不到的重要材料，而他本人并没有因为少用或不用出土材料而研读常见书就“未入流”了。所以说，从常见书中发掘出新材料、体悟出新认识、开拓出新学问，同样也是“二重证据法”的一个应有之义。

进而言之，王国维先生的“二重证据法”亦有狭义与广义之分。我们知道，陈寅恪先生曾从三个方面概括王国维先生的学术贡献，即“一曰取地下之实物与纸上之遗

---

① ［日］池田知久著，曹峰译：《池田知久简帛研究论集》，中华书局 2006 年版，《致中国读者》第 4 页。

② 王国维：《王国维讲国学》，团结出版社 2019 年版，第 21 页。

③ 陈寅恪：《陈垣敦煌劫余录序》，《金明馆丛稿二编》，生活 · 读书 · 新知三联书店 2001 年版，第 266 页。

文互相释证”，“二曰取异族之故书与吾国之旧籍互相补正”，“三曰取外来之观念，与固有之材料互相参证”①。狭义的“二重证据法”，仅指第一个方面，即以出土文献与传世文献相互释证，其精准概括则见于王国维先生的《古史新证》：“吾辈生于今日，幸于纸上之材料外，更得地下之新材料。由此种材料，我辈固得据以补正纸上之材料，亦得证明古书之某部分全为实录，即百家不雅驯之言亦不无表示一面之事实。此二重证据法，惟在今日始得为之。虽古书之未得证明者，不能加以否定，而其已得证明者，不能不加以肯定：可断言也。”② 广义的“二重证据法”则以新发掘、新发现的材料来与原有的材料进行相互比较、相互补益、相互释证，新材料中既包括出土材料，也包括传世的文献典籍。这种广义的概念，涵盖了上述陈寅恪先生所概括的王国维先生的研究方法和学术贡献的所有三个方面。实际上，王国维先生并非专重出土文献，对于传世文献亦颇为关注和重视。在《最近二三十年中中国新发现之学问》中，王先生曾总结道：“自汉以来，中国学问上之最大发现有三：一为孔子壁中书；二为汲冢书；三则今之殷虚甲骨文字，敦煌塞上及西域各处之汉晋木简，敦煌千佛洞之六朝及唐人写本书卷，内阁大库之元明以来书籍档册。此四者之一已足当孔壁、汲冢所出，而各地零星发现之金石书籍，于学术有大关系者，尚不与焉。故今日之时代可谓之‘发现时代’，自来未有能比者也。”③ 可见，就王国维先生而言，除了甲骨文、敦煌文献等新材料，不属于地下出土范围的明清内阁大库档案及其重要价值，也是他推出“二重证据法”的文献依据和学术动因之一，不应该被忽略。

基于以上认识，我们认为，应该全面、正确地认识和把握“二重证据法”，它并非仅仅涉及出土文献，而是一种具有普遍意义的研究方法、学术规范，乃“天下之公器”。从另一个角度说，出土文献亦并非绝对万能，不应过分夸大其价值和作用。具体到《孔子家语》，现在仅仅依靠出土文献及其研究成果似乎并不能为其作者、成书等问题推出最终的结论，达成最后的共识。所以，目前有些学者仍然纠结于《孔子家语》的真伪问题，不认同《家语》内容的真实性，不承认《家语》在孔子和儒学研究上的权威性，甚至坚持认定《家语》是王肃伪作，对此我们也只能表示理解，并将问题的彻底解决寄望于未来大雅君子的努力。

可以说，有了上述这些认识，我们才能在学术界以往整理、研究成果的基础上推

① 陈寅恪：《王静安先生遗书序》，《金明馆丛稿二编》，第 247 页。
② 王国维：《王国维讲考古学》，团结出版社 2019 年版，第 31 页。
③ 王国维：《王国维讲国学》，第 21 页。

出一个较为完备而又便于阅读的《孔子家语》读本，从而有助于进一步深化对《家语》的认识和研究，有助于更好地研读孔子学说、儒家思想及其文化经典，有助于进一步拓展相关学科建设、学术研究领域，有助于进一步传承、传播和弘扬中华优秀传统文化，并实现其现代性转化和创新性发展。

《孔子家语》与新时代"论语学"的建构

魏衍华 韦 英

《汉书·艺文志》篇中著录有"《孔子家语》二十七卷"，其位置在《论语》经传之后。可见，《家语》在汉代时期"论语类"文献中的重要地位。然而，唐代颜师古为《汉书》作注，提出此处所列"二十七卷"本《孔子家语》"非今所有《家语》"①的说法，也就是说，唐代时期通行的《孔子家语》与班固著录《孔子家语》的版本不同。二者之间究竟有怎样的差异？颜师古何以得出如此的结论？传世文献并没有给出非常明确的解释。尽管如此，传世本《孔子家语》的真伪问题却成为中国学术史上的一桩典型的公案，这本具有五万五千余字珍贵的"孔子遗说"的资料在疑古的大潮中逐渐被湮灭。那么，传世本《孔子家语》的这些材料是怎么来的呢？为何班固要将它列在《论语》经传之后，它与传世本《论语》有着怎样的关系？随着新出文献的不断面世，不少学者开始重新研读《孔子家语》，并逐渐认识到它的重要性，认为其价值有可能超过《论语》，堪称"孔子研究第一书"②。那么，人们今天应该如何准确地认识《孔子家语》与《论语》的关系？如何解读《汉书·艺文志》所记班固的良苦用心？对这些问题给出近真的答案，希望能为新时代中国"论语学"体系的建构提供一些有益的参考。

一、《孔子家语》与"孔子遗说"

据《史记·孔子世家》记载，鲁哀公十六年（前479）四月己丑，孔子去世。孔

---

① ［汉］班固：《汉书》，中华书局1962年版，第1716页。

② 王德成：《孔子研究第一书——评〈孔子家语〉》，《光明日报》2008年2月16日；杨朝明、宋立林主编：《孔子家语通解·代前言：〈孔子家语〉的成书与可靠性研究》，齐鲁书社2013年版，第1页；刘续兵：《〈孔子家语〉：从"典型伪书"到"孔子研究第一书"》，《社会科学报》2014年2月13日。

门弟子将孔夫子安葬于鲁城北泗上。尽管孔门弟子与老师之间并非父子，甚至也没有血缘关系，但弟子门人却皆为孔子“服三年”“心丧”① 之礼。其中，在同门师兄弟离开之后，子贡又服丧三年。按照传统的说法，孔门弟子三千，身通六艺者七十二人。不要说三千弟子同时服丧，即便是七十二人在三年的时间里皆居住于孔子生前的“故所居堂”，在今天看来也是一极为壮观的场面。如此众多的弟子生活于此，避免不了相互交谈、相互讨论。他们都谈些什么？或者说，除岁时举行祭祀以外，孔门弟子之间还有没有其他的事情可做？依据传世文献记载推测，他们极有可能做了一件非常重要的事情，也就是整理“孔子遗说”。

这里所说的“孔子遗说”，也就是以《论语》为代表的“论语类”文献中记录的孔子言语。班固《汉书·艺文志》在概述《论语》时说：“《论语》者，孔子应答弟子时人及弟子相与言而接闻于夫子之语也。当时弟子各有所记。夫子既卒，门人相与辑而论纂，故谓之《论语》。”② 这段文字的信息量非常大：一是《论语》记录的材料为“孔子遗说”；二是《论语》的材料来源于孔门弟子的日常记录；三是《论语》最初整理的时间是在孔子去世后不久，也就是弟子为其守“三年心丧”的期间；四是《论语》文本为弟子门人“相与辑而论纂”的结果，即从弟子辑录的语言中选编出来的精粹本。当然，这时的《论语》版本应该是初版，是原始的辑录本，是汉代时期流传的《鲁论》、《齐论》和《古论》等版本的祖本。这次整理应是孔门弟子在孔子生前的“故所居堂”中完成的。

据《史记·孔子世家》记载，孔子去世后，孔门弟子“葬之以礼，祭之以礼”。按照父亲的丧葬和祭祀之礼，弟子门人为孔子守心丧三年，然后“相诀而去，则哭，各复尽哀，或复留”。在弟子为老师守丧的三年期间，除“按时举行祭祀孔子的礼仪”之外，作为对老师的怀念，孔门弟子极“有可能将各自手中所记录的‘孔子言语’汇集在一起，这也是孔子弟子义不容辞的责任。可以想象，随着孔子的逝世，孔门后学失去了恩师，也失去了他们的精神寄托。为使孔子‘循循然善诱人’的言语时时响于耳边，弟子们整理老师遗言则成为缅怀先师的最佳方式之一”③。由于此次整理是在“孔子家”中进行的，所以形成的此批资料应是“孔子遗说”最原始的集结，自然也

① 东汉时期学者郑玄注解说：“心丧，戚容如丧父而无服也。事亲以恩为制，事君以义为制，事师以恩义之间为制。”参见［清］孙希旦撰，沈啸寰、王星贤点校：《礼记集解》，中华书局 1989 年版，第 165 页。

② ［汉］班固：《汉书》，第 1717 页。

③ 魏衍华：《原始儒学：早期中国的大成智慧——孔子思想与先秦社会互动研究》，山东人民出版社 2019 年版，第 210 页。

是后世研究孔子及其思想最珍贵、最可靠的资料。

之所以说"孔子遗说"的此次整理是在孔子家中进行，《史记·孔子世家》提供了一则非常有说服力的证据。司马迁说："弟子及鲁人往从冢而家者百有余室，因命曰孔里。鲁世世相传以岁时奉祠孔子冢，而诸儒亦讲礼乡饮大射于孔子冢。孔子冢大一顷。故所居堂弟子内，后世因庙藏孔子衣冠琴车书，至于汉二百余年不绝。"此段话的意思是说，在服丧结束之后，鲁地和留在鲁地的孔门弟子仍然延续着之前的生活状态，有的住进了孔子故居，有的在附近安家生活。据韩兆琦先生考证，《史记》此处的三个"冢"都是"家"的笔误，也就是三处"孔子冢"都应作"孔子家"①。韩先生的理解应该是有道理的。这恰好与后面司马迁的"诸生以时习礼其家"的说法相呼应，而且乡饮酒礼、大射礼等礼仪活动也不可能是在孔子的冢上举行的。

按照《汉书·艺文志》的说法，《论语》应是孔子弟子门人"相与辑而论纂"的结果。那么，"论纂"的标准是什么？选编之后的材料又归于何处？按照常理推测，孔子从教四十余年，一生不可能只讲了传世本《论语》中记录的寥寥一万五千余字。如何对上述问题作出近真的回答，长期以来困扰着学术界。汉代时期学者、孔子裔孙孔安国曾试图给出较为合理的解释。在《孔子家语后序》的开篇，他就说："《孔子家语》者，皆当时公卿士大夫及七十二弟子之所谘访交相对问言语也。既而诸弟子各自记其所问焉，与《论语》《孝经》并时。弟子取其正实而切事者，别出为《论语》，其余则都集录之，名之曰《孔子家语》。"② 孔安国的这一说法，阐释了传世本《孔子家语》与《论语》同根同源的关系，也就是材料来源相近，成书时间相近，简洁清楚地回答了困扰学者们多年以来的一个难题。

这里所谓的"正实"，就是弟子时人亲闻之于夫子的言语，也就是孔子本人曾说的言论。尽管孔子教学与近代以来的课堂教学不尽相同，但是在孔子教学过程中他的弟子同样有做笔记的习惯。比如《论语·卫灵公》篇记"子张问行"，孔子回答说："言忠信，行笃敬，虽蛮貊之邦行矣；言不忠信，行不笃敬，虽州里行乎哉？"子张感觉老师讲得非常重要，恐怕自己回头忘记，便将此语"书诸绅"，也就是写在"大带之垂者"③ 上。传世本《孔子家语》亦有不少相关的记载，如《入官》篇有"子张既闻孔子斯言，遂退而记之"；如《论礼》篇有"子夏蹶然而起，负墙而立，曰：'弟子敢不志之！'"又如《五刑解》篇记冉有听闻孔子之善言则"退而记之"……。此外，当

---

① 韩兆琦编著：《史记笺证》，江西人民出版社 2004 年版，第 3272 页。
② 杨朝明、宋立林主编：《孔子家语通解》，第 578 页。
③ ［宋］朱熹：《四书章句集注》，中华书局 1983 年版，第 162 页。

孔子感觉自己讲的话非常重要时，也会主动要求弟子记录下来。如《孔子家语·正论解》篇记有孔子“小子识之”“弟子志之”等说法。由此推论，弟子们选编入《论语》的“子曰”，皆应是孔门弟子所记录的、真实的“孔子遗说”。

这里所谓的“切事”，就是真切地关注现实问题、教化人心的言语。比如在孔子的日常教学活动中，他讲过不少关于天道性命的话。尽管这些话也关系着孔子心目中“君子”的进德修身，但多数不太容易理解，或者是离现实社会问题较远。《论语·公冶长》篇就记有子贡说：“夫子之文章，可得而闻也；夫子之言性与天道，不可得而闻也。”传统上对此语的理解分歧非常大，比较相对一致的意见是孔子所言“性与天道”之语不容易被常人理解，《论语》中收录的相关言论也相对较少。如何理解《论语》“正实而切事”的特点，杨朝明先生提出，《论语》的这一特点应与编撰者子思的理解有关。他说：“子思既然是总体上来编撰孔子语录，而且是要在众多的材料中选择孔子遗言，那么，他就一定会考虑哪些孔子言论更具有直接教化社会人心的作用，哪些更符合孔子的最终关切点。”① 意思是说，《论语》各篇中收录的“孔子语录”皆具有教化之功，皆具有教人向善之用，也就是《三字经》中说群弟子所记的“善言”。

按照常理推测，这些材料初次集结的地点是在“孔子家”中，而集结后存放的地点也理应是孔子的“故所居堂”之内。如果这样的推断不误，孔子的孙子子思则是这批资料最佳的保管者、研究者和传承者，并由此传给他的后世子孙们。从这样的角度说，这批资料理应是具有最初的“家学”意蕴。从《论语》记有曾子临终前的场景，《论语》的成书自然也就在曾子去世之后。再加上孟子曾多次引证《论语》，可以推测《论语》成书的时间“大致在公元前428年至公元前372年间的不到六十年中”。而郭店楚墓竹简中有《中庸》《表记》《坊记》《缁衣》等篇，且《礼记·坊记》篇中已经出现了《论语》之名。因此，《论语》成书的下限为子思卒年之前，也就是公元前400年左右。据此，杨朝明先生判定《论语》和《孔子家语》的“整理与编订者只能是子思”②。

从孔门弟子整理的“孔子遗说”中选出“正实而切事”的《论语》后，子思将其余的材料汇编在一起，形成最初的《孔子家语》，大概就是孔安国《孔子家语》“与《论语》《孝经》并时”说法的依据。如果说此时的《论语》是孔子语录，那么此时的《孔子家语》当属于孔子文集，共同构成孔门弟子整理“孔子遗说”的主

---

① 杨朝明主编：《论语诠解》，山东友谊出版社2013年版，前言第11页。
② 杨朝明：《新出竹书与〈论语〉成书问题再认识》，《中国哲学史》2003年第3期。

体。当然，此时的《孔子家语》与传世的“十卷本”《孔子家语》还应有不小的差别，至少没有今本《孔子家语·本姓解》开篇孔子家世的部分内容。正如唐代学者司马贞《史记索隐》解释说：“孔子非有诸侯之位，而亦称系家者，以是圣人为教化之主，又代有贤哲，故称系家焉。”张守节《史记正义》解释说：“孔子无侯伯之位，而称世家者，太史公以孔子布衣传十余世，学者宗之，自天子王侯，中国言《六艺》者宗于夫子，可谓至圣，故为世家。”① 今本《孔子家语》中的“家”字，无疑具有汉代“家学”的意蕴，与孔子以“布衣”列入“世家”事件异曲同工。

二、《孔子家语》的流传与真伪再认识

子思不仅掌握孔门弟子整理的“孔子遗说”，而且作为孔子的裔孙也有其独特的优势，也就是曾亲授业于孔子本人。在父亲伯鱼去世后，子思就跟随祖父孔子生活。《孔丛子·记问》开篇记有祖孙二人的一段对话：“夫子闲居，喟然而叹。子思再拜请曰：‘意子孙不修，将忝祖乎？羡尧、舜之道，恨不及乎？’夫子曰：‘尔孺子，安知吾志？’子思对曰：‘伋于进善，亟闻夫子之教：其父析薪，其子弗克负荷，是谓不肖。伋每思之，所以大恐而不解也。’夫子忻然笑曰：‘然乎，吾无忧矣。世不废业，其克昌乎！’”② 二人的这段对话说明，子思自幼就善于学习与思考，就深谙于孔子学说的真精神，并以传承孔子之学和孔子之道为己任。基于此，子思才能从众多的“孔子遗说”中选取出“正实而切事”者，也由此使《论语》成为走进孔子最佳的门径和理解孔子学说的一把钥匙。

由于子思掌握大量的“孔子遗说”，而且还自觉地担负起传承孔子学说的历史使命，在与诸侯、士大夫的问对中就会时常引用孔子的言语。或许是引用的频率过高，引起了时人的怀疑。例如《孔丛子·公仪》篇记鲁穆公问子思曰：“子之书所记夫子之言，或者以谓子之辞也。”子思对曰：“臣所记臣祖之言，或亲闻之者，有闻之于人者，虽非其正辞，然犹不失其意焉。”③ 从“虽非正其辞”一语可以推测，子思主持编撰的《孔子家语》理应有不少是“闻之于人者”，可能还有一些是子思根据“孔子遗说”进行的阐释。子思的这些阐释自然会影响到作为“家学”传承的《孔子家语》。当然，

---

① ［汉］司马迁：《史记》，中华书局 1959 年版，第 1905 页。

② 傅亚庶：《孔丛子校释》，中华书局 2011 年版，第 95 页。

③ 傅亚庶：《孔丛子校释》，第 164 页。

在流传的过程中，不仅是子思本人，而且包括孔门后学，也会有孔安国在《孔子家语后序》中说的“属文下辞，往往颇有浮说、烦而不要者，亦犹七十二子各共叙述首尾，加之润色，其材或有优劣，故使之然也”① 的现象。尽管如此，传世本《孔子家语》所记的内容也皆属于“不失其意”的文献资料。

《孔子家语》成书之后，除在孔子家族内部传承以外，还在战国时期“遵夫子之业而润色之”（《史记·儒林列传》）的荀子等儒者手中流传。比如孔安国《孔子家语后序》中就说：“当秦昭王时，孙卿入秦，昭王从之问儒术。孙卿以孔子之语及诸国事、七十二弟子之言凡百篇与之，由此秦悉有焉。”由于《孔子家语》与诸子同列，才有幸免于秦始皇时期的“焚书”灾难。刘邦攻占咸阳城，以古文撰写的包括《孔子家语》在内的这批文献皆为刘汉政权所拥有，即孔安国说的“高祖克秦，悉敛得之，皆载于二尺竹简”。吕后专权时，这批资料又为吕后所得。吕后被诛杀后，这批文献资料遂“散在人间”。此时的《孔子家语》则被好事者“或各以意增损其言”，导致“同是一事而辄异辞”。直到汉惠帝四年（前 191）废除挟书律，中央政府才广开献书之路，京师士大夫逐渐献出手中所得《孔子家语》的材料，不幸的是被杂乱地“藏之秘府”②之中。

孔安国在京师任职时，闻言《孔子家语》这批材料极有可能将被泯灭，于是“因诸公卿士大夫，私以人事，募求其副，悉得之，乃以事类相次，撰集为四十四篇”。孔安国整理后的《孔子家语》可谓命运多舛，他本想将其上奏朝廷，却遇到“巫蛊事”而受阻，至死也未能实现这一心愿。汉成帝时期，刘向奉命校定秘府所藏诸书，孔安国之孙孔衍上书朝廷，辨别《孔子家语》等文献资料的源与流。在他看来，孔安国整理的四十四篇《孔子家语》“典雅正实”，与“世所传者不可同日而论”。刘向整理的《别录》“百家章句，无不毕记”，独就“孔子家古文正实而疑之”。所以，孔衍力争将家传的《孔子家语》也能载于《别录》中。在阅读奏章之后，汉成帝非常高兴，而且允诺将《孔子家语》载入《别录》。然而，由于此事“未即论定而遇帝崩”，再加上负责此事的刘向病亡，《孔子家语》最终遭受到“遂不果立”③ 的命运。

在刘向去世之后，汉朝中央政府整理秘府图书的工作并未中断。正如《汉书·艺文志》中说：“会向卒，哀帝复使向子侍中奉车都尉歆卒父业。歆于是总群书而奏其《七略》，故有《辑略》，有《六艺略》，有《诸子略》，有《诗赋略》，有《兵书略》，

① 杨朝明、宋立林主编：《孔子家语通解》，第 578 页。
② 杨朝明、宋立林主编：《孔子家语通解》，第 579 页。
③ 孔衍：《〈孔子家语〉后孔安国序》，参见《孔子家语通解》，第 581 页。

有《术数略》，有《方技略》。”意思是说，班固的《艺文志》是本于刘向父子整理上奏的《七略》，他的主要工作是“删其要，以备篇籍”①。所以，班固《艺文志》中记录的“二十七卷”本《孔子家语》应该是汉朝中央秘府所藏、经刘氏父子整理的本子，应是孔安国“私以人事，募求其副”而整理为“四十四篇”前的文献资料。由此推测，西汉末年《孔子家语》应有两个并行的版本：一个存放于官方秘府之中，一个在孔氏家族内部世代传承。尽管篇章的分合有所不同，但二者的材料应是基本一致的。

《孔子家语》两个版本并行的局面被东汉末年孔子裔孙孔猛的献书而打破。据王肃《孔子家语序》的说法，东汉末年郑玄之学盛行，王肃本人自幼所学的亦是郑氏之学。随着学业的精进，王肃感到郑玄之学可能存在不少问题，也就是“寻文责实，考其上下，义理不安，违错者多”。为清扫当时阻隔“圣人之门”“孔氏之路”的学术壁垒，王肃一直在寻求新路。为重新阐释“孔氏之学”的真精神，王肃曾“撰经礼，申明其义，及朝论制度”，由此他也就成为当时思想界的“另类”而备受诟病。在众多的文献资料中，他将孔猛所献的家藏本《孔子家语》视为珍宝，说：

> 孔子二十二世孙有孔猛者，家有其先人之书。昔相从学，顷还家，方取已来。与予所论，有若重规叠矩。昔仲尼曰：“文王既没，文不在兹乎？天之将丧斯文也，后死者不得与于斯文也。天之未丧斯文也，匡人其如予何！”言天丧斯文，故令己传斯文于天下。今或者天未欲乱斯文，故令从予学，而予从猛得斯论，以明相与孔氏之无违也。斯皆圣人实事之论，而恐其将绝，故特为解，以贻好事之君子。

孔猛所献的就应当是孔安国整理后的“四十四篇”《孔子家语》。王肃对此欣喜若狂，甚至将其与孔子的“斯文在兹”相提并论。从中可以推测《孔子家语》在他心目中的分量。因此，王肃开始为《孔子家语》做注解，以阐释其中蕴含的“圣人之道”。在王肃看来，《孔子家语》所载“与孔氏之无违”“皆圣人实事之论”，并期待后世“好事之君子”② 能与之心灵相通，从而认识到其中所记资料的价值。

应该说，王肃为孔安国整理的“四十四篇”本《孔子家语》作注解，由此也改变了它在秘府和孔氏之家并行的格局。王肃注本的流行，也加速了刘向父子所整理的

---

① ［汉］班固：《汉书》，第 1701 页。

② ［魏］王肃《〈孔子家语〉序》，参见《孔子家语通解》，第 582~583 页

"二十七卷"本《孔子家语》的亡佚。[①]《隋书·经籍志》录为"《孔子家语》二十一卷"、《旧唐书·经籍志》录为"《孔子家语》十卷"、《新唐书·经籍志》录为"《孔子家语》十卷"、《宋史·艺文志》录为"《孔子家语》十卷",前后记录《孔子家语》所分的卷数不同,是不是前后版本的不同呢?问题的关键是何谓"卷"?清代学者段玉裁在《说文解字注》中说:"膝曲也,卷之本义也,引伸为凡曲之偁。"[②] 也就是根据字数多少、字体大小以及印版尺寸,古代文献通常都会分卷,以便人们阅读和携带。尽管分卷不同,但后世皆注明该书为"魏王肃注"。唐代时期的颜师古或许已经认识到这一点,在为《汉书》作注时得出"二十七卷"《孔子家语》本"非今所有《家语》"的结论。所以,颜师古的说法并不能作为后世认定今本《孔子家语》是"伪书"的确凿证据。

随着唐宋以来疑古思潮的盛行,《孔子家语》成为传世文献中典型的"伪书"。其中,以清代学者孙志祖(《家语疏证》)和范家相(《孔子家语证伪》)为代表。如《清史稿·儒林传》"孙志祖"条中说:"志祖清修自好,读经史必释其疑而后已,……又《家语疏证》六卷,谓王肃作《圣证论》以攻康成,又伪撰《家语》,饰其说以欺世。因博集群书,凡肃所剿窃者,皆疏通证明之。"[③] 当然,后世认识到《孔子家语》价值的学者也有不少,其中以清代学者陈士珂(《孔子家语疏证》)为代表。陈士珂以"疏证"的方式维护王肃《孔子家语》注本的地位,依次清晰地罗列其他文献中与此相关的资料,也就是陈诗在《孔子家语疏证·序》所说的"予尝据本书为纲,而互见于他书者,仍用大字书之,以附其后,与所辑《韩诗外传》体例相同,名之曰《疏证》,将使学者参考而谛观之。"应该说,陈士珂考证《孔子家语》时的"夫事必两证而后是非明"[④] 的理念,远胜于疑古学者先存"伪书"成见而后搜集"证据"的通行做法。

应该说,现在通行的"四十四篇"本《孔子家语》一定不是清代学者王柏《家语考》中说的"乃王肃自取《左传》、《国语》、《荀》、《孟》、二戴《记》割裂织成之",

---

① 官方所藏图书曾经遭受的"厄运",也是刘向父子所整理的"二十七卷"本《孔子家语》亡佚的重要原因。据学者考证,从东汉末年到隋朝灭亡,中央秘府馆藏图书曾经历数次厄运,比如东汉末期的董卓之乱、西晋时期的"永嘉之乱"、梁武帝时期的"侯景之乱"、梁元帝时期的亲手焚书、隋炀帝时期的王世充兵变以及隋炀帝"江都之败"后的下令焚书……正如杜宝《大业幸江都记》中说:"炀帝聚书至三十七万卷,皆焚于广陵,其目中盖无一帙传于后代。"参见徐红岚:《中国古籍的厄运》,《图书馆学刊》1986 年第 2 期。

② [汉] 许慎撰,[清] 段玉裁注:《说文解字注》,上海古籍出版社 1981 年版,第 431 页。

③ [清] 赵尔巽等:《清史稿》,中华书局 1977 年版,第 13204 页。

④ [清] 陈士珂辑:《孔子家语疏证》,上海书店 1987 年版,第 1 页。

甚至“孔衍之序亦王肃自为也”①，应该像孔安国《孔子家语后序》中说的那样，与《论语》《孝经》并时，是子思“取其正实而切事者”之后“孔子遗说”的汇集本。在《孔子家语》初成后，由于材料有优劣，曾出现“属文下辞，往往颇有浮说、烦而不要”的现象，再加上经历秦火洗涤以及后世的辗转流传，一定有后世“加之润色”的成分。尽管如此，由于该书材料来源于孔门弟子的记录，虽然后经孔子后世子孙的传承和孔门后学的加工和润色，它的价值不一定能与《论语》相提并论，但它对于孔子思想及早期儒学研究的作用却不应被低估。

三、《孔子家语》与“论语学”体系的探索

从《汉书·艺文志》、孔安国《孔子家语后序》等传世文献的记载来看，至迟从汉代开始人们就已经逐渐意识到《孔子家语》与传世本《论语》同宗同源的关系，并且成为传统中国学者们的一种共识，这在历代编修的正史“经籍志”或者“艺文志”中皆有所体现，它们皆将《孔子家语》置于《论语》之后。可惜的是，自唐宋以来疑古思潮兴盛，不断有学者怀疑王肃《孔子家语》注本的真实性，逐渐将它视为一种典型的“伪书”。正因如此，以往人们所构建的“论语学”体系中自然也就很少有它的踪迹，进而造成其在汉唐以后“论语学”体系中的缺位。既然《孔子家语》成书与《论语》《孝经》等“并时”，它的材料主要来源于孔门弟子整理的“孔子遗说”，所以理应对研究孔子思想及“论语学”相关问题皆具有重要的参考价值。新时代人们要构建的中国“论语学”新体系，就有必要将其纳入其中。这不仅有利于更好地解读《论语》“正实而切事”的特点，而且也能使我们更深入细致地解读孔子儒学。

近年来，有关《孔子家语》的研究成果逐渐增多，如杨朝明、宋立林主编的《孔子家语通解》、宋立林点校的《孔子家语》、高尚举等的《孔子家语校注》等。在长期遭受冷落、视为伪书弃而不用之后，《孔子家语》这本珍贵的典籍开始重见天日，使它有机会重新成为“论语学”的重要典籍，成为研究孔子儒学的重要根据。正如庞朴先生曾说：“以前我们多相信，《家语》乃王肃伪作，杂抄自《礼记》等书。……现在上博藏简《民之父母》篇的再世，轰然打破了我们这个成见。对照竹简，冷静地重读《孔子家语·礼论》和《礼记·孔子闲居》，不能不承认，它们确系孟子以前遗物，绝非后人伪造所成。”② 在此基础上，杨朝明等先生提出“与包括《论语》在内的众多文

① ［清］永瑢等：《四库全书总目》，中华书局1965年版，第769页。
② 庞朴：《话说“五至三无”》，《文史哲》2004年第1期。

献相比，该书完全称得上‘孔子研究第一书’”① 的观点。从这样的角度说，《孔子家语》无论在传统还是在现代“论语学”体系中都应具有至关重要的地位。

即便是传统的主流学者将《孔子家语》视为“伪书”，但《孔子家语》在中国传统“论语学”体系构建过程中也曾起到过一定的作用。如朱熹《四书章句集注》曾 8 次引证《孔子家语》中的材料，其中《论语集注》5 次，《论语》的《雍也》篇 1 次、《先进》篇 3 次、《卫灵公》篇 1 次。以《卫灵公》篇为例，朱子在注解“直哉史鱼”一语时说：“史，官名。鱼，卫大夫，名鰌。如矢，言直也。史鱼自以不能进贤退不肖，既死犹以尸谏，故夫子称其直。事见《家语》。”② 朱子屡次征引《孔子家语》，清代学者陈诗也已经注意到这一点，说：“子朱子于《四书章句集注》尝屡引之，而颜监注《汉书·艺文志》则以为‘非今所有《家语》’。”③ 从这样的角度说，传统社会将《孔子家语》和《论语》“两证”的做法应为新时代中国“论语学”体系的构建提供重要参考。

这里所说的“论语学”体系，并非是指中国传统《论语》注疏的再版和“微言大义”的重新阐释，也并非是指中国传统社会《论语》经典注本的翻译和尊崇，而是以中国传统“论语学”体系为基础，重点是对传世本“论语类”文献进行系统的整合，至少是“论语学”的文献研究、理论研究、经义研究以及学术史研究等。这里所说的“论语类”文献并非单纯是指《论语》及其注本，而是尽可能地包括孔门弟子整理的所有“孔子遗言”在内。如《汉书·艺文志》所列举的汉代时期“论语类”文献至少有《论语》《孔子家语》《孔子三朝》等“十二家，二百二十九篇”④。正确认识以《孔子家语》为代表的“论语类”文献的价值，有助于正本清源地认识“孔子遗说”的全貌。

中国“论语学”大体经历先秦原始期、汉唐经学期、宋明理学期以及当代探索期。“论语学”的“原始期”是指孔门弟子及其后学对“孔子遗说”的整理和阐释；汉唐经学期是指学者根据时代需要对《论语》文本进行重新认识和解读；宋明理学期是以程朱、陆王为代表的理学家对《论语》文本的义理建构。当代探索期以康有为的《论语注》为起点，直到今天这种探索仍在继续。正如葛兆光先生曾说“思想史”不仅做“加法”，而且也会做“减法”⑤。就以往的“论语学”的建构而言，每个时代都在做着

① 杨朝明：《代前言：〈孔子家语〉的成书与可靠性研究》，参见杨朝明、宋立林主编：《孔子家语通解》，第 1 页。

② ［宋］朱熹：《四书章句集注》，第 162~163 页。

③ ［清］陈士珂辑：《孔子家语疏证》，第 1 页。

④ ［汉］班固：《汉书》，第 1716~1717 页。

⑤ 葛兆光：《思想史：既做加法，也做减法》，《读书》2003 年第 1 期。

“加法”与“减法”的事情。汉唐以来的学者们将《孔子家语》等“孔子遗说”做了“减法”，同时根据各自时代需要对“论语学”进行解读，则是做了“加法”。当然，二者也不是非此即彼的对立关系，而是一种双向的互动关系，决定因素则是解决当下时代问题的需要。

就汉唐时期的“论语学”而言，《论语》是以“六经”之传的身份呈现的。正如汉代学者赵岐在《孟子题辞》中说的“《论语》者，《五经》之錧鎋，《六经》之喉衿”①，这一时期学者关注的是《论语》与“五经”的关系，汲取的是《论语》中治国理政的圣贤智慧。所以，尽管刘向父子注意到《孔子家语》与《论语》的密切关系，并且将其录入《七略》之中，但当时学者的关切点不在文献的价值，藏在秘府中的“二十七卷”本《孔子家语》遭受散落甚至逐渐遗失的命运。所幸的是，孔安国曾做了相应的整理，并将其作为孔氏家学世代传习，最终由孔猛献给王肃。在见到《孔子家语》后，王肃非常震惊，甚至欣喜若狂，自比于孔子的“斯文在兹”。王肃“恐其将绝”，首次为《孔子家语》做注解，为后世特别是今天“论语学”体系的探索做“加法”提供了可能性。

颜炳罡先生曾说：“《论语》是无限敞开的意义系统，一代之治，必有一代之学，一代之学，必成一代之用。处于伟大民族复兴历程中的一代中国学人，对《论语》应做出合乎这个时代要求的理解，以成就《论语》的当代之用。”② 那么，相对于传统的原始儒学、汉唐经学、宋明理学，我们这个时代应该构建怎样的“论语学”新体系呢？王钧林先生曾提出与当下“论语学”构建相关的三个问题：“第一个问题是今天应该如何读《论语》，第二个问题是现代“论语学”应该如何转型，第三个问题是今天研究《论语》的理论与方法。”③ 应该说，王先生的说法有重要的启发意义，这些问题都应是今天构建“论语学”体系必须直面的核心问题。解决好上述问题，新时代构建的“论语学”体系才会有更鲜活、更旺盛的生命力。

从根本上说，为使新时代所构建的“论语学”新体系能够有旺盛的生命力，当下最紧要的工作就是找到传统“论语学”存在的不足，尽力补齐此前“论语学”体系的短板，并结合新时代社会所面临的新问题，给出具有中国传统特色特别是孔子儒家的回应。重新认识以《论语》《孔子家语》为代表的“孔子遗说”类文献、学术和思想

---

① ［清］焦循：《孟子正义》，中华书局 1987 年版，第 214 页。

② 颜炳罡：《论语研探·序》，唐明贵、刘伟：《论语研探》，中国社会科学出版社 2014 年版，第 1 页。

③ 王钧林：《关于当代论语学的几个问题》，魏衍华主编：《论语学研究》（第二辑），青岛出版社 2020 年版，第 254 页。

等的价值，通过更为翔实的资料从中汲取孔子儒家的智慧；重新梳理《孔子家语》与《论语》的关系问题，补足《孔子家语》在中国传统论语学史中的缺位，把汉代以来学者所做的“减法”根据时代需要重新做必要的“加法”；重新审视当前国家和世界面临的热点问题，用世界的眼光、开放的思维，重新规划新时代的“论语学”体系。应该说，与传世本《论语》的语录体相比，《孔子家语》的内容更为丰富，其中蕴含的思想更容易使人理解。相信有了《孔子家语》的“复位”，中国新时代“论语学”体系的探索会呈现一个新的面貌。

（本文原刊于《唐都学刊》2022年第5期）

撰集与传承：孔安国与《孔子家语》考论

陈以凤

《孔子家语》又名《孔氏家语》，简称《家语》，是记录孔子、孔门弟子思想言行以及诸国故事的经典文献。《家语》的成书与早期流传有一个相当复杂且模糊不清的过程，致使它在很长的历史时期内都被疑为伪书，甚至被视为伪书的典型之作遭到批判。受“伪书说”的影响，与之相关的问题如《家语》与经学大师孔安国的关系也是疑点重重，聚讼良久。而这一问题又牵涉甚广，特别是与《家语》后序的真伪等学术疑案息息相关。近几十年以来，大批出土文献相继问世，为重新认识诸多传世古籍的成书和流传情况提供了难逢的契机。借河北定州竹简、安徽阜阳木牍、上海博物馆藏战国楚竹书等出土文献的面世，《家语》的相关研究也迎来了新的局面，“伪书说”的观点渐生动摇。基于学界研究现状，本文结合新近出土的文献，踵武前贤，拟就孔安国与《孔子家语》的关系作一考证论析，不当之处，祈请方家指正。

一、《家语》“孔安国序”再考察

今传本《家语》为魏王肃所注，并附有序言，详细记载了此书的材料来源、成书过程及早期流传等情况。依据序言的文风和内容，学界一般将之分为三篇：一篇以孔安国口气撰写，被称为“孔安国序”；另一篇撰者不明，但从内容上看，写作时间明显晚于孔安国，被称作“后孔安国序”；第三篇是王肃注解《家语》时的自序，简称为“王肃序”。前两者又多附于《家语》一书后面，被通称为“后序”。“孔安国序”最早将孔安国和《家语》直接联系起来，对于考察《家语》成书问题意义重大。如顾颉刚先生曾说：“王肃伪作《家语》，赖以欺人者在其所伪造之孔安国序及孔衍表。欲辨

《家语》之伪，不可不先知此义也。”① 此言虽意在申明《家语》之伪，但也说明了欲研究《家语》无法绕过“孔安国序”这一事实。

宋元以前，没有学者怀疑《家语》“后序”的真实性。明正德年间，何孟春注解《家语》时最早对“孔安国序”提出疑问，云：“《孔子家语》如孔衍言，则壁藏之余，实孔安国为之，而王肃代安国序，未始及焉，不知何谓。”② 可见何氏认为“孔安国序”是王肃代作。清代学者多承袭此说，如朱彝尊云：“安国《家语》‘后序’疑亦后人伪撰。”③ 姚际恒《古今伪书考》说：“《唐志》有王肃注《家语》十卷，此即肃掇拾诸传记为之，托名孔安国作序，即师古所谓今之《家语》也。”④ 而当时《家语》辨伪的代表人物范家相，不仅收录了完整的“孔安国序”，并且逐条作按语，证明此乃王肃伪作。经过范氏的论证，此序伪作几成定论。至近代，在以顾颉刚先生为代表的“古史辨派”笔下，《家语》之伪已是铁板钉钉，“孔安国序”则是王肃伪作、欺瞒世人的幌子。如屈万里先生认为“孔安国序”是为《家语》抄袭诸书、改易旧文作掩饰，它与孔衍奏都喜用“正实”两字，大概出于一手，为王肃或其徒所伪作。⑤ 近三十年来，当代学者在对《家语》一书进行重新研究的同时，对“孔安国序”的真伪问题也有论及，大致可分真、伪两派⑥，但学者们多仅是申明观点，鲜有深入探究者。有鉴于此，笔者对“孔安国序”做了详细的论析考辨。首先，考察、比勘《四库全书》《文献通考》《西汉文纪》《家语证伪》，以及日本的太宰纯本、冈白驹本六个版本之“孔安国序”的内容，得知六个版本所存在的异文多系辗转传抄所致，不关乎对其真伪的判定。其次，汇总诸家对“孔安国序”所提出的主要疑点，如“七十二弟子”之说

---

① 顾颉刚：《孔子研究讲义按语》，《中国典籍与文化论丛》第七辑，北京大学出版社 2002 年版，第 18 页。

② ［明］何孟春注：《孔子家语》之《序》，《四库全书存目丛书》子部第 1 册，齐鲁书社 1995 年版，第 3 页上栏。

③ ［清］朱彝尊：《经义考》卷二七八，《文渊阁四库全书》第 680 册，上海古籍出版社 2003 年版，第 567 页。

④ ［清］姚际恒：《古今伪书考》，《丛书集成初编》第 114 册，中华书局 1985 年版，第 8 页。

⑤ 屈万里：《先秦文史资料考辨》，台湾联经出版事业公司 1983 年版，第 474~475 页。

⑥ 胡平生、杨朝明、张固也、赵灿良、刘巍、魏玮等学者认为序言记载真实可靠，作者当是孔安国。参见胡平生：《阜阳双古堆汉简与〈孔子家语〉》，袁行霈主编：《国学研究》第七卷，北京大学出版社 2000 年版，第 515~545 页；杨朝明、宋立林主编：《孔子家语通解》，齐鲁书社 2013 年版，代前言第 1~11 页；张固也、赵灿良：《从〈孔子家语·后序〉看其成书过程》，《鲁东大学学报（哲学社会科学版）》2009 年第 5 期；魏玮：《〈孔子家语〉“三序”研究》，曲阜师范大学 2009 年硕士学位论文；刘巍：《〈孔子家语〉公案探源》，社会科学文献出版社 2014 年版，151~198 页。邬可晶、王化平等学者则多持怀疑态度，认为其为后人托名之作。参见邬可晶：《〈孔子家语〉成书时代和性质问题的再研究》，复旦大学 2011 年博士学位论文，第 268~289 页；王化平：《论王注〈孔子家语〉两篇“后序”是魏晋时人伪撰》，《西南大学学报（社会科学版）》2013 年第 3 期。

晚出；秦始皇焚书“不燔诸子”与史实不符；序言所载“荀卿与秦之书”“高祖克秦，悉敛得之”与“吕氏专汉，取归藏之”以及“汉景帝时募求书籍”等事其他文献不载；王肃不提孔安国编辑《家语》一事令人费解。通过对这几处疑点审查论析，我们发现“孔安国序”内容上的饱受质疑之处，细而绎之，并不能成为判定其晚出或伪作的切实证据。最后，其他传世文献、出土文献及《家语》本身的记载可佐证“孔安国序”相关记载。如：《论语》中所载孔门弟子记录、整理孔子言论的事迹与序言所提《家语》编纂材料的来源若合符节；上博简《民之父母》竹简形制特征与序言所提及的竹简情况基本符合；阜阳双古堆汉墓出土简牍的情况亦在很大程度上可以证明序言所记述的《家语》材料在汉初“散在人间”，“与诸国事及七十二子辞妄相错杂”等情况。①

此外，“孔安国序”对《家语》流传、成书的细节记载清晰，其他文献未有齿及，从所载一些关键细节上亦可对其作者作合理的推知。其一，序言涉及一些具体时间，为我们考察其作者提供了重要的线索。如云“元封之时，吾仕京师”，其中“元封”为汉武帝的年号，也是整篇序所提到的最后时间，故而其作者当为武帝时人，卒于元封年间或其后。而孔安国大约生活于景帝前元元年（前 156）至武帝太初四年（前 101）年间②，与假定作者的时间契合。其二，序中详述《家语》辗转流传的过程，如：“孝景皇帝末年，募求天下礼书，于时士大夫皆送官，得吕氏之所传《孔子家语》，而与诸国事及七十二子辞妄相错杂，不可得知，以付掌书，与《曲礼》众篇乱简合而藏之秘府。”对《家语》材料的重得以及竹简的混乱情况这种细致具体的描述，我们认为只有亲历其事者才能讲得如此明白，即如胡平生先生所言：“王肃可以根据孔氏后人提供的资料写出孔氏的家世谱系和安国的生平，可是大概很难编造孔序所述‘孔子之言及诸国事、七十二弟子之言凡百余篇’简书入秦，归汉，流传的经过。”③ 孔安国正生活于汉景帝、武帝时期，为亲历者，对这一过程有着详细了解，从时间上看此序完全可能出其手。其三，“孔安国序”云：“窃惧先人之典辞将遂泯灭，于是因诸公卿士大夫，私以人事，募求其副，悉得之。”此处作者交代了“自己”撰集《家语》的动机以及获得《家语》材料的经过。所谓“窃惧先人之典辞将遂泯灭”，显然是为彰明祖宗之业，与孔安国为孔子后裔的身份相符。还需值得注意的是，序言介绍《家语》材料是通过“私以人事”（即通过私人关系）才“募求其副”，笔者认为这种非正当途

① 参见拙作《〈孔子家语〉孔安国序考辨》，《古籍整理研究学刊》2018 年第 5 期。

② 参见拙著《孔安国学术研究》，山东人民出版社 2013 年版，第 15 页。

③ 胡平生：《阜阳双古堆汉简与〈孔子家语〉》，袁行霈主编：《国学研究》第七卷，第 528～529 页。

径得书的过程恐怕只有当事人清楚，别人难以伪造。

故而，“孔安国序”在历史上虽然受《家语》“伪书说”的影响流传不广，但也经历了复杂的传抄过程。各版本之间的异文乃传抄所致，并不能成为判定其是伪作的确凿证据；序言本身的内容，并无不合史实的谬误之处，也与迄今所见的出土文献毫无扞格。且序言内容的细节之处，往往非亲历其事者不能一一俱道，后人难以伪造。依照《家语》编排方法，此序当是成书之际业已完成，早于王肃之时。故而，就目前的研究而言，《家语》“孔安国序”存在较大比例的真实性要素，当为西汉孔安国所作。

我们必须注意到“孔安国序”与“后安国序”、《家语》三者的真伪不能一概而论，需要具体分析考察。“后安国序”关于孔壁出书的种类、孔安国的年龄以及献书的时间等方面的记载多有令人质疑之处，还有待深入研究。而今本《孔子家语》已非孔安国编辑时之原貌，经历了王肃注解以及上千年的辗转流传，少量的整理与改动自然难免，但这并不等于伪作，需要慎重对待、理性研究。

二、孔安国编集《孔子家语》

“孔安国序”是探讨孔安国与《家语》关系不可或缺的重要参考。近年来的出土文献多有与《家语》《说苑》内容相近者，比勘之下透漏出不少孔安国编集《家语》过程中的具体细节，使我们对于孔安国的工作有更细致的认识。下面即依据序言所载，并结合目前的出土文献资料，详加论析孔安国是如何编集《家语》一书的。

（一）材料搜集

“孔安国序”载：

> 元封之时，吾仕京师，窃惧先人之典辞将遂泯灭，于是因诸公卿、士大夫，私以人事募求其副，悉得之，乃以事类相次，撰集为四十四篇。①

孔安国此段自叙虽文字不多，但信息丰富，介绍了他编集《家语》的缘由，收集原材料、撰集等工作的过程。由序言前面所述：

---

① ［魏］王肃注：《孔子家语》，《文渊阁四库全书》第695册，第109页。

> 吕氏专汉，取归藏之，其后被诛亡，而《孔子家语》乃散在人间。好事者亦各以意增损其言，故使同是一事而辄异辞。孝景皇帝末年，募求天下礼书，于时士大夫皆送官，得吕氏之所传《孔子家语》，而与诸国事及七十二子辞妄相错杂，不可得知，以付掌书，与《曲礼》众篇乱简合而藏之秘府。①

可知汉初“《孔子家语》原简”的状况是：其先散在人间，与他书妄相错杂，后入秘府，由“掌书”负责掌管。而此时孔安国正于京师任谏大夫，知悉此事，“窃惧先人之典辞将遂泯灭”，出于对孔氏祖业的珍爱，“私以人事募求其副”。通俗地讲，他是通过非正当途径得到“家语”原材料的，求取过程可谓颇费心思。故而这一搜集过程虽寥寥数语，但不难让读者体会到孔安国身为先圣苗裔、传承家业的使命感和责任感。

（二）整理编辑

“孔安国序”没有记载孔安国整理《家语》材料的详细情况，日前结合出土文献学界对此方面的研究有所推动。如宁镇疆先生指出：出土文献如阜阳双古堆1号木牍章题中所载不仅与《孔子家语》的相关篇章大致对应，更与《说苑》十分接近，三者比较，显露出《家语》存在诸多改动、重组的痕迹，而这种改动当出于孔安国之手。②不过原来存于传世文献的老问题依然困扰学界，甚至由于出土文献的加入而变得复杂起来，如传世本《家语》与《说苑》所记内容有诸多互见之处，而定州八角廊汉简《儒家者言》和阜阳双古堆木牍既有与《家语》相近者，也有与《说苑》相近者，究竟是谁抄袭谁的争议之声一直不绝于学界。笔者认为，客观而言，四者的材料应该有共同的来源即先秦时期孔门弟子对孔子言行事迹的记载。基于此前提，并参照学界相关研究成果，我们通过将《家语》与《说苑》、阜阳双古堆1号木牍章题比较，认为孔安国对原材料的整理编辑工作，主要包括以下三方面。

其一，改动文字，剪裁材料。

首先，《家语》在称号上为避讳作了改动。与《说苑》及阜阳双古堆1号木牍章题相比较，《家语》所载多有不同。如下表所示的两例：

---

① ［魏］王肃注：《孔子家语》，《文渊阁四库全书》第695册，第108~109页。

② 参见宁镇疆：《〈家语〉的“层累”形成考论——阜阳双古堆一号木牍所见章题与今本〈家语〉之比较》，《齐鲁学刊》2007年第3期；宁镇疆：《读阜阳双古堆一号木牍与〈孔子家语〉相关章题余札》，《中国典籍与文化》2008年第2期。

阜阳双古堆1号木牍	《家语·六本》	《说苑·杂言》
编号32章题：子夏问中尼□渊之为人	子夏问与孔子曰："颜回之为人奚若？"	子夏问仲尼曰："颜渊之为人也，何若？"
编号42章题：中尼曰史鰌有君子之道三	孔子曰："……史鰌有男（君）子之道三焉：不仕而敬上，不祀而敬鬼，直己而曲人。"	仲尼曰："史鰌有君子之道三：不仕而敬上，不祀而敬鬼，直能曲于人。"

从上表来看，三者内容相近或相同，但在称呼上阜阳双古堆木牍和《说苑》都称"仲尼"，惟《家语》称"孔子"，笔者认为这当是孔安国对原材料作了改动。因为对于孔安国等孔子后裔来说，直接称孔子之字"仲尼"是为不尊。另外，通读《家语》全书，我们发现书中只有一处提到"仲尼"，即在《家语·本姓解》在介绍孔子的家世、生平时云："……生孔子，名丘，字仲尼。"而此处也是出于介绍的客观需要。这一点更证明书中改称"孔子"，是孔安国为先人避讳的表现，也说明他在整理《家语》时作了文字上的改动。

其次，《家语》在内容上有所省略。

阜阳双古堆木牍、定州八角廊汉简、《家语》、《说苑》皆记载了孔子被匡人围困之事，列下表以示之：

阜阳双古堆1号木牍编号4章题	定州八角廊汉简《儒家者言》第十二章	《家语·困誓》	《说苑·杂言》
孔子之匡	之匡间（简）子欲杀阳虎孔子似之，□□孔＝子＝□舍子路怒奋（戟）欲下，子止之曰何［仁义之不意□□］，读书不习礼乐不修则是丘之罪，阳虎如为阳虎是非丘□	孔子之宋，匡人简子以甲士围之，子路怒，奋戟将与战。孔子止之曰："恶有修仁义而不免世俗之恶者乎？夫《诗》《书》之不讲，礼乐之不习，是丘之过也，若以述先王，好古法而为咎者，则非丘之罪也。命之夫。歌，予和汝。"	孔子之宋，匡简子将杀阳虎，孔子似之。甲士以围孔子之舍，子路怒，奋戟将下斗。孔子止之，曰："何仁义之不免俗也？夫《诗》《书》之不习，《礼》《乐》之不修也，是丘之过也。若似阳虎，则非丘之罪也，命也夫。由，歌予和汝。"

仔细对比它们同中有异，差异有二：一是在第一句中，出土文献阜阳木牍章题①与《儒家者言》简文都是“孔子之匡”，而传世文献《家语》《说苑》均为“之宋”。据学者考证，正确的说法应该是“之匡”。② 二是出土文献《儒家者言》与传世文献《说苑》，它们的记载都不止一次提到了阳虎，但是《家语》却根本没有言及。相形而下，《说苑》与简文更接近，所述更合理。原因在于《家语》只说“匡人简子以甲士围之”，却没有说明围孔子是因为简子欲杀阳虎，而孔子貌似阳虎。这样看来，如果说上述五种文献有共同的材料来源的话，那么很明显改动可能性最大的是《家语》。此处《家语》故意隐去阳虎，其原因或如宁镇疆先生的解释，杀阳虎就要引出杀孔子，这显然于“尊”不“讳”。③ 孔子是孔安国先祖，在孔氏后裔心中的形象高大，格外受尊重；而阳虎却是鲁国史上劣迹不少的反面人物，名声极差。在孔安国看来，二者自然不可相提并论，为维护先祖形象，故刻意将其“长似阳虎”的细节删去。此处与上述鲜称“仲尼”一例，意图相同。

其二，润色语句，解释说明。

如上所言，阜阳木牍与《家语》《说苑》内容互见，同中存异，除了上面所列的改动称呼、剪裁材料外，还能显露出孔安国对个别文句的润饰与诠释，这从下举数例中即可见得。

由语言比勘可见，《家语》更为精致详细。如，阜阳双古堆 1 号木牍编号 27 章题：“子路持□孔子=问曰。”此章与《家语·好生》篇的记载相对应，其文为：“子路戎服见孔子，拔剑而舞之。”同时《说苑·贵德》篇也有同样的记载，其文作：“子路持剑，孔子问曰。”三者对比，可以看出《家语》中多了“戎服见孔子”“拔剑而舞之”的形象描述，较之木牍与《说苑》简单的“持剑”二字，更为生动。

又如，阜阳双古堆 1 号木牍编号 29 章题记载了孔子赞论晏子送曾子言之事：“曾子问曰□子送之。”④《家语·六本》和《说苑·杂言》有更为详细的记述。

《家语·六本》载：

曾子从孔子于齐，齐景公以下卿之礼聘曾子，曾子固辞。将行，晏子送之曰：

---

① 依阜阳木牍的章题命名规则，章题一般是摘取一章的前几个字。

② 参见宁镇疆：《八角廊汉简〈儒家者言〉与〈孔子家语〉相关章次疏证》，《古籍整理研究学刊》2004 年第 5 期。

③ 参见宁镇疆：《八角廊汉简〈儒家者言〉与〈孔子家语〉相关章次疏证》，《古籍整理研究学刊》2004 年第 5 期。

④ 按：此处的缺字，朱渊清依据《家语·六本》和《说苑·杂言》的记载，认为应为“晏”字，当为可取。见朱渊清：《阜阳双古堆 1 号木牍札记二则》，《齐鲁学刊》2002 年第 4 期。

“吾闻之，君子遗人以财，不若善言。今夫兰本三年，湛之以鹿醢，既成，啖之，则易之匹马。非兰之本性也，所以湛者美矣。愿子详其所湛者。夫君子居必择处，游必择方，仕必择君，择君所以求仕，择方所以修道。迁风移俗，嗜欲移性，可不慎乎?”孔子闻之，曰：“晏子之言，君子哉！依贤者固不困，依富者固不穷，马（蚿）斩足而复行，何也？以其辅之者众。”①

《说苑·杂言》载：

曾子从孔子于齐，齐景公以下卿礼聘曾子，曾子固辞。将行，晏子送之，曰：“吾闻君子赠人以财，不若以言。今夫兰本三年，湛之以鹿醢，既成，则易以匹马。非兰本美也，愿子详其所湛，既得所湛，亦求所湛。吾闻君子居必择处，游必择士。居必择处，所以求士也。游必择士，所以修道也。吾闻反常移性者欲也，故不可不慎也。”②

比勘之下，可以明显看出《家语·六本》的语句更精美，经过了充分的润饰，整体内容更清晰深入。如记晏子所言，以“游必择方，仕必择君”，“择君所以求仕，择方所以修道”作类比，指出“迁风移俗，嗜欲移性，可不慎乎”，从而突出了“君子居必择处”的重要性。而《说苑》的记载“（君子）居必择处，所以求士也。游必择士，所以修道也”，虽也形成对仗，但“游必择士”与“所以修道也”缺乏必然的联系，从整体上说也不如《家语》的表述层次分明，更为深刻。

在具体内容上，《家语》还有不少解释说明。如阜阳双古堆 1 号木牍编号 20 章题“孔子=行毋盖”，对应《家语·致思》“孔子将行，雨而无盖”一句。同时《说苑·杂言》亦有相关记载：“孔子将行，无盖。”三者比较，可知木牍章题与《说苑》更为接近，而《家语》多出了“雨”这样的背景说明。

又如，阜阳双古堆 1 号木牍编号 41 章题为：“孔=见季康子。”《家语·子路初见》记载：“孔子为鲁司寇，见季康子，康子不悦。”而《说苑·政理》中载：“孔子见季康子，康子未说，孔子又见之。”三者对比，木牍章题与《说苑》开头语句完全相同，而《家语》却增加了对当时孔子身份背景——“为鲁司寇”这样的解释性说明。

再如，阜阳双古堆 1 号木牍编号 46 章题“孔子=之周观太庙”，此章见于《家

① ［魏］王肃注：《孔子家语》，《文渊阁四库全书》第 695 册，第 39 页。
② ［汉］刘向撰，向宗鲁校证：《说苑校证》，中华书局 1987 年版，第 431 页。

语·观周》，文曰："孔子观周，遂入太祖后稷之庙。"《说苑·敬慎》则记载为："孔子之周，观于太庙。"此处也是木牍章题与《说苑》的表述更为接近，《家语》将"太庙"解释为"太祖后稷之庙"。

由上述几例可知，孔安国在编辑《家语》材料时不仅对行文加以润色，而且增文补史进行了说明，便于读者了解事情发生的背景。

其三，重组材料，合并章节。

阜阳双古堆1号木牍章题多是每章的开头几个字或者本章内容的概括语，将它们与今本《家语》对比，还可发现两者篇章分合的不同。

阜阳双古堆1号木牍编号19章题为："子路行辞中尼敢问新交取亲。"此章题见于《家语·子路初见》之文，谓："子路曰：'由请终身奉之，敢问亲交取亲若何？'"但在今本《家语》中该部分却并非独立成章，在这句话之前还有一些语句。同时《家语》此章的内容又分别见于《说苑·杂言》第34章、35章。而阜阳双古堆1号木牍编号44章题为"子路行辞中=尼=曰曾汝以车"，正好与《说苑·杂言》35章的内容相对应。由此可知，对于"子路行辞孔子"之事，阜阳双古堆1号木牍和《说苑》都分为两章记载。在定州八角廊汉简《儒家者言》中亦有相关的记载，整理者将之分作两章。① 因对孔子的称呼不同，一称"中（仲）尼"、一称"孔子"，笔者认同分两章的主张。为清晰考察四者异同，特列下表：

阜阳双古堆 1号木牍章题	定州八角廊汉简 《儒家者言》	《家语·子路初见》	《说苑·杂言》
19：子路行辞中尼敢问新交取亲 44：子路行辞中=尼=曰曾汝以车	十四章：何中（仲）尼曰新交取亲（966，668） 十五章：路行辞于孔（458）孔=子=曰曾（赠）若以车乎（38） 言乎子路请以言孔〔子曰不强不〕（706）	子路将行，辞于孔子。子曰："赠汝以车乎？赠汝以言乎？"子路曰："请以言。"孔子曰："不强不达，不劳无功，不忠无亲，不信无复，不恭失礼，慎此五者而矣。"子路曰："由请终身奉之。敢问亲交取亲若何？言寡可行若何？长为善士而无犯若何？"孔子曰："汝所问，苞在五者中矣。亲交取亲，其忠也；言寡可行，其信乎；长为善士而无犯，于礼也。"	第34章：子路行，辞于仲尼，曰："敢问新交取亲若何？言寡可行若何？长为善士而无犯若何？"仲尼曰："新交取亲，其忠乎！言寡可行，其信乎！长为善士而无犯，其礼乎！" 第35章：子路将行，辞于仲尼。曰："赠汝以车乎？以言乎？"子路曰："请以言。"仲尼曰："不强不远，不劳无功，不忠无亲，不信无复，不恭无礼。慎此五者，可以长久矣。"

① 参见国家文物局古文献研究室、河北省博物馆、河北省文物研究所定县汉墓竹简整理组：《〈儒家者言〉释文》，《文物》1981年第8期。

对比表中四者，可知区别有二：其一，章节分合上，除《家语》外，其他三者都是分为两章的。并且从阜阳木牍章题的编号（19与44）看，这两章相隔较远。而《家语》的一章涵盖了他书两章的大意，显然此处孔安国对材料进行了合并。大概他认为两章都是以“子路行，辞于仲尼”开头，形式相似，故合而为一。其二，文字表述上，《家语》与其他三者也不同。木牍、汉简和《说苑》都是“新交取亲”章在前，“赠汝以车”章在后，《家语》正好相反。宁镇疆分析《家语》此处颠倒顺序是有特殊考虑的，理由是：“赠汝以车”章前置就有明显的统摄后章的意味，并且增添了“汝所问也，在五者中矣”“由请终身奉之”等承前启后的语句，使得合并以后的章节更像“一章”。[①]此解释比较合理。从内容上看，原来两章中孔子的答话都涉及“忠”“信”“礼”，确实具有相通之处。应是孔安国发现了两章形式相似、内容相通，将之合并为一章；在合并过程中还作了精致的改动修葺，如调整顺序、增加过渡，使得合并后的新章节逻辑清晰、文通字顺。

另外，宁镇疆通过将出土文献与传世文献对比，还列举了《家语》其他几个合并章节的例子。如《家语·六本》篇“吾死之后”一章是合并《说苑·杂言》的第32、46章而成，《家语·致思》篇“孔子谓伯鱼曰”一章将《说苑·建本》的第14、15章进行了合并，《家语·六本》篇“回有君子之道四焉”一章由《说苑·杂言》的第29、30、31章合并而成。[②]由此不难看出，孔安国整理《家语》文献时，还作了章节重组的工作。而将合并前后的章节比较，我们发现孔安国基本上是把内容相通的两章或三章进行合并，并且在合并中还增加了过渡语，使整章浑然一体，其高超的编辑手段，令人叹服。

（三）编次集录

对《家语》原材料编辑之后，孔安国开启了汇编成书的工作。“孔安国序”道“以事类相次，撰集为四十四篇”，其中“以事类相次”是孔安国编集《家语》所遵循的一个原则，即按事情的类别排列章节次序，从而使整书的顺序符合一定的逻辑。深入考察《家语》一书四十四篇之排列，确实如此。从整体上看，《家语》之编排是将从秘府得到的《家语》材料的副本整理所得的篇章置前，其他材料所得的篇章附后。具体说来，即如张固也、赵灿良所指出的那样：今本《家语》四十四篇，其中前三十

---

① 参见宁镇疆：《八角廊汉简〈儒家者言〉与〈孔子家语〉相关章次疏证》，《古籍整理研究学刊》2004年第5期。

② 参见宁镇疆：《〈家语〉的“层累”形成考论——阜阳双古堆一号木牍所见章题与今本〈家语〉之比较》，《齐鲁学刊》2007年第3期。

七篇为弟子所记孔子言行，实为全书之主体。第三十八篇《七十二弟子解》介绍孔门主要弟子，第三十九篇《本姓解》介绍孔子家世渊源，第四十篇《终纪解》叙述孔子去世。后三篇与后世在书末附以作者生平等材料的做法极为相似，具有全书附录的性质。后面多出的《正论》等四篇记载孔子言论的文字，原因在于吕氏所传本与“诸国事及七十二子辞妄相错杂”，又因“与《曲礼》众篇乱简合而藏之秘府”而发生新的错杂，孔安国将这些错杂的材料汇编为后四篇，附于全书之末。① 如此看来，孔安国是基于《家语》原简在秦汉间的流传过程来编排全书整体篇目顺序的。

就具体各篇排列的次序来看，《家语》一些相邻篇章之间也存在着内在的联系，或者说有内在的逻辑。如《家语》第一篇《相鲁》讲孔子仕鲁之事，第二篇《始诛》写孔子任司寇之事，两篇都是讲孔子执政于鲁的情况，故前后相连。又如，第十八篇《颜回》记载了颜回与孔子、孔门弟子的言论交谈，第十九篇《子路初见》杂记了孔子与弟子子路、宰与、子贡的对话，第二十篇《在厄》记载了孔子在陈、蔡险恶处境中与诸弟子的对话，第二十一篇《入官》记载了子张向孔子的请教询问之事，第二十二篇《困誓》记述孔子与弟子子贡、子路在困境中的言谈行为。这几篇所记主要是孔子与弟子的对话以及弟子的言论、表现，故而在书中集中连续排列。

凡上所述，不难看出孔安国基于“以事类相次”的原则，对《家语》原材料进行了重新编次，分别将记载孔子的言行、孔子弟子们的论说、孔子家世、孔子临终情况的篇章进行排列，使各篇之间有着鲜明的内在逻辑。需要注意的是，毕竟《家语》原材料经历了曲折的流传过程，与《曲礼》乱简相杂，有些材料不好归属，使得孔安国在编辑《家语》的过程中确实存在生硬拼合的情况。如《执辔》篇，他将“子夏问生人万物气分”章、“子夏问易”与前面“论政”两章材料合为一篇，两者内容不类，明显有杂凑的嫌疑。但是可以肯定的是，孔安国的编次工作一定是尽心尽力的，进行了认真的分析梳理，努力使这些材料按顺序相排符合一定逻辑，保存了孔子与早期儒学的重要文献资料。

《家语》成书后，孔安国又撰写序言附后，除详细介绍此书的流传、编集等情况外，还特别说明了他对材料舍弃之理由——“自别属《曾子问》”“本不存乎《家语》”，并说“将来君子不可不鉴”，提醒读者注意。整个序言将《家语》一书的历史和自己所做的工作娓娓道来，正类似当今作者或整理者为说明写作原委所作的前言或者后记，成为我们今天了解《家语》流传和成书的宝贵资料。

---

① 参见张固也、赵灿良：《从〈孔子家语·后序〉看其成书过程》，《鲁东大学学报（哲学社会科学版）》2009 年第 5 期。

基于上面的考述，我们再反观序言中的“撰集《家语》四十四篇”一句，此中“撰集”二字意味深长。它强调了《家语》之成书并不是简单的材料汇集，更有“撰”的成分在内。从前文所述我们得知孔安国在文献整理工作中，非常用心地改动称呼、润色语句、解释背景，同时还剪裁材料、合并章节、增加过渡语，而这些也正是他“撰”之部分的具体表现。经历细致编撰的过程，成书后的《家语》文字表述清晰细致、章节组织有机统一，篇目排列井然有序。

三、《孔子家语》的流传与汉代孔氏家学

孔安国所撰集的《家语》的流传过程，见载于书后所附的“后安国序”之“孔衍奏言”和“王肃序”中。“孔衍奏言”称：

> 臣祖故临淮太守安国建仕于孝武皇帝之世，以经学为名……安国为之今文读而训传其义，又撰《孔子家语》，既毕，会值巫蛊事起，遂各废不行于时。然其典雅正实，与世所传者不同日而论也。光禄大夫向以为其时所未施之，故《尚书》则不记于《别录》，《论语》则不使名家也。臣窃惜之，且百家章句无不毕记，况《孔子家语》古文正实而疑之哉？又戴圣近世小儒以《曲礼》不足而乃取《孔子家语》杂乱者，及子思、孟轲、孙卿之书以裨益之，总名曰《礼记》。今尚见其已在《礼记》者则便除《家语》之本篇，是灭其原而存其末，不亦难乎？臣之愚以为宜如此为例皆记录别见，故敢冒昧以闻。①

此份奏言摘取于“后安国序”，核心内容为上书汉成帝“辨《家语》宜记录别见”。对于孔衍的奏言，学术界素有真、伪两种看法。清人范家相在其《孔子家语证伪》一书中力辨其属王肃伪作。今人不同意这种观点，如魏玮在《〈孔子家语〉“三序”研究》中对范氏所列辨奏言为伪的证据，如博士（孔衍）之奏不见于他书，《汉书·艺文志》并未记载有此奏事，孔衍不可能见刘向《别录》等一一作了反驳。考诸史实，范氏辨其伪是受《孔子家语》“伪书说”影响所致，所列伪据多难以成立。② 笔者认为整个“后安国序”不一定可靠，前文亦有论及，但所录孔衍奏言内容在当时应有官方存档，向壁虚构的可能性较小，其内容与其他史料所载汉成帝刘向校书之情况

---

① ［魏］王肃注：《孔子家语》，《文渊阁四库全书》第695册，第110页。

② 参见魏玮：《〈孔子家语〉“三序”研究》，曲阜师范大学2009年硕士学位论文。

相符合，还是比较可信的，当为“后安国序”作者如实录入。奏言言辞恳切而激愤，透露出孔衍对安国所传孔家学术的珍视与厚爱，以及对刘向《别录》未著录《家语》的气愤与不满。孔衍高度褒扬了《家语》一书，笔者认为此书既为上呈成帝的奏章，其言必严谨慎重，不敢虚称。

由此奏言又不难知《家语》成书后的命运，其在汉代与其他的孔家古书（《古文尚书》《古文论语》《古文孝经》）命运相似，都没有被立为官学。而在“孔安国序”中孔安国自叙称撰集《家语》的缘由是“窃惧先人之典辞将遂泯灭”，其保存先人遗产，传承家业的意图显而易见。故而在立学官无望后，为避免“先人之典辞将遂泯灭”，我们认为孔安国肯定将它遗于子孙，即如《尚书序》所言的“传之子孙，以贻后代”。“王肃序”载：“孔子二十二世孙有孔猛者，家有其先人之书。昔相从学，顷还家，方取已来。”① 又《连丛子》记载孔长彦、孔季彦的学术活动时，云：“家有先人遗书，兄弟相勉，讽诵不倦。”② 两者皆言孔家有“先人之书”在内部传承，《孔子家语》当为其中之一，而孔长彦、孔季彦、孔猛也当是《家语》传习者。据学者考证孔猛为孔季彦之孙③，而王肃也正是通过孔猛而得孔家之书。他得书后，发现其中与自己所论“有若重规叠矩”，十分欣喜，认为是“今或者天未欲乱斯文，故令（孔猛）从予学，而予从猛得斯论”，进而为《家语》作注，并将之公布于世，最终使《家语》广泛流行开来。此书家传的历史也由此结束。亦可知，《家语》一书从西汉孔子第十二世孙孔安国到三国时期的孔子第二十二世孙孔猛一直传习不息，有着久远的孔氏家传过程。

李学勤先生于 1987 年在《竹简〈家语〉与汉魏孔氏家学》一文中指出，在“汉代儒学定于一尊之后，孔子后裔一家出过若干人物，有的受封袭爵，有的仕宦显贵，也有一些世守家学，成为一个学派……学者中最早的一个是孔安国……此后有些人传习他的学术”④。由此论可知，孔安国与汉代孔氏家学的兴起和发展有密切的关系。汉代孔氏家学内容丰赡，传习今、古文《尚书》，世修古文经书，教育宗族子弟，呈现出一派兴盛的面貌。孔安国对《家语》的撰集与传承无疑属于汉代孔氏家学中的重要内容。

《家语》全书四十四篇，包括与孔子有关的各类小故事数百个、孔子语录数百条，是现存记载孔子事迹与言论最多的文献。尽管或如“孔安国序”所云，其非“正实而

---

① ［魏］王肃注：《孔子家语》，《文渊阁四库全书》第 695 册，第 3 页。
② 《连丛子下》第二十三，《孔丛子》卷下，《六渊阁四库全书》第 695 册，第 365 页。
③ 黄怀信等：《汉晋孔氏家学与“伪书”公案》，厦门大学出版社 2011 年版，第 223 页。
④ 李学勤：《竹简〈家语〉与汉魏孔氏家学》，《孔子研究》1987 年第 2 期。

切事者”，而且“属文下辞往往或有浮说”，但毕竟材料传自先秦，渊源有自。王承略先生对此书作了较详的评价：首先，《家语》保存了某些独一无二的文献资料，是研究孔子、孔子弟子及先秦两汉文化典籍的重要依据。其次，《家语》保存了比较准确可靠的文献资料，可以对传世的其他典籍匡谬补缺，具有足资参考利用的史料价值。复次，《家语》保存了一大批比较原始的文献资料，有许多地方明显地胜于其他相关古籍，具有重要的版本、校勘价值。① 杨朝明先生称其为“孔子研究第一书”，并作了高度的评价，说：“《家语》不仅是专门的孔子儒学的记录，而且在规模上也超过了儒家‘四书’中的任何一部。与《论语》的简略相比，《家语》有完整的场面；与《大学》《中庸》作为专题论文相比，《家语》中的思想更为全面；《史记》记录了孔子事迹，但《家语》的记录时代更早，内容更多，更加准确。”②《家语》的重要学术价值也从侧面凸显了孔安国的历史功绩。他撰集《孔子家语》为后世研究孔子和儒家思想保存了丰富而宝贵的文献资料，其以家学形式传承《家语》亦为孔子思想的传播、孔氏家学的发展做出了重要贡献。

综上所论，孔安国作为汉代孔氏家学和两汉经学史上的重要传承人，其与《孔子家语》的关系有赖于出土文献的佐证，得以明晰。由“孔安国序”推论，孔安国从秦、汉初流传的“孔子之言与诸国事、七十二弟子之言”的原简副本以及相杂的“《曲礼》众篇”的竹简中整理出四十四篇，“以事类相次”，撰集成书，又特作序言介绍成书原委，并以家学形式流传于孔家内部，直至三国孔猛时。而今本《家语》已非孔安国编辑时的原貌，经过了王肃注解以及上千年的辗转传抄，少量的整理、改动、增损自然难免，但这并不等于伪作，需要慎重对待、理性研究。

---

① 王承略：《论〈孔子家语〉的真伪及其文献价值》，《烟台师范学院学报（哲学社会科学版）》2001 年第 3 期。

② 杨朝明、宋立林主编：《孔子家语通解》，代前言第 40 页。

从《汉书·艺文志》著录看《孔子家语》

吕 双

近年来，《孔子家语》作为重要的孔子遗说，受到学界的特别关注。由于《孔子家语》长期遭受学者的怀疑，一直没有得到人们应有的重视。自20世纪70年代以来，新出文献的大量问世，引发了人们对《孔子家语》这本传世典籍的重新认识。《孔子家语》是一部专门记录孔子及孔门弟子思想言行的著作，本身就具有重要的研究价值。《汉书·艺文志》（以下简称《汉志》）是第一部著录《孔子家语》的目录书，所以当综合梳理《孔子家语》的各种学术问题时，我们有必要走进《汉志》，撷取其中有关《孔子家语》的学术信息。

一、《汉志》成书与分类特点

《孔子家语》被著录于《汉志》的“六艺略”，要了解这样的著录所承载的学术信息，首先应该对《汉志》有最基本的了解。

众所周知，《汉志》是我国目录学史上具有里程碑意义的著作，它将先秦至汉代的典籍分为六艺、诸子、诗赋、兵书、数术、方技六大类，既保存了中国古代典籍的基本概况，又体现了汉代学者对书籍的看法。

班固的《汉志》是对西汉末年刘向、刘歆父子遍校群书成果的直接继承。汉成帝时朝廷“以书颇散亡，使谒者陈农求遗书于天下”①，刘向奉命主持校书工作，并根据校书内容写成中国第一部综合性的分类目录著作——《别录》，“会向卒，哀帝复使向子侍中奉车都尉歆卒父业。歆于是总群书而奏其《七略》，故有《辑略》，有《六艺

① ［汉］班固：《汉书》，中华书局1962年版，第1701页。

略》，有《诸子略》，有《诗赋略》，有《兵书略》，有《术数略》，有《方技略》"①。刘歆在其父《别录》的基础上撰写了我国第一部官修目录——《七略》。班固以刘歆《七略》为蓝本，"删其要，以备篇籍"②，在著录书籍的数量上，《汉志》基本保留了《七略》的记录，并继承了刘氏父子的目录学成果与分类思想，保存了《别录》和《七略》的框架与内容，坚持了刘氏父子的编纂原则，从而成就了中国现存第一部体系完备的图书分类目录。而刘氏父子的工作所形成的一个重要成果就是奠定了班固《汉志》的基本框架。

《汉志》有其独特的图书分类特征，有学者看到了这一点，例如，姚名达先生说："《诸子略》以思想系统分，《六艺略》以古书对象分，《诗赋略》以体裁分，《兵书略》以作用分，《术数略》以职业分，《方技略》则兼采体裁作用，其标准已绝对不一，未能采用纯粹之学术分类法。"③ 由于《汉志》继承前人成果，所以《汉志》的分类不仅是班固本人对书籍的认识，而且体现了汉代学者对书籍内容和地位的认识，具有相当的理论高度。《汉志》不仅按照图书的内容分类，而且考虑到书籍本身的文献价值和社会价值，比如"小学"是文字、音韵、训诂方面的书籍，列入《六艺略》，同儒家六经并列，就是考虑到它的教化作用，"言其宣扬于王者朝廷，其用最大也"④。

《汉志》对中国古代典籍的划分方法，为后世"经史子集"四分法奠定了基础，在目录学史上具有十分重要的地位。其中，《六艺略》居《汉志》六略之首，相当于后来所谓的"经部"，在当时的学者看来，《六艺略》中的图书都是极其重要的，是统一意志、规范行为、治国安邦的重要工具。《孔子家语》被著录于《六艺略》的"论语类"之中，可见其重要地位。

二、《汉志》中的《孔子家语》

"《孔子家语》二十七卷"，这是《汉志》中有关《孔子家语》的描述，虽然简短，但提供了重要的学术信息。

汉代不止有一种版本的《孔子家语》。首先是《汉志》中记载的官本《孔子家语》"二十七卷"。官本《孔子家语》的成书经历了一个极为漫长的过程。汉初刘邦灭秦之

---

① ［汉］班固：《汉书》，第 1701 页。
② ［汉］班固：《汉书》，第 1701 页。
③ 姚名达：《中国目录学史》，吉林出版社 2017 年版。
④ ［汉］班固：《汉书》，第 1720 页。

后，将《孔子家语》材料悉敛得之，收之官府，后为吕后藏之。吕氏被诛亡以后，《孔子家语》散落在人间，流传范围更广，在传抄的过程中，产生了文字的增删、内容的错乱等问题。汉景帝末年募求天下遗书，得吕氏所传的《孔子家语》，并将其与《曲礼》众篇乱简合而藏之秘府。《孔子家语》经历了从官府到民间，再收回官府的过程，其间必定会产生篇章的散乱，与其他材料“妄相错杂”，必定会出现不少的问题。后来刘向等人奉诏整理这批十分杂乱的材料，将其整理、编辑成“二十七卷”本的《孔子家语》，收于官府，即《汉志》中记载的“《孔子家语》二十七卷本”的本子，但此本不如孔安国整理的本子细致。

《汉志》中记载的《家语》虽然是官本，但没有流传下来：一方面是因为藏之秘府，流传不广；另一方面可能是因为书籍本身存在一些问题，“他们首先进行了粗略的分类，然后将这批混有‘诸国事及七十二子辞’的《家语》材料，根据‘已在《礼记》者’‘便除《家语》之本篇’的执行标准”①，刘向没有对这批材料进行细致的整理，以至于其内容杂乱，故失传。

孔安国作为孔子后裔，为了不使先人典辞泯没，于是重新收集材料，将私人收藏和秘府材料“悉得之”，抄录整理，“撰集”成四十四篇的《孔子家语》，即孔氏家传本。直到三国时，孔猛将它献给他的老师王肃，才将《家语》公之于众，家传《家语》的历史才基本结束。后来因为孔安国整理的本子相对较优，从而代替了官方本《家语》和民间所保留的《家语》，得以在后世广为流传。因此，在汉代最少存在官藏本和家传本两种版本的《家语》，这或许正是颜师古在《汉书注》中注曰“非今所有《家语》”的原因。

班固在《汉书·艺文志·六艺略》中“序六艺为九种”，除了《易》《书》《诗》《礼》《乐》《春秋》六经之外，还有《论语》《孝经》和小学三类文献。在汉代人看来，这三类文献是重要的解经之“传”，对其解经之书的地位十分认同，体现了汉代学者将儒学等同六艺之学的观念。在三类文献中，又以《论语》最为重要，“传莫大于《论语》”②。汉代学者认为，《论语》是诸子传记中“最大”者，对“六经”的辅佐作用要高于一般的诸子传记，具有六经“通论”的性质。《汉志》中记载的《论语》类文献包括以下几种：

---

① 杨朝明：《〈孔子家语〉的成书与可靠性研究》，《〈孔子家语〉综合研究》，齐鲁书社 2017 年版，第 25 页。

② ［汉］班固撰，［清］王先谦补注：《汉书补注》，上海古籍出版社 2008 年版，第 5408 页。

《论语》古二十一篇。(出孔子壁中，两《子张》)
《齐》二十二篇。(多《问王》《知道》)
《鲁》二十篇，《传》十九篇。
《齐说》二十九篇。
《鲁夏侯说》二十一篇。
《鲁安昌侯说》二十一篇。
《鲁王骏说》二十篇。
《燕传说》三卷。
《议奏》十八篇。(石渠论)
《孔子家语》二十七卷。
《孔子三朝》七篇。
《孔子徒人图法》二卷。

其中既有《论语》的不同版本，也有对《论语》的解释，还有记录儒家学者言行的传本，这些书籍都体现了孔子的思想，是重要的“孔子遗说”类文献。

《孔子家语》既然属于《论语》类文献，那与其他著作之间一定有共同的性质与特征。事实也正是如此，比如《孔子三朝》七篇，颜师古注曰：“今《大戴礼》有其一篇，盖孔子对〔鲁〕哀公语也。三朝见公，故曰三朝。”① 这部著作是孔子应答时人而为当时弟子所记的内容，记录了孔子与鲁哀公问对，保留了孔子的言论。西汉末年，张禹以《鲁论》为根据，参考《齐论》与《古论》进行考证修订，改编成《张侯论》，后郑玄又以《张侯论》为本，参考《古论》和《齐论》再加以改订，即成为今本《论语》，故“三论”与解释《论语》的著作应同今本《论语》一样，都是记录孔子言行的著作。《孔子家语》记录了孔子身世、生平，属于“孔氏家学”的范畴，亦是记载孔子言行事迹的著作。根据这些书籍的性质，郭沂先生认为，“《论语》之外那些门人所记孔子言行录的性质与《论语》一样，故我们可称之为《论语》类文献”②，故可认为《论语》类文献就是与今本《论语》具有同样性质的儒家文献，并且这些著作也应与《论语》具有同样重要的地位。

---

① ［汉］班固：《汉书》，第 1717 页。
② 郭沂：《郭店竹简与先秦学术思想》，上海教育出版社 2001 年版，第 354 页。

三、《汉志》著录对认识《家语》的启示

中国古代文献的地位是通过目录分类的方式体现出来的，如“经、史、子、集”的“经部”包括“四书”“五经”等儒家经典和文字、音韵、训诂方面的著作，是最基本也是最重要的著作。《汉志》继承刘歆的七分法，去掉“辑略”，分为六大类，其中《六艺略》相当于后世的“经部”，代表着汉代官方意识形态思想，体现了汉代的尊孔重儒的经世致用思想。《孔子家语》作为儒家著作，置于《六艺略》，而不是《诸子略》，其地位可见一斑。

通过《汉志》的著录，我们认为诸如孔安国等人有关《孔子家语》的介绍具有更大的可信性。《论语》长期以来被认为是研究孔子最重要甚至是唯一的经典文献，对于《孔子家语》与《论语》的关系，孔安国在《孔子家语后序》中解释说：“《孔子家语》者，皆当时公卿士大夫及七十二弟子之所谘访交相对问言语也。既而诸弟子各自记其所问焉，与《论语》《孝经》并时。弟子取其正实而切事者，别出为《论语》，其余则都集录之，名之曰《孔子家语》。”《孔子家语》与《论语》“并时”，两者在时代上是一致的，同样出自时人及弟子所记孔子的材料。但《论语》大多是只言片语的几句话，而《孔子家语》有相对完整的背景或者情节，“如果说《论语》有‘语录’性质，那么《家语》则与‘文集’相近”①，因此正确认识《孔子家语》对认识、理解《论语》具有重要意义，“在孔子研究方面，此书（《孔子家语》）的价值并不在《论语》之下”②。

由于新材料的问世、学术研究的推进，《孔子家语》的重要价值被越来越多的学者所认识，孔子、儒学研究也重新获得了长期失落的宝贵材料。《孔子家语》作为早期重要的儒家文献，具有其他文献所不可替代的作用。《家语》有许多地方明显胜于其他相关古籍，文字多于《论语》，内容丰富，材料来源于孔子弟子所记，真实可靠，可用来勘正其史实、文字的讹误，弥补其记载的疏略，具有重要的文献价值。《家语》保存了大量的孔子言行事迹，其中体现的孔子思想，在孔子及早期儒学思想研究中具有重要的意义，所以我们应当给《家语》以高度重视。

西汉时期复兴此前的思想文化，孔子遗说与其他典籍一同被发现、整理。随着儒

---

① 杨朝明：《〈论语〉成书及其文本特征》，《理论学刊》2009年第2期。

② 杨朝明：《〈孔子家语·执辔〉篇与孔子的治国思想》，《儒家文献与早期儒学研究》，齐鲁书社2002年版，第274页。

学的尊崇、孔子地位的提高，孔子遗说得到极大的重视，大规模的整理与写定工作也就成为顺理成章的事情。保留至今的孔子遗说，大多数都经过了汉代学者的整理和润色，《孔子家语》自然也不例外。因此，现在研究《家语》，必须对这一时期学者的工作，对《汉志》加以重视和研究。孔子遗说研究是中国儒学研究的基础，也是中国古代文化研究的关键问题。而今，结合《汉志》和新出文献等材料研究《孔子家语》，我们会对该书有重新的认识和思考，发现它不可替代的价值。

【专篇研究】

通礼乐之原

——孔子观周之行述论

张 磊 李金璇

春秋时期，社会发生巨大变动，秩序混乱，国家动荡不安。面对这样的局面，孔子希望恢复周王朝的礼乐制度，使社会重新变得和谐有序。孔子的这种想法并不是一时兴起，而是出于对周礼的深入学习和研究。孔子十五岁就有志于学，在学习礼乐方面可谓是孜孜以求，博采众长，最终成为影响中国数千年的伟大圣人。孔子在学习礼乐的过程中，到洛邑观周，“问礼于老聃”“访乐于苌弘”，是丰富和发展儒家学说的一个重要转折点，具有重要的意义。

一、孔子慕周公

孔子到洛邑观周，在历史上确有其事。① 孔子前往洛邑观周，其原因当是多方面的。根据《孔子家语·观周》所记：“孔子谓南宫敬叔曰：‘吾闻老聃博古知今，通礼乐之原，明道德之归，则吾师也。今将往矣。’”② 可见孔子想要到洛邑拜访精通礼乐的老聃是其观周的直接原因。实际上，孔子到洛邑观周的根本原因是他对周公的仰慕和对礼乐的向往。

谈及对孔子礼乐思想影响最深的人，就不得不提到周公。周公辅佐武王攻灭商纣，取得了天下，并且平定了周初的叛乱，制礼作乐，巩固了周王朝的统治，是彪炳史册

① 张树国：《孔子观周考辨》，《东方论坛》2006 年第 4 期。
② 杨朝明、宋立林主编：《孔子家语通解》，齐鲁书社 2013 年版，第 124 页。

的卓越政治家。不仅如此，周公还是一位继往开来的伟大思想家，对孔子的深刻影响尤为引人注目。他的“敬天保民”“明德慎罚”“勤政尚贤”等政治思想，是儒家政治思想的直接来源。①

孔子生于周公的封地鲁国，从小就对礼乐文化耳濡目染，并且表现出了极大的热爱，正如《史记·孔子世家》所载“孔子为儿嬉戏，常陈俎豆，设礼容”②。孔子小时候，就喜欢摆祭祀器具，学大人祭祀时的礼仪动作，其对礼乐的热爱可想而知。孔子十五岁时就有志于学，长大后，更是勤奋学礼，用功不辍，“入太庙，每事问”③，显示出孔子对于学习礼乐的渴望。孔子生于鲁国，又如此热爱礼乐，自然也对制礼作乐的周公充满敬佩之情，孔子曾说过：“甚矣吾衰也！久矣吾不复梦见周公！”④ 可见周公在孔子心目中的地位。同时，孔子对礼乐制度下西周安稳有序的社会状态也充满向往，曾评价道：“周监于二代，郁郁乎文哉！吾从周。”⑤ 孔子的一生，一直以恢复周王朝的礼乐文明为己任，他所追求的正是周公的事业。

孔子仰慕周公，而洛邑又与周公的关系密切。周朝建立后，周王室处于西部地区，远离中原地带，不利于统治刚取得的辽阔疆土，特别是东方地区距离政治中心较远，而且商王朝遗民势力强大，所以对东方地区的控制尤为薄弱。在周武王去世后，纣王之子武庚还勾结对周公有猜忌之心的管叔和蔡叔，联合东方各族进行了声势浩大的叛乱。平叛结束后，营建洛邑以震慑和统治东方刻不容缓，于是周公便开始迁殷民、建洛邑。洛邑建成之后，成王还在洛邑举行了封命仪式，命周公留守洛邑，可见周公与洛邑的渊源颇深。

除与周公的关系密切之外，洛邑也是东周时期王室的所在地，保存了大量的礼乐文化。虽然孔子所在的鲁国对于礼乐的保存也比较完善，甚至鲁昭公二年（前540）晋大夫韩宣子访鲁时感叹“周礼尽在鲁矣”⑥，但是鲁国的礼乐毕竟是从周王室而来，而且随着年代的发展，也不可避免地出现了礼坏乐崩的局面。因此，孔子对洛邑所保存的礼乐文化极其向往，理所当然地产生了到洛邑探寻礼乐之原的强烈愿望。

---

① 杨朝明：《周公事迹研究》，中州古籍出版社 2002 年版，第 2 页。
② ［汉］司马迁：《史记》，中华书局 1982 年版，第 1096 页。
③ 杨伯峻译注：《论语译注》，中华书局 1980 年版，第 28 页。
④ 杨伯峻译注：《论语译注》，第 67 页。
⑤ 杨伯峻译注：《论语译注》，第 28 页。
⑥ ［清］洪亮吉撰，李解民点校：《春秋左传诂》，中华书局 1987 年版，第 646 页。

二、孔子观洛邑

据《逸周书·作雒解》载，作为周代都城的洛邑，建有大庙（太庙，先祖庙）、宗宫（文王庙）、考宫（武王庙）、路寝（时王所居）、明堂（布政之所）等重要的宫庙建筑。① 这些建筑作为祭祀祖先、宣布政令以及接见诸侯、朝臣的场所，设施完善，制度完备，礼乐文化丰富。因此参观洛邑的宫庙建筑是孔子观周之行的重要环节之一。

孔子在洛邑“历郊社之所，考明堂之则，察庙朝之度”②。孔子考察了宗庙和朝廷的法度，对周王朝的政治制度和礼乐文化有了更深入的见解。《孔子家语·观周》中详细叙述了孔子参观明堂的情况：

> 孔子观乎明堂，睹四门墉有尧舜之容、桀纣之象，而各有善恶之状、兴废之诫焉。又有周公相成王，抱之负斧扆，南面以朝诸侯之图焉。孔子徘徊而望之，谓从者曰：“此周之所以盛也。夫明镜所以察形，往古者所以知今。人主不务袭迹于其所以安存，而忽怠所以危亡，是犹未有以异于却走而欲求及前人也，岂不惑哉！”③

在明堂的墙上用画来宣扬前人的经验教训和丰功伟绩是周代明堂的一个重要特点，目的是让观者通过前人的事迹懂得治世的道理，以起到宣传教育的作用。孔子正是通过观看洛邑明堂四面墙壁上尧舜和桀纣的画像、有关王朝兴废的诫语以及周公辅佐成王和接受诸侯朝拜的图像，从中感悟到了“周之所以盛也”等治世的道理。

除明堂外，太庙也是孔子在洛邑参观的重要建筑。洛邑的太庙是周王室供奉先祖后稷的宫庙，也是周天子祭祀祖先的重要场所，所以太庙礼乐文化之丰富亦非一般诸侯国所能比。根据现有的史料，孔子在参观洛邑太庙后也颇有感触，这主要体现在孔子观看太庙堂前的金人铭文方面。《孔子家语·观周》详细叙述了孔子观看金人铭文这一故事，金人铭文的内容是古时审慎的人所说的用来告诫后人的话，以警示人们说话做事要谨慎，不要因为言行招来祸患。孔子在阅读这段铭文后告诫学生们说：“此言实而中，情而信。《诗》曰：‘战战兢兢，如临深渊，如履薄冰。’行身如此，岂以口过

---

① 黄怀信：《逸周书校补注译》（修订本），三秦出版社2006年版，第238页。
② 杨朝明：《周公事迹研究》，第125页。
③ 杨朝明、宋立林主编：《孔子家语通解》，第128页。

患哉？”① 由此可见，孔子对铭文的内容充分肯定，同时也体现出了孔子为人处世的谨慎态度。

孔子在洛邑历览郊社之所，参观宗庙建筑，考察典章制度，了解历史往事，发出了“吾乃今知周公之圣，与周之所以王也”② 的感叹，得出了“明镜所以察形，往古者所以知今”③ 等有关治世的结论，切身感受到了礼乐文化的无限魅力，深刻认识到了礼乐文化的博大精深。

三、问礼于老聃

洛邑作为东周时期周王室的所在地，不仅有宗庙建筑和典章文物，而且还汇集了老聃、苌弘这样精通礼乐的博学之士。“问礼于老聃”是孔子到洛邑的重要目的，是孔子“通礼乐之原”的主要方式。

老聃，世称老子，曾在周王室任守藏室之史。他博古知今，精通礼乐，在当时以学问高深而闻名于天下。孔子到洛邑向老聃问礼的这一段史实，不仅见于《孔子家语·观周》，而且在《史记·老子韩非列传》中也有记载：

> 孔子适周，将问礼于老子。老子曰：“子所言者，其人与骨皆已朽矣，独其言在耳。且君子得其时则驾，不得其时则蓬累而行。吾闻之，良贾深藏若虚，君子盛德，容貌若愚。去子之骄气与多欲，态色与淫志，是皆无益于子之身。吾所以告子，若是而已。”孔子去，谓弟子曰：“鸟，吾知其能飞；鱼，吾知其能游；兽，吾知其能走。走者可以为罔，游者可以为纶，飞者可以为矰。至于龙吾不能知，其乘风云而上天。吾今日见老子，其犹龙邪！”④

孔子到洛邑问礼于老聃，老聃教导孔子，君子要顺应时势，保持谦虚，去除自身的骄气、过多的欲望以及不自然的神态和过大的志向，因为这些对于自身都是没有好处的。老子的这段话对孔子是有所影响的，《论语·述而》中有“用之则行，舍之则藏”等语句，正与此段话中老聃对孔子的教诲相对应。然而《史记·老子韩非列传》和《孔子家语·观周》中都只是记载了老子对孔子在处世方面上的教导，并没有过多

① 杨朝明、宋立林主编：《孔子家语通解》，第 129 页。
② 杨朝明、宋立林主编：《孔子家语通解》，第 125 页。
③ 杨朝明、宋立林主编：《孔子家语通解》，第 128 页。
④ ［汉］司马迁：《史记》，第 2140 页。

地谈及孔子“问礼”的内容。关于“问礼”的记载，我们只能从其他的史料中察得一二。

《礼记·曾子问》中提到曾子问老师孔子“葬引至于堩，日有食之，则有变乎？且不乎？”孔子回答说：“昔者吾从老聃助葬于巷党，及堩，日有食之。老聃曰：‘丘止柩就道右，止哭以听变。’既明反，而后行，曰：‘礼也。’”① 这段记载中孔子从老子助葬于巷党之事正是发生在孔子到洛邑观周时期，可以通过《孔子家语》和《春秋》中的内容证明。在《孔子家语·观周》中，孔子的弟子南宫敬叔引用其父孟僖子的遗命，向鲁国国君请求资助孔子到洛邑观周。遗命中提到，南宫敬叔拜孔子为师是孟僖子的临终嘱咐，所以孔子到洛邑观周应该是在孟僖子去世之后。而据《春秋》经“昭公二十四”年中“春王二月丙戌，仲孙貜卒”②（仲孙貜即孟僖子）的记载，可知孟僖子在鲁昭公二十四年（前518）春二月去世，即孔子到洛邑是在昭公二十四年春二月后。《春秋》在同年五月又记载了“夏五月乙未朔，日有食之”③，此时距孟僖子去世已有两三个月的时间，孔子很可能正在洛邑，从而可以推测孔子与老聃助人送葬遇到日食正是发生于孔子在洛邑观周时期的事，有学者指出，“从时间上推算，这是完全可能的”④。由此能够看出，孔子在洛邑曾向老子学过有关丧礼的具体内容。

孔子援引老子的话来回答弟子疑问的记载在《礼记·曾子问》中还有出现。如曾子问孔子：“下殇土周葬于园，遂舆机而往，涂迩故也。今墓远，则其葬也，如之何？”⑤ 又如子夏问孔子：“金革之事无辟也者，非与？”⑥ 而孔子面对曾子和子夏的疑问，都是用“吾闻诸老聃曰”来进行回答，这可以反映出孔子曾向老子学习了不少有关丧礼的学问，因此可以推测，孔子也很有可能向老子学习过其他方面的礼仪。

老子作为周守藏室之史，其丰富的知识和高深的见解影响了孔子，使孔子能够对周代的社会制度和礼乐文化有更全面深入的了解。孔子与老子的这次会面促进了儒家学说的发展，同时也向我们展示出了早期儒道关系的具体情形，在中国思想文化史上具有重要的意义。

---

① ［清］朱彬撰，饶钦农点校：《礼记训纂》，中华书局1996年版，第309页。

② 杨伯峻编著：《春秋左传注》（修订本），中华书局1990年版，第1449页。

③ 杨伯峻编著：《春秋左传注》（修订本），第1449页。

④ 李炳海：《孔子赴周学礼、老子由周入楚考辨——兼论孔、老之间的交往及传说》，《山西大学学报（哲学社会科学版）》2012年第3期。

⑤ ［清］朱彬撰，饶钦农点校：《礼记训纂》，第310页。

⑥ ［清］朱彬撰，饶钦农点校：《礼记训纂》，第312页。

四、访乐于苌弘

“礼”和“乐”两者相辅相成，都是礼乐文化的重要组成部分，共同维护社会秩序的稳定。《论语·泰伯》云：“兴于诗，立于礼，成于乐。”① 杨伯峻先生指出：“孔子所谓‘乐’的内容和本质都离不开‘礼’，因此常常‘礼乐’连言。”② 孔子本人对“乐”也是相当热爱的，甚至“在齐闻《韶》，三月不知肉味”③。从《论语》中也可见孔子曾多次言及“乐”，可见“乐”的重要地位。所以孔子观周“通礼乐之原”，不仅“问礼于老子”，还拜访了精通音乐的苌弘。

苌弘是周朝著名的大夫，不仅在音乐方面造诣深厚，而且还有治国之才能，可最后却被周人所杀。《庄子·杂篇·外物》云：“苌弘死于蜀，藏其血三年而化为碧。”④“碧血丹心”这个词正是由此引出。苌弘对周王室忠心耿耿，对礼乐自然也坚决维护。春秋社会礼坏乐崩，但是苌弘仍然十分重视和坚持传承礼乐文化，这也是孔子特意拜访苌弘的原因。

孔子访乐于苌弘，所探讨的内容在传世的典籍中并没有过多的记载，但我们仍然能从一些史料中看到零星数语，例如《史记·乐书》记载：

> 宾牟贾侍坐于孔子，孔子与之言，及乐，曰：“夫《武》之备戒之已久，何也？”答曰：“病不得其众也。”……子曰：“唯丘之闻诸苌弘，亦若吾子之言是也。”⑤

同样的内容在《礼记·乐记》中也有记载，可以相互佐证。从这段内容中能够看出，孔子曾经与宾牟贾有过关于《武》乐的问答。而孔子谈道：“唯丘之闻诸苌弘，亦若吾子之言是也。”这就说明了孔子在洛邑拜访苌弘时，与苌弘谈论过关于《武》乐之事，并且我们也能够知道，宾牟贾的回答与苌弘相似。苌弘也曾对孔子做出过很高的评价，《孔丛子·嘉言》篇有如下记载：

---

① 杨伯峻译注：《论语译注》，第81页。
② 杨伯峻译注：《论语译注》，第81页。
③ 杨伯峻译注：《论语译注》，第70页。
④ ［清］郭庆藩撰，王孝鱼点校：《庄子集释》，中华书局1961年版，第920页。
⑤ ［汉］司马迁：《史记》，第1226~1228页。

> 苌弘语刘文公曰："吾观孔仲尼，有圣人之表，其状河目而隆颡，黄帝之形貌也；修肱而龟背，其长九尺有六寸，成汤之容体也。然言称先王，躬礼廉让，洽闻强记，博物不穷，抑亦圣人之兴者乎？"①

苌弘认为孔子有圣人之表，更是将孔子与黄帝和成汤相提并论，还提到孔子"言称先王"，行为举止也十分守礼，并且博闻强识，从而有了"抑亦圣人之兴者乎"的感叹。苌弘对孔子十分赞赏，也对圣人之事和礼乐文化非常熟悉，是一位十分重视礼乐的贤士。

孔子到洛邑实地考察，参观了周王室的宫庙建筑，并先后拜访了精通礼乐的老聃和苌弘，"通礼乐之原"，加深了对周王朝政治制度和礼乐文化的认识，学问也更加精进。《孔子家语·观周》云："（孔子）自周反鲁，道弥尊矣。远方弟子之进，盖三千焉。"② 孔子的这次学习之旅，不但自己获益良多，而且也促进了儒家学说的发展，对此后中国思想文化的发展产生了深远的影响。

基金项目：国家社科基金项目"出土竹简与大小戴〈礼记〉综合整理研究"（18BZS028）阶段性研究成果；山东省社科规划基金项目"出土文献与《大戴礼记》研究"（14CZXJ16）阶段性研究成果。本文原刊于《殷都学刊》2022年第4期。

---

① 傅亚庶：《孔丛子校释》，中华书局2011年版，第1页。

② 杨朝明、宋立林主编：《孔子家语通解》，第125页。

从《本姓解》看《孔子家语》形成过程中的“链环”问题

齐金江

一

20世纪80年代，李学勤先生最早提出“《家语》的形成过程‘链环’”问题。①李学勤先生结合传世文献和出土文献的最新研究成果提出：《汉书·艺文志》有《孔子家语》二十七卷，颜师古注云：“非今所有《家语》。”所说今所有，当即《隋志》记载的《孔子家语》二十一卷，王肃解，有孔安国后序。清人陈士珂曾以《家语》为纲，以其他古籍相似记述对照，结果证明今本《家语》多与《荀子》《礼记》《大戴礼记》《说苑》等书相同或接近。《汉志》本于刘向父子的《别录》《七略》。八角廊汉简和刘向父子大体是同时的。按照《汉志》，记述孔门师弟言行的书，除了《论语》，只有《孔子家语》，所以我们看到的简书很可能是《家语》的一部分。从双古堆简又可知道，早在汉初，已有这种性质的书存在，这就为《家语》的形成过程提供了两个链环。

《孔子家语·本姓解》是理解并贯通“《家语》的形成过程两个链环”的重要依据

---

① 参见：《新发现简帛与汉初学术史的若干问题》，《烟台大学学报（哲学社会科学版）》1988年第1期，该文是1985年中山大学高等学术中心和中文系古文字学研究室举办的“中国古文字学学术研讨会”论文；同年又在日本东方学会年会上宣读，收入《东方学》第73辑。李学勤先生后来的论文《帛书〈五行〉与〈尚书·洪范〉》（《学术月刊》1986年第11期）、《竹简〈家语〉与汉魏孔氏家学》（《孔子研究》1987年第2期），均引及本文并多有发挥。

之一。《孔子家语·本姓解》以1100余字的篇幅，解释了孔子姓氏的血缘家族符号和非血缘儒学标识。《本姓解》作为《孔子家语》中的一篇，篇名在历代《孔子家语》的不同版本中有不同的编排和称谓，如：《本姓解第三十九》《本始解第四十二》《本始》《本姓第四十二》。元刘祥卿家刻本《新编孔子家语句解》称作《本姓解第三十九》，明何孟春注《孔子家语》八卷，本篇作《本始解第四十二》。明刘宗周《孔子家语考次》，本篇作《本始》，无篇题解释。清姜兆锡《家语正义》，本篇作《本姓第四十二》。

查阅元刘祥卿家刻本《新编孔子家语句解》和清姜兆锡《家语正义》有篇题，分别为：

> 此篇论孔姓源流，故以本姓名篇。
>
> 此篇凡二章，历叙孔子之氏系，与其生平本末之大略也，故以本姓名其篇。

详情如下：

［元］刘祥卿家刻本：《新编孔子家语句解》，《本姓解第三十九》有篇题：“此篇论孔姓源流，故以本姓名篇。”

［明］何孟春注《孔子家语》八卷，本篇作《本始解第四十二》，无篇题解释。

［明］刘宗周：《孔子家语考次》，本篇作《本始》，无篇题解释。

［清］姜兆锡：《家语正义》，本篇作《本姓第四十二》，有篇题：“此篇凡二章，历叙孔子之氏系，与其生平本末之大略也，故以本姓名其篇。”

［清］陈士珂辑：《孔子家语疏证》，凤凰出版社2017年版，无篇题解释。

潘树仁导读及译注：《孔子家语》，中信出版社2014年版，《本姓解第三十九》有“本篇导读”：

> 孔子的家族世系，本篇有概括的说明，并且感叹孔子生不逢时，他所憧憬的大同社会虽然没有实现，仁政未能充分发挥，但留给后世的功勋有很多，删《诗》述《书》，定《礼》理《乐》，制作《春秋》，赞明《易》道，被人称为“圣人”，是人文精神的华表。他“一支妙笔，战胜七雄五霸；几卷诗礼，流传亿万斯年”，成为后人的楷模，无冕的“素王”。

羊春秋注译：《新译孔子家语》，台湾三民书局1996年版，《本姓解第三十九》有本篇“题解”：

此篇叙述孔子的世系及其父母的简况，并叹孔子生不遇时，德不泽民，只能删《诗》述《书》，定《礼》理《乐》，制作《春秋》，赞明《易》道，以成素王之业。

在《孔子家语》一书十卷、四十四篇中，《本姓解》列为第九卷、第三十九篇。《孔子家语通解·本姓解第三十九》篇题“序说”解释为：

本篇可分为两部分，前两节为第一部分，叙述了孔子的家世，最后一节为第二部分，记齐国太史对孔子的评价。两部分都涉及孔子的身世，故以“本姓”名篇。

第一部分所述孔子家世原原本本，可与《史记》的记载相互补充。其实，早在唐代，司马贞就已采《家语》以补《史记》所记之不足。不过，他所引《家语》与今本略有不同。如《史记·孔子世家》索隐引《家语》云：“孔子，宋微子之后。宋襄公生弗父何，以让弟厉公。弗父何生宋父周，周生世子胜，胜生正考父，考父生孔父嘉，五世亲尽，别为公族，姓孔氏。孔父生子木金父，金父生睪夷，睪夷生防叔。畏华氏之逼而奔鲁，故孔氏为鲁人也。”《宋微子世家》索隐引曰：“微子弟仲思名衍，一名泄，嗣微子为宋公。虽迁爵易位，而班级不过其故，故以旧官为称。故二微虽为宋公，犹称微，至于稽乃称宋公也。”《孔子世家》索隐又引：“叔梁纥娶鲁之施氏，生九女。其妾生孟皮，孟皮病足，乃求婚于颜氏，徵在从父命为婚。”又引《家语》云：“生三岁而梁纥死。”

将《史记》索隐引《家语》与本篇比较，可以发现今本《家语》与唐代司马贞所见有所不同。但是，绝不能由此得出今本系伪书的结论，因为在历代传抄的过程中，或衍或缺，或以注文窜入正文，比如，本篇“微，国名；子，爵”显系注文形式。通过比较司马氏所引，可以推测自“微子启”至“故封之贤”，恐怕也有原本是注文的可能。另外，像“甫”与“父”、“避”与“畏”、“祸”与“逼”等的不同，也极有可能是传抄所致，此乃古籍流传中的常见现象。司马贞在引用《家语》时可能有所去取，未必全盘照录。比如，在《宋微子世家》索隐中引“微子弟”至“乃称宋公”，以补《史记》之阙；在《孔子世家》索隐中引“宋襄公”至“故孔氏为鲁人也”，来补《史记》语焉不详的孔氏谱系。所以，其所引用的《家语》与今本似有大异，实未必然。

第二部分，孔子和齐国太史子与论道，子与感叹不已，极赞孔子之圣迹，并以“素王”誉之。可能因其中有涉及孔子身世之语，故编入本篇。其中所谓孔子整理“六经”、“弟子三千”云云，在疑古学者看来，所论孔子事迹如此整齐，显系汉以后的造伪，至于“素王”之说，更为汉人所乐道者。加之本章内容又不见于他书，其真实性颇值得怀疑。然而，“六经”之说见于《庄子》，又为司马迁《史记》所采信，不可轻易否定。弟子三千，登堂入室者七十余人，见于《史记》，又见于《家语》，如谓《家语》袭自《史记》，恐未必。“素王”之说，见于《庄子·天运》，不始于汉。看来，《家语》所记是否伪作或后人增补，尚需进一步研究。另外，孔子自谓：“乱而治之，滞而起之，自吾志，天何与焉?”与《论语》中孔子思想一致，其匡扶天下的志向，其不待天助的自信，溢于言表。总之，本篇资料价值不容忽视。

王国轩、王秀梅译注：《孔子家语》，中华书局2011年版，第442页，本篇“题解”为：

本篇是对孔子家世的考证。开首即说孔子的祖先是宋国的后裔，因而孔子就是“先圣之嗣”。接着从宋公稽一直推算到孔子的父亲叔梁纥，以及叔梁纥娶徵在、孔子出生、孔子父死、儿子孔鲤出生至死的全部家世。这是研究孔子生平的极其有用的资料。“齐太史子与适鲁”章，通过太史子与之口，概括地论述了孔子的业绩：“孔子生于衰周，先王典籍错乱无纪，而乃论百家之遗记，考正其义，祖述尧舜，宪章文武，删《诗》述《书》，定礼理乐，制作《春秋》，赞明《易》道，垂训后嗣，以为法式，其文德著矣。然凡所教诲，束脩已上三千余人，或者天将欲与素王之乎？夫何其盛也!”因此鲁国大夫南宫敬叔说：“吾闻圣人之后，而非继世之统，其必有兴者焉。今夫子之道至矣，乃将施之无穷，虽欲辞天之祚，故未得耳。”似乎是天降大任。但孔子并没有陶醉在这些赞美言辞中，他听到这话后却说：“岂若是哉？乱而治之，滞而起之，自吾志，天何与焉?”他认为世道混乱就要治理，事物停滞就要兴起，这是他自己的志向，和天没有关系。所以孔子终生都努力推行仁义之道，一生失意而不失望，这种对社会高度的责任感是值得赞扬的。

二

《本姓解》全篇共1100余字，一般认为可以分为两大段：第一段冠以“孔子之先，宋之后也。”计700余字；第二段冠以“齐太史子与适鲁，见孔子。”计400余字。这两部分都涉及孔子的姓氏和身世，所以以“本姓”命名本篇：

孔子之先，宋之后也。微子启，帝乙之元子，纣之庶兄。以圻内诸侯，入为王卿士。微，国名；子，爵。初，武王克殷，封纣之子武庚于朝歌，使奉汤祀。武王崩，而与管、蔡、霍三叔作难。周公相成王，东征之。二年，罪人斯得，乃命微子于殷后，作《微子之命》，由之与国于宋，徙殷之子孙。唯微子先往仕周，故封之贤。其弟曰仲思，名衍，或名泄，嗣微子后，故号微仲，生宋公稽。胄子虽迁爵易位，而班级不及其故者，得以故官为称。故二微虽为宋公，而犹以微之号自终，至于稽乃称公焉。宋公生丁公申，申生缗公共及襄公熙，熙生弗父何及厉公方祀，方祀以下，世为宋卿。弗父何生宋父周，周生世子胜，胜生正考甫，考甫生孔父嘉。五世亲尽，别为公族，故后以孔为氏焉。一曰，孔父者，生时所赐号也，是以子孙遂以氏族。孔父生子木金父，金父生睪夷，睪夷生防叔，避华氏之祸而奔鲁。防叔生伯夏，伯夏生叔梁纥。曰：“虽有九女，是无子。”其妾生孟皮，孟皮一字伯尼，有足病。于是乃求婚于颜氏。颜氏有三女，其小曰徵在。颜父问三女曰：“陬大夫虽父祖为士，然其先圣王之裔。今其人身长十尺，武力绝伦，吾甚贪之，虽年长性严，不足为疑，三子孰能为之妻?”二女莫对，徵在进曰：“从父所制，将何问焉。”父曰：“即尔能矣。”遂以妻之。徵在既往，庙见，以夫之年大，惧不时有男，而私祷尼丘之山以祈焉。生孔子，故名丘，字仲尼。孔子三岁而叔梁纥卒，葬于防。至十九，娶于宋之并官氏。一岁而生伯鱼。鱼之生也，鲁昭公以鲤鱼赐孔子，荣君之贶，故因以名曰鲤，而字伯鱼。鱼年五十，先孔子卒。

齐太史子与适鲁，见孔子。孔子与之言道。子与悦，曰：“吾鄙人也，闻子之名，不睹子之形久矣。而求知之宝贵也。乃今而后知泰山之为高，渊海之为大。惜乎，夫子之不逢明王，道德不加于民，而将垂宝以贻后世。”遂退而谓南宫敬叔曰：“今孔子先圣之嗣，自弗父何以来，世有德让，天所祚也。成汤以武德王天下，其配在文。殷宗以下，未始有也。孔子生于衰周，先王典籍，错乱无纪，而乃论百家之遗记，考正其义，祖述尧舜，宪章文武，删《诗》述《书》，定《礼》理《乐》，制作《春秋》，赞明《易》道，垂训后嗣，以为法式，其文德著矣。然凡所教诲，束脩已上，三千余人。或者天将欲与素王之乎，夫何其盛也!”敬叔曰：“殆如吾子之言，夫物莫能两大，吾闻圣人之后，而非继世之统，其必有兴者焉。今夫子之道至矣，乃将施之无穷，虽欲辞天之祚，故未得耳。”子贡闻之，以二子之言告孔子。子曰：“岂若是哉？乱而治之，滞而起之，自吾志，天何与焉?”

《孔子家语·本姓解》开宗明义说道：“孔子之先，宋之后也。”孔子自己也说：“而丘也，殷人也。”（《礼记·檀弓》）《史记·孔子世家》记载：“（孔子）谓子贡曰：‘天下无道久矣，莫能宗予。夏人殡于东阶，周人于西阶，殷人两柱间，昨暮予梦坐奠两柱之间，予始殷人也。’”《史记·孔子世家·索隐》引《孔子家语》云：“孔子，宋微子之后……弗父何生宋父周，周生世子胜，胜生正考父，考父生孔父嘉，五世亲尽，别为公族，姓孔氏。”《广韵》孔姓解释为：“殷汤之后，本自帝喾次妃兰狄吞乙卵生契，赐姓子氏；至成汤以其祖吞乙卵而生故名履，字太乙，后代以子加乙，始为孔氏。”《史记·孔子世家》：孔子年十七，鲁大夫孟釐子病且死，诫其嗣懿子曰：“孔丘，圣人之后，灭于宋。其祖弗父何始有宋而嗣让厉公。及正考父佐戴、武、宣公，三命兹益恭，故鼎铭云：‘一命而偻，再命而伛，三命而俯，循墙而走，亦莫敢余侮。饘于是……以糊余口。’其恭如是。吾闻圣人之后，虽不当世，必有达者。今孔丘年少好礼，其达者欤？吾即没，若必师之。”

《孔子家语·本姓解》第二段开始说道：“齐太史子与适鲁，见孔子。”齐国的太史子与来到鲁国，见到孔子。孔子和他谈论道，子与很高兴，说：“我是浅陋无知的人，久闻您的大名，而没能和您见面，求知的机会是很宝贵的。从今以后我知道了泰山的高大、大海的广阔。只可惜啊，先生没有遇到圣明的君主。道德不能在百姓中施行，而只有把这些宝贵的东西留给后世了。”子与辞别孔子后对南宫敬叔说：“现今的孔子是先圣的后代，从弗父何以来，孔氏后代世世有德谦让，这是上天所赐的福分啊。成汤以武德称王天下，用礼乐相配合。殷商以下，就没有这样的情况了。孔子生在周朝衰败的时代，先王的典籍错乱无序，孔子就整理论述百家遗留的记录，考证其正确的含义，师法和陈说尧舜的盛德，效法周文王、周武王的文功武治，删定《诗》，整理《书》，制定《礼》，理清《乐》，制作《春秋》，阐明《易》道，给后世留下训诫，作为法则，孔子的文德是何等显著啊！他所教诲的弟子，奉上束脩的就有三千多人，或许是上天要他成为无冕的素王吧？为什么如此兴盛呢！”南宫敬叔说：“如果像你说得那样，事物不会两全其美。我听说圣人的后代，如果不是继承王位的统系，也必然会有兴盛的人。现在孔子之道已非常完美，并将长久地施行于后世，即使想推却上天赐予的福分，也不可能。”子贡听了这些话，把他们二人的议论都告诉了孔子。孔子说：“哪是这样的呢？乱了就要治理，停滞就要兴起，这是我的志向，和天有什么关系呢？”《论语》载孔子之言说：“吾少也贱，故多能鄙事。”“吾十有五而志于学。”“若圣与仁，则吾岂敢？抑为之不厌，诲人不倦，则可谓云尔已矣。”“吾自卫反鲁，然后乐正，《雅》《颂》各得其所。”“子所雅言，《诗》、《书》、执礼，皆雅言也。”“文王既没，文不在兹乎！天之将丧斯文也，后死者不得与于斯文也；天之未丧斯文也，匡人其如予何！”

钱穆先生在《孔子传》中说：

孔子为中国历史上第一大圣人。在孔子以前，中国历史文化当已有两千五百年以上之积累，而孔子集其大成。在孔子以后，中国历史文化又复有两千五百年以上之演进，而孔子开其新统。在此五千多年，中国历史进程之指示，中国文化理想之建立，具有最深影响最大贡献者，殆无人堪与孔子相比伦。

孔子生平言行，具载于其门人弟子之所记，复经其再传、三传门人弟子之结集而成之《论语》一书中。其有关于政治活动上之大节，则备详于《春秋左氏传》。其他有关孔子言行及其家世先后，又散见于先秦古籍如《孟子》、《春秋公羊》、《榖梁传》、《小戴礼记·檀弓》诸篇，以及《世本》、《孔子家语》等书者，当尚有三十种之多。最后，西汉司马迁《史记》采集以前各书材料成《孔子世家》，是为记载孔子生平首尾条贯之第一篇传记。……因孔子在中国历史文化上之主要贡献，厥在其自为学与其教育事业之两项。后代尊孔子为至圣先师，其意义即在此。

2013年11月26日，中共中央总书记、国家主席、中央军委主席习近平来到孔府和孔子研究院参观考察，并同有关专家学者座谈。在听取大家关于中华传统优秀文化研究的情况介绍后，习近平总书记强调："一个国家、一个民族的强盛，总是以文化兴盛为支撑的，中华民族伟大复兴需要以中华文化发展繁荣为条件。对历史文化特别是先人传承下来的道德规范，要坚持古为今用、推陈出新，有鉴别地加以对待，有扬弃地予以继承。"习近平总书记指出，国无德不兴，人无德不立。必须加强全社会的思想道德建设，激发人们形成善良的道德意愿、道德情感，培育正确的道德判断和道德责任，提高道德实践能力尤其是自觉践行能力，引导人们向往和追求讲道德、尊道德、守道德的生活，形成向上的力量、向善的力量。只要中华民族一代接着一代追求美好崇高的道德境界，我们的民族就永远充满希望。

2014年9月24日，习近平总书记《在纪念孔子诞辰2565周年国际学术研讨会暨国际儒学联合会第五届会员大会开幕会上的讲话》指出：

孔子创立的儒家学说以及在此基础上发展起来的儒家思想，对中华文明产生了深刻影响，是中国传统文化的重要组成部分。儒家思想同中华民族形成和发展过程中所产生的其他思想文化一道，记载了中华民族自古以来在建设家园的奋斗中开展的精神活动、进行的理性思维、创造的文化成果，反映了中华民族的精神追求，是中华民族生生不息、发展壮大的重要滋养。中华文明，不仅对中国发展产生了深刻影响，而且对人类文明进步作出了重大贡献。

……

研究孔子、研究儒学，是认识中国人的民族特性、认识当今中国人精神世界历史来由的一个重要途径。春秋战国时期，儒家和法家、道家、墨家、农家、兵家等各个思想流派相互切磋、相互激荡，形成了百家争鸣的文化大观，丰富了当时中国人的精神世界。虽然后来儒家思想在中国思想文化领域长期取得了主导地位，但中国思想文化依然是多向多元发展的。这些思想文化体现着中华民族世世代代在生产生活中形成和传承的世界观、人生观、价值观、审美观等，其中最核心的内容已经成为中华民族最基本的文化基因。这些最基本的文化基因，是中华民族和中国人民在修齐治平、尊时守位、知常达变、开物成务、建功立业过程中逐渐形成的有别于其他民族的独特标识。

中国人民的理想和奋斗，中国人民的价值观和精神世界，是始终深深植根于中国优秀传统文化沃土之中的，同时又是随着历史和时代前进而不断与日俱新、与时俱进的。

《孔子家语·本姓解》是我们了解孔子其人及其主要贡献的重要篇章。孔子作为一个文化符号，代表的就是中华优秀传统文化。李大钊曾说“实在的孔子死了，不能复生了”，但他的形象“活现于吾人的想像中，潜藏于吾人记忆中”。“可是各个时代人们想像中的孔子是不同的。十年以前，我自己想像中的孔子，与今日我自己想像中的孔子，亦不同了。”

三

李学勤先生继1985年提出“《家语》的形成过程‘链环’”问题之后，1987年又进一步指出，河北定州八角廊西汉墓出土的《儒家者言》竹简，是《家语》的原型。今本《孔子家语》，历来都有“伪书”之说，李先生认为王肃自序得自孔子二十二世孙孔猛，当为可信；又有源自孔安国的传说，这与汉魏时期的孔氏家学有关。汉以后，孔子后裔中也有世守家学而成为一个学派的，自孔安国而至孔僖、孔季彦相承，《孔丛子》可说是孔氏家学的学案，故《家语》也属孔氏家学的产物。今本古文《尚书》、《孔丛子》、《孔子家语》很可能陆续成于孔安国、孔僖、孔季彦、孔猛等孔氏学者之手，有很长的编纂、改动、增补过程，它们是汉魏孔氏家学的产物。从学术思想史的角度深入探究孔氏家学，也许是解开《尚书》流传疑迷等经学重大公案的一把钥匙。①

探究“孔氏家学”解开经学公案的一把“钥匙”，与上文提到的《家语》形成过程的两个“链环”之间，究竟是怎样的一种内在关联呢？

其一，从存世文献著录的视角来看，《汉志》本于刘向父子的《别录》《七略》；《汉书·艺文志》记载《孔子家语》二十七卷；《隋志》记载《孔子家语》二十一卷，王肃解，有孔安国后序；陈士珂证明今本《家语》多与《荀子》《礼记》《大戴礼记》《说苑》等书相同或接近。

其二，从出土文献的视角来看，河北定州八角廊西汉墓出土的《儒家者言》竹简和刘向父子大体同时，是《家语》的一部分。早在汉初，已有这种性质的书存在。江西南昌海昏侯墓“孔子衣镜”的探讨正在深入，海昏侯墓“孔子衣镜”中，“姓孔”的称谓，在“得之于祖”与“得之于天”中提供了正当性的支撑，而“子氏”的表述，还很可能与刘贺所处的政治环境、知识背景及心路历程有关。

其三，从《论语》与《孔子家语》相互关联和相互印证的视角来看，孔子姓“孔”的来由何在？对于这个问题，《论语》中没有交代。而在《孔子家语》中，则有单独一篇进行了专门的阐释。《孔子家语·本姓解》重点解释孔子的姓氏为“孔”的问题。在《论语·宪问》中，“孔氏”连续出现了两次：

> 子路宿于石门。晨门曰：“奚自？”子路曰：“自孔氏。”曰：“是知其不可而为之者与？”
>
> 子击磬于卫，有荷蒉而过孔氏之门者，曰：“有心哉，击磬乎！”既而曰：“鄙哉！硁硁乎！莫己知也，斯己而已矣，深则厉，浅则揭。”子曰：“果哉！未之难矣。”

以上“孔氏”的出现，说明在孔子时代，人们会以“孔氏”冠名孔门的学堂。其他的称谓还有孔子自称其名“丘”，他人称其为“子”“孔子”“仲尼”。在孔子周游列国之际，异国之人亦称“鲁孔丘”。《论语》记载：“长沮、桀溺耦而耕，孔子过之，使子路问津焉。长沮曰：‘夫执舆者为谁？’子路曰：‘为孔丘。’曰：‘是鲁孔丘与？’曰：‘是也。’”

当然，以上对于《孔子家语·本姓解》从版本学、诠释学等视域下如何去看待“《家语》的形成过程‘链环’”问题的摸索，尚待更多更深入的研究与探讨，始可更

---

① 参见《竹简〈家语〉与汉魏孔氏家学》，《孔子研究》1987年第2期。

为周延和全面。上文仅仅汇集素材举出数例，其他值得继续深入探究的议题，如“孔子”“孔氏”“儒家”等语义的变迁路径、孔氏后学在“诗礼传家”的基础上对于经学与治道的贡献与担当、先秦时期的孔氏与汉魏时期的家学的联系与发展的脉络、内在机理等，企盼学界有更多的研讨，以期进一步洞见孔子儒学之于传统构建的早期学术风貌。

从《孔子家语·哀公问政》篇看孔子"为政以德"思想

孔祥安

《孔子家语》是一部专门记录孔子及孔门弟子思想言行的著作。该书汇集了孔子的大量言论，再现了孔子与弟子、时人谈论问题的许多场景。与《论语》相比，该书内容十分丰富，具体生动，首尾完备。只是该书长期遭受冷落，被视为"伪书"弃而不用！杨朝明先生对该书经过20多年的深入研究，纠正了将该书视为"伪书"的某些"成见"，认为该书不仅"不伪"，而且完全称得上"孔子研究第一书"①。所以，通过《家语》研究孔子思想，不仅可以还原孔子的形象，而且可以有助于我们更加深入地把握孔子的"真精神"。

《孔子家语·哀公问政》篇主要记载了鲁哀公向孔子请教为政之道的情况。其实，《论语》《礼记》等传统文献中也有哀公问政于孔子的记载，但都没有《家语》中记载得详细、具体、全面、系统，从这一点看，该篇文献或许就是记载哀公问政于孔子的第一手资料，有着重要的史料价值，有助于我们更好地探讨孔子的政治哲学思想。但是，在我们了解哀公问政的内容，进一步探讨和把握孔子德政思想之前，必须弄明白一个问题，即鲁哀公为什么要向孔子求教为政之道。我想，这至少是两个方面决定的：一是孔子懂得政治问题，有值得鲁哀公求教的水平和价值；二是鲁哀公遇到了政治上解决不了的问题，需要向名人求教。

---

① 杨朝明、宋立林主编：《孔子家语通解》，齐鲁书社2013年版，代前言第40页。

一、鲁哀公问政的前提

首先，孔子是否值得鲁哀公求教政治中存在的问题？

我们知道，孔子是中国古代伟大的思想家、教育家、政治家，儒家学派的创始人，中华文化的集大成者。孟子评价孔子说：“孔子之谓集大成。集大成也者，金声而玉振之也。金声也者，始条理也，玉振之也者，终条理也。”元武宗在加封孔子“大成至圣文宣王”的诏书中说：“先孔子而圣者，非孔子无以明；后孔子而圣者，非孔子无以法。”柳诒徵先生曾评价孔子说：“孔子者，中国文化之中心也。无孔子则无中国文化。自孔子以前数千年之文化，赖孔子而传；自孔子以后数千年之文化，赖孔子而开。”梁漱溟先生也曾评价孔子说：“孔子以前的中国文化差不多都收在孔子手里，孔子以后的中国文化又差不多都从孔子那里出来。”或许我们认为这是后人对孔子的评价，不足以说明孔子在当时的社会影响。换句话说，孔子在当时是否有这么大的影响力和学识水平。

其实，孔子在当时已非常有名，并且当时的人已经认为孔子就是圣人了。如，太宰问于子贡曰：“夫子圣者与？何其多能也？”子贡曰：“固天纵之将圣，又多能也。”子闻之，曰：“太宰知我乎！吾少也贱，故多能鄙事。君子多乎哉？不多也。”（《论语·子罕》）可是，孔子并不承认自己是圣人。子曰：“若圣与仁，则吾岂敢？抑为之不厌，诲人不倦，则可谓云尔已矣。”（《论语·述而》）弟子子贡认为，孔子就是圣人。又如，子贡曾问于孔子说：“夫子圣矣乎？”孔子曰：“圣则吾不能，我学不厌而教不倦也。”子贡曰：“学不厌，智也；教不倦，仁也。仁且智，夫子既圣矣。”（《孟子·公孙丑上》）再如，《论语》记载：“仪封人请见，曰：‘君子之至于斯也，吾未尝不得见也。’从者见之。出曰：‘二三子何患于丧乎？天下之无道也久矣，天将以夫子为木铎。’”（《论语·八佾》）仪封人见到孔子后，对其弟子说，你们这些年轻人不要担心不得意，天下无道已经很久了，上天要让你们的老师做人们的导师。朱熹认为，仪，卫邑。封人，掌封疆之官，盖贤而隐于下位者也。“木铎”，金口木舌，施政教时所振，以警众者也。① 由此看来，孔子在当时不仅在各诸侯国已有很大影响，而且在一些小的城邑也有很大影响。

然而，当时也有人贬低和诋毁孔子，但是这些都被子贡予以驳斥，不仅表现出孔子的更加伟大，而且还说明孔子在当时已很了不起，是一位当之无愧的圣人。如，叔

---

① ［宋］朱熹：《四书章句集注》，中华书局 1983 年版，第 68 页。

孙武叔语大夫于朝曰："子贡贤于仲尼。"子服景伯以告子贡。子贡曰："譬之宫墙，赐之墙也及肩，窥见室家之好。夫子之墙数仞，不得其门而入，不见宗庙之美，百官之富。得其门者或寡矣。夫子之云，不亦宜乎！"（《论语·子张》）叔孙武叔在朝中对大夫们说："子贡比仲尼有贤德。"子服景伯把这话转告给了子贡。子贡说："不能这样认为。譬如房屋的围墙，我的只有肩膀那么高，站在外面就很容易看见我家的好东西；但是我老师家的墙有几个人那么高，找不到进去的大门，就看不到庙堂的宏伟及房舍的绚丽多彩。能找到大门而进去的人或许很少吧。那么，叔孙武叔这样说，不也很自然吗？"今天，曲阜明故城正南门仍嵌有清乾隆亲书"万仞宫墙"四个大字，寓意孔子思想博大精深。又如，叔孙武叔毁于仲尼。子贡曰："无以为也！仲尼不可毁也。他人之贤者，丘陵也，犹可逾也。仲尼，日月也，无得而逾焉。人虽欲自绝，其何伤于日月乎？多见其不知量也。"（《论语·子张》）叔孙武叔诋毁仲尼，子贡说："不要这样做。仲尼是诋毁不了的。别人的贤德，好比山丘，是可以超越过去的。仲尼，简直就是太阳和月亮，是不可以超越的。虽然有人要自绝于太阳和月亮，那对太阳和月亮又有什么危害呢？只不过是不自量力罢了！"这也难怪叔孙武叔对孔子有这样的认识，因为叔孙武叔了解子贡在言语和经商方面的真实情况，但是对孔子缺乏全面、深刻的理解。《孔子家语·六本篇》记载，子夏向孔子问颜回、子贡、子路、子张四人的为人怎样？孔子说："颜回在诚信方面比我强，端木赐在机敏智慧方面比我强，仲由在勇敢方面比我强，颛孙师在庄重方面比我强。"子夏不解地问道，为什么这四个人都跟先生您学习呢？孔子说："颜回诚信却不能灵活地变通，端木赐机敏却不能委屈自己，仲由勇敢却不知退避，颛孙师庄重却不合群。即使同时兼有这四个人的长处来跟我交换，我也不会同意。这就是他们侍奉我而且忠贞不贰的原因。"如此来看，难道我们不觉得子贡对孔子的评价更中肯吗？叔孙武叔不正如子贡说的不自量力吗？那么，又有谁比孔子更伟大、更有智慧呢？鲁哀公问政于孔子不也是情理之中吗？

其次，我们再看一下鲁哀公在鲁国的处境。鲁国从公元前 1030 年由伯禽开始建国，到公元前 249 年鲁顷公被贬为平民，历经了近 800 年，先后出现 35 位国君，而哀公是鲁国的第 26 位国君。鲁哀公，姬姓，名蒋（或作将），谥号"哀公"。我们一听到"哀公"这个谥号，立马就会产生一种凄凉、悲哀的感觉。在中国古代社会，谥号就是对天子、王后、诸侯国君以及贤能大臣等一些社会地位相对较高的人物，在其去世之后依据其生前的所作所为，给出的一个具有评价意义的称号，用来高度概括他们的一生。《逸周书·谥法解》篇中说："谥者，行之迹也。号者，功之表也。"谥是行为的记录，号是功劳的标志。这是对一个历史人物一生是非功过的高度概括和总结。根据谥法，早年孤单又短寿夭折的谥号"哀"，谦恭仁惠而短寿夭折的谥号"哀"。由此可以初步断定，鲁哀公可能属于非正常死亡，没有寿终正寝。

鲁哀公在位期间，三桓一直控制着公室，鲁国政权把持在三桓手中。如，鲁哀公十四年（前481），齐国陈恒杀齐简公。孔子急忙朝见鲁哀公，劝哀公讨齐以正君臣之义。鲁哀公不敢做主，让孔子去向三桓请示汇报。孔子曾评价鲁国公室说：“禄之去公室，五世矣；政逮于大夫，四世矣，故夫三桓子孙，微矣。”（《论语·季氏》）所谓“五世”，朱熹《论语集注》认为，“鲁自文公薨，公子遂杀子赤，立宣公，而君失其政。历成、襄、昭、定，凡五公”。那么，到了鲁哀公，可谓是六世，即六位国君了。对内，鲁哀公不能掌控权柄，时时受到三桓的左右。对外，鲁国又要与齐、越、晋、楚等诸侯强国周旋，始终处于劣势。那么，鲁哀公时时处于内忧外患之中。特别是，鲁哀公作为鲁国国君，对三桓把持鲁国国政极为不满，欲以越为后盾驱逐三桓，这就使得哀公与三桓之间的矛盾不断加剧和激化，以致出现你死我活的斗争。鲁哀公二十七年（前468），鲁哀公终于被迫逃亡国外。

关于此事，《左传》与《史记》记载稍有不同。《左传》记载：“公患三桓之侈也，欲以诸侯去之；三桓亦患公之妄也，故君臣多间……公欲以越伐鲁而去三桓。秋八月甲戌，公如公孙有陉氏，因孙于邾，乃遂如越。国人施公孙有山氏。”“侈”，段玉裁认为：“凡自多以陵人曰侈，此侈之本义也。”三桓长久无视公室，鲁哀公患被杀而失位，欲求诸侯驱逐三桓。三桓患鲁哀公自不量力而缪乱，所以鲁哀公与三桓的矛盾越来越激化。从《左传》记载来看，鲁哀公为自己逃越，其后不知所终。《史记·鲁周公世家》载：“公欲以越伐三桓。八月，哀公如陉氏。三桓攻公，公奔于卫，去如邹，遂如越。国人迎哀公复归，卒于有山氏。”从《史记》记载看，三桓攻公，鲁哀公被迫逃亡，后又归国，不久即死。这在童书业看来，《左传》多有袒护季氏和三桓，关于此事的记载当以《史记》为准。童氏认为，“左氏不载‘三桓攻公’及哀公复归死于有山氏等事，一若终于越者，此为季氏讳也。公孙有山氏为季氏党（参哀二十四年传），受季氏命暗杀哀公，完全可能。观上引传末云：‘国人施公孙有山氏’，苟无弑君之罪，恐不得有此事。哀公谥为‘哀’，不谥‘出’，亦可证其被弑”①。如此看，鲁哀公未能寿终正寝，则是有谥号“哀”的原因。

由此推测，鲁哀公任鲁国国君期间，不甘心于做一个政治傀儡，就鲁国政治问题多次求教于孔子。《孔子家语》记载鲁哀公问政，是相对比较系统而全面的一次。《中庸》虽也记载了鲁哀公问政，且与《家语》的基本精神相一致，但没有《家语》记载得丰富和翔实。

---

① 童书业：《春秋左传研究》，上海人民出版社1980年版，第257~258页。

那么,《家语》记载的鲁哀公问政,应该是在孔子结束14年的周游列国回鲁国后不久。此时的孔子,对政治的认识应该更深刻,其思想应该更加成熟。鲁哀公十一年(前484),孔子返回鲁国,被鲁哀公尊奉为“国老”。国老相当于我们现在所说的政府顾问或咨询,以备鲁哀公对一些重要的政治问题进行求教或咨询。此时的鲁哀公已任鲁国国君11年,年龄在35岁多一点,无论在人生经验以及执政实践上,都积累了一定经验,有了一定想法。从某种意义上说,这时的鲁哀公正处在一个风华正茂、想成就一番事业的年龄,有较高的政治热情和振兴公室的想法,企图改变鲁国在诸侯国中的处境,尤其是想从三桓手中夺回本应该属于他自己的政治权利,所以他会积极主动地向孔子这位有着丰富人生经验和充满政治智慧的国老求教一些做人的道理和治理国家的问题,这不仅是一件很正常的事情,而且完全可以理解。当然,在探讨鲁哀公问政之前,我们还应当了解一下孔子政治思想的基本精神,以便更好地把握哀公问政孔子的内容和实质。

二、孔子“为政以德”思想的基本精神

我们知道,孔子是一位伟大的思想家、政治家。孔子“祖述尧舜,宪章文武”,在认真总结历史上积累下来的丰富治国经验的基础上,对当时的社会政治问题有着深刻而独到的认识和理解,认为春秋时代之所以“礼崩乐坏”是因为维护社会的礼制遭受了严重破坏。换句话说,也就是当时人们尤其是统治者的伦理道德出现了问题。于是,他大声疾呼:“人而不仁,如礼何?人而不仁,如乐何?”(《论语·八佾》)在他看来,作为一个人如果不修仁德,如何对待礼呢?如果不修仁德,如何对待乐呢?基于此,他提出了“为政以德”的政治哲学思想,呼吁为政者首先要重视社会道德问题,要求为政者首先要修身并且要发挥出表率作用,同时要求统治者要实行德政。

在孔子看来,“君子之德风,小人之德草,草上之风,必偃”(《论语·颜渊》)。为政者的道德像风,老百姓的道德像草,风吹在草上,草会随风倾倒,从而带动整个社会风气的转变。也就是说,只要为政者带头做好了,老百姓就会跟着做好。诚如人们常说的“火车跑得快,全靠车头带”。这样,无论是社会风气,还是整个社会的治理,都会收到一个非常好的效果。如果用孔子的话来表述,就是“为政以德,譬如北辰,居其所而众星共之”(《论语·为政》)。这就是说,为政者如果凭借自身的道德修养来治理国家,自己就会像北极星一样处在固定的位置,而众星都围绕它。一般意义上说,这句话高度概括出了孔子政治哲学思想的主旨和核心内容,也可以说这是孔子政治哲学的一个总纲或者是一个总方针。正是基于此,人们习惯上将孔子的政治思想

称为“德政”。

其实，这个德政是相对于刑罚来说的。因为在孔子看来，德政要比刑罚有更大的优越性。对于这一问题，孔子曾说：“道之以政，齐之以刑，民免而无耻；道之以德，齐之以礼，有耻且格。”（《论语·为政》）这就是说，用政令来引导民众，用刑法来规范民众，民众往往会因顾忌刑罚而避免犯罪，但往往会不顾忌耻辱；用道德来教导民众，用礼义规范民众，民众不仅会有是非之心，而且能以是非标准严格要求自己，从而避免犯罪。换句话说，人们有了“羞耻之心”，也就有了价值标准和是非观念，可以主动趋善避恶。很显然，通过政刑与德礼的比较，可以看到孔子所主张的“为政以德”思想在治国理政中具有更强的优越性。其实，孔子之所以提出这一饱含温情、充满仁爱的“德政”思想，来源于他对社会现实的仔细考察和深刻思考。

春秋时期，周天子虽有天下之共主的名声，但失去了对各诸侯国的控制能力，周天子已经名存实亡了；各诸侯国为了生存、发展和强大，倚强凌弱、相互攻伐，社会处于一种混乱和无序状态。孔子为改变春秋末期“天下无道”“礼崩乐坏”的社会现实，对季氏“八佾舞于庭”的僭越行为，予以猛烈批评说：“八佾舞于庭，是可忍也，孰不可忍也？”（《论语·八佾》）面对齐景公的问政，他回答道：“君君，臣臣，父父，子子。”（《论语·颜渊》）因而，孔子提倡“克己复礼”，要人们自觉地按照礼的要求约束自己的思想和行为。

齐景公曾向孔子询问如何治国，孔子针对齐国君臣父子均失其道的情况，明确指出正人伦之常是治国根本。因为从当时齐国来看，大夫陈僖子乞用“大斗出，小斗入”收买人心，以蓄谋篡权；齐景公好色，内宠很多，欲废太子阳生而立少子子舍，这样便出现了君不像君，臣不像臣，父不像父，子不像子的情况，正常的伦理规范被破坏。为此，孔子指出，君臣父子要各安其位，各尽其责，各守其德，社会才会有一个正常的秩序，国家才能实现大治。齐景公对孔子切中要害的回答给予充分赞许，说道：“善哉！信如君不君，臣不臣，父不父，子不子，虽有粟，吾得而食诸？”（《论语·颜渊》）齐景公说：“这话说得真好啊！假如做君的不像君的样子，做臣的不像臣的样子，做父亲的不像父亲的样子，做儿子的不像儿子的样子，即使粮食很多，我能吃到吗？”那么，孔子所说的“德政”要首先处理好人与人之间的正常伦常关系，从而把人们置于一个和谐有序的社会关系之中，方可解决好国家的治理问题。

由此可以看出，孔子的着力点是想用伦理道德的方式解决当时的社会政治问题，这就是所谓的伦理政治或道德政治。但是，孔子为什么有这样的思考或者论断呢？因为在孔子看来，在当时家国同构的社会体系中，孝悌是国家社会和谐有序的基石。诚如孔子的弟子有子所说：“其为人也孝弟，而好犯上者，鲜矣；不好犯上，而好作乱者，未之有也。君子务本，本立而道生。孝弟也者，其为人之本与!”（《论语·学而》）甚至当有人对孔子说：“你为什么不参与政治时?”孔子回答道：“《书》云：‘孝乎惟孝，友于兄弟，施于有政。’是亦为政，奚其为为政?”也就是说，把孝敬父母、友爱兄弟的风气影响到为政者，推广到社会，就是参与政治了。为什么做官才是参与政治呢?孔子不仅把政治伦理化，而且还将孝悌这一家庭伦理视为政治之根本，作为社会稳定的基石，把孝悌伦理视为社会国家治理重要且不可或缺的组成部分。

三、孔子“为政以德”的内在逻辑

孔子在国家社会治理中是如何执行“为政以德”这一总纲的呢?鉴于《论语》一书是语录体的形式，我们还不能比较系统地从中把握出一个逻辑脉络，但是可以从《孔子家语·哀公问政》篇中得到很好的理解和启迪。应该说，此时的孔子，对社会政治有了更深刻的认识和理解，其人生达到了一个很高的境界，所思考的政治问题或是提出解决当时政治问题的主张应该更具有针对性、指导性和实践性。换句话说，孔子的政治思想应该更加成熟和系统。

（一）修身：为政的根本和关键

据《孔子家语》记载，鲁哀公向孔子请教为政之道。孔子对曰：“文武之政，布在方策。其人存，则其政举；其人亡，则其政息。天道敏生，人道敏政，地道敏树。”这就是说，周文王和武王的为政之道，至今还记载在木版和竹简上。如果有像文王、武王那样的人存在，那么他们的为政之道就能施行；如果没有像文王、武王那样的人存在，那么他们的为政之道就会被停止。天之道在于使万物迅速地生长，人之道在于使政治迅速地昌明，地之道在于使树木迅速地成材。

孔子祖述尧舜、宪章文武，对文、武的为政之道不仅赞叹不已，而且还认为是后世所效法的榜样。因而，孔子直接指出哀公应效法文武之道，并且强调要实行文武之政；否则，文武之政就会停止。从而，得出“人存政举，人亡政息”的历史规律，强调人在政治中的主导作用。同时，又从“道”这一规律性的原则上，加以说明和阐述。孔子指出，天道利于万物生长，地道利于树木成材。换句话说，道对于不同事物有不同的作用和价值，规范着事物的不同走向或发展方向。

人道与天道、地道的作用和价值不同，人道所指向的是政治。换句话说，人道就是解决、协调人们相互之间和谐相处的规范原则。所以说：“人道政为大。”也就是说，人道首要的就是政治问题。那么，政治是什么呢?“夫政者，犹蒲卢也，待化以成，故为政在于得人。”孔子打了一个比方，把政治比喻成蒲苇一样，蒲苇需要得到风雨的滋润和化育，才能迅速生长，所以得出为政的关键在于获得人才。在这里，孔子得出为政之道在于得到贤人的结论，从而肯定了人才在为政中的作用和价值。

既然人才如此重要，怎样才能得到人才呢？孔子说：“取人以身，修道以仁。”获得人才的关键在于加强自身的修养，加强自身修养的关键在于树立仁爱之心。“仁者，人也，亲亲为大；义者，宜也，尊贤为大。亲亲之杀，尊贤之等，礼所以生也。礼者，政之本也。是以君子不可以不修身。”仁，就是人与人之间的相互亲爱，以爱自己的亲人最为重要；义，就是人与人之间的关系处理得当，以尊敬贤人最为重要。亲爱自己的亲人有等差，尊敬贤人有差别，那么，礼就在亲亲、尊尊的等差之中。

礼，是为政的根本。所以，君子不能不加强自身的品德修养。那么，如何提升和加强自己的修养？孔子认为，“思修身，不可以不事亲；思事亲，不可以不知人；思知人，不可以不知天”。在孔子看来，要想加强自身的品德修养，不能不孝敬自己的父母；要想孝敬自己的父母，就不可以不明辨和正确看待他人；要想明辨和正确地看待他人，不能不了解天道。“天下之达道有五，其所以行之者三。曰：君臣也，父子也，夫妇也，昆弟也，朋友也。五者，天下之达道。智、仁、勇三者，天下之达德也。所以行之者一也。或生而知之，或学而知之，或困而知之，及其知之，一也。或安而行之，或利而行之，或勉强而行之，及其成功，一也。”这就是说，天下通行的大道有五种，而实行这些大道应具备的品德有三个方面。

君臣之道、父子之道、夫妇之道、兄弟之道、朋友之道，这五种是天下通行的大道。智慧、仁爱、勇敢，这三个方面是天下共行的美德，而实现这些大道与美德的方法只有一种，那就是诚实专一。有人生来就知道这些道理，有人通过学习才知道，有人经过困惑、探索才知道。等到知道这些道理，他们又是一样的了。有人安心地去实践这些道理，有人唯利地去实践，有人勉强地去实践。等到他们实践成功的时候，他们又是一样的了。

从孔子的回答，我们看到这样一个逻辑思路：

为政在于得人——取人以身——仁义——礼（政之本）——君子修身——思修身——事亲——知人——知天——五达道——三达德——诚（专一）

通过孔子回答鲁哀公问政，我们看出，孔子提出一个“为政在于得人”的核心观点，强调人才在政治中的主导作用和价值。正如孔子所说：“人能弘道，非道弘人。”（《论语·卫灵公》）卫灵公虽然治国无道，但没有败亡，其主要原因就是会用人，能用贤能之人。孔子说："仲叔圉治宾客，祝鮀治宗庙，王孙贾治军旅。夫如是，奚其丧？"（《论语·宪问》）孔子认为卫灵公任用仲叔圉处理外交事务、接待宾客，祝鮀管理宗庙和祭祀，王孙贾掌管军事，有了这三位贤人辅佐，是不会败亡的。

那么，怎样才能得到贤人呢？关键在于加强自身的修养，而自身修养的关键在于树立仁爱之心。仁，就是人与人之间相互亲爱，以爱自己的亲人最为重要；义，就是人与人之间的关系处理得当，以尊重贤人最为重要。爱人有等差，尊贤有差别，就有了亲亲、尊尊的不同，于是，礼也就在这亲亲、尊尊的等差之中产生了。换句话说，一个人关于礼的观念和意识就产生了，那么，他对社会伦理原则和行为规范有了初步认知，乃至可以做到自觉遵守。

因为礼是政治之本，只有让人们知礼、懂礼、遵礼、守礼，社会才会和谐有序，国家才会安定团结。否则，社会就会出现无礼、非礼、僭礼的混乱现象，国家之间就会出现倚强凌弱、以大欺小的兼并战争，从而造成整个社会动荡不安、战争连绵不断。所以，君子应该加强自身的道德修养。那么，修身是对每一位君子即为政者的最基本的要求。可见，在孔子看来，为政者的修身是政治的根本和关键。

（二）诚实（专一）：修身的途径与境界

孔子说："不知命，无以为君子。"（《论语·尧曰》）在这里，孔子所说的天命即天道，就是人们与生俱来的、处于社会中的各种人际关系，即君臣、父子、夫妇、兄弟、朋友这五种人伦关系。每个人从呱呱坠地开始，就已开始处在这五种关系之中了，在将来的人生道路上无时无刻必须面对，并且应该尽到所处位置的职责、履行相应的义务，按孔子说的就是该做到"君君，臣臣，父父，子子"。孔子将这五个方面的关系称为"五达道"，但要实行这五个方面的大道应具备智、仁、勇三个方面的品德，即智慧、仁爱、勇敢，这三个方面是天下共行的美德，而实行这些达道和达德的方法只有一种，那就是诚实专一。无论是通过什么方式知道这些道理或者实践成功，都需要诚实专一。

鲁哀公听到孔子的一番回答，或许也明白了其中的一些道理，或许明白了孔子的一些用意，于是说"子之言，美矣至矣！寡人实固，不足以成之也"。鲁哀公说："您讲得真好啊！美到极致了！我的确是固陋不能做到这些。"鲁哀公虽然觉得孔子说得很对、很好，但是故作谦虚地表示自己没有能力水平做到这些。实际上，他是有些胆怯，觉得自己做不到。于是，孔子解释说："好学近乎智，力行近乎仁，知耻近乎勇。知斯三者，则知所以修身；知所以修身，则知所以治人；知所以治人，则能成天下国家矣。"也就是说，喜欢学习的人近于有智慧，努力实现美德的人近于仁爱，懂得耻辱的人近于勇敢。明白这三点，就明白怎样加强自身的品德修养；明白怎样加强自身的道德修养，就明白怎样管理别人；明白怎样管理别人，就能够完成天下国家的大事了。孔子让鲁哀公从基本的学习、向善、知耻开始，不断加强自身修养，进而明白怎样管理别人，乃至管理国家。这不但通俗易懂，而且简便易行。哀公听到孔子进一步的解释，似乎明白了孔子的意思，也增强了信心。

因而，鲁哀公进一步追问孔子说：“政其尽此而已乎？”孔子曰：“凡为天下国家有九经，曰：修身也，尊贤也，亲亲也，敬大臣也，体群臣也，子庶民也，来百工也，柔远人也，怀诸侯也。夫修身则道立，尊贤则不惑，亲亲则诸父、兄弟不怨，敬大臣则不眩，体群臣则士之报礼重，子庶民则百姓劝，来百工则财用足，柔远人则四方归之，怀诸侯则天下畏之。”孔子回答说：“治理天下国家大致有九条常规，即：修养自身，尊敬贤人，亲爱亲人，敬重大臣，体恤群臣，把老百姓当作自己的儿子一样看待，召集各种工匠，怀柔边远地区的人民，安抚四方诸侯。修养自身，就能树立好的为人之道；尊敬贤人，就不会迷惑；亲爱亲人，就不会招致伯叔、兄弟的怨恨；敬重大臣，就不会迷乱，体恤群臣，就会使士人的回报之礼加重；爱民如子，就会使百姓更加勤勉；召集各种工匠，就会使国家财物器用充足；怀柔边远地区的人民，就会使四方百姓都来归附；安抚四方诸侯，天下人都会感到敬畏。”对于哀公追问，孔子从九个方面给予回答。但这九个方面都是围绕人这一政治的根本问题来说的，但核心是修身。

修身——尊贤——亲亲——敬大臣——体群臣——子庶民——来百工——柔远人——怀诸侯

听到孔子说的九个方面，鲁哀公似乎有些发懵。于是问孔子道：“怎样才能做到这些事情呢？”孔子曰：“齐洁盛服，非礼不动，所以修身也；去谗远色，贱财而贵德，所以尊贤也；爵其能，重其禄，同其好恶，所以笃亲亲也；官盛任使，所以敬大臣也；忠信重禄，所以劝士也；时使薄敛，所以子百姓也；日省月考，既廪称事，所以来百工也；送往迎来，嘉善而矜不能，所以绥远人也；继绝世，举废邦，治乱持危，朝聘以时，厚往而薄来，所以怀诸侯也。治天下国家有九经，其所以行之者一也。”翻译成现代的话就是，坚持斋戒，仪表整洁，不符合礼仪的事情坚决不干，这是修养自身最好的办法；摒弃谗言，远离美色，轻视钱财，重视德行，这是尊崇贤人最好的办法；对有能力的亲人，加官晋爵，赐予他们厚重的俸禄，与他们的好恶保持一致，这是对待亲人最好的办法；多为大臣设置属官，足以供他们指使，这是敬重大臣最好的办法；

给忠信的人授予高官厚禄，这是劝勉士人最好的办法；对适时役使百姓，减轻赋税，这是爱民众如子女最好的表现；对工匠日日月月进行省视和考察，使发放的粮米俸禄与他们的工作成绩相符合，这是招徕各种工匠最好的办法；对远方来客热情迎送，嘉奖善行，同情弱者，这是安抚边远地区百姓最好的做法；延续已经绝祀的世家，复兴已经被废灭的邦国，平定叛乱，扶持危局，让各地诸侯按时朝聘，赐予的礼品多，而收回的礼品少，这是安抚各地诸侯最好的办法。治理国家有九条常规，而推行的办法只能是真诚专一。”孔子细致地解释了治理国家的九条常规或原则，并且强调对每一条都要做到诚实专一，只有这样才会取得好的理想效果。

那么，怎样才能做到真诚专一呢？孔子说：“凡事豫则立，不豫则废，言前定则不跲，事前定则不困，行前定则不疚，道前定则不穷。在下位不获于上，民弗可得而治矣。获于上有道，不信于友，不获于上矣；信于友有道，不顺于亲，不信于友矣；顺于亲有道，反诸身不诚，不顺于亲矣；诚身有道，不明于善，不诚于身矣。诚者，天之至道也；诚之者，人之道也。夫诚，弗勉而中，不思而得，从容中道，圣人之所以体定也；诚之者，择善而固执之者也。”也就是说，无论什么事情，事先有所准备就会成功，不然就会失败；讲话以前做好准备则讲话流畅，做事以前先准备好就不会觉得困难，行动以前准备好就不会内疚，做事原则提前准备好就不会有行不通的地方。身处下位得不到上司的信任，就不可能治理好百姓。获取上司的信任有一定的方法，不取信于朋友，就不能获取上司的信任；取信于朋友有一定的方法，不孝顺父母，就不能取信于朋友；孝顺父母有一定的方法，如果不是自己内心真诚，就不能孝顺父母；使自己内心真诚有一定的方法，如果不能彰显善性，就不能使自己内心真诚。真诚，是上天的最高准则；按照诚的要求去做而实现诚，是为人处世的准则。只要内心真诚，不必勉强就能行为合理，不用思索就能领悟体会，一切从容自然合乎法则，这是圣人之所以心性平静的原因；要做到诚，就要选择善道而坚持不懈。这在孔子看来，无论做任何事情都需要有前期准备、前期基础，否则，不会成功。但是，关键还是人，即诚之者。因为“诚”是天之道，即天道的本质是诚，只有人才能感悟和体验天道，并能实践天道。那么，只有人选择善并且坚持不懈，才可向天道无限靠近，甚至像圣人一样按天道行事、达到不逾矩的境界。在这里，孔子同样有一个思想逻辑：

凡事豫则立——治民——获于上——信友——顺亲——诚身——明善——择善——固执

（三）孝悌：为政的逻辑起点

孔子说到这里，鲁哀公曰：“子之教寡人备矣。敢问行之所始。”鲁哀公说：“您对我的教导已经很完备了。请问要做到这些应该从哪里开始做起？”孔子曰：“立爱自亲始，教民睦也；立敬自长始，教民顺也。教之慈睦，而民贵有亲；教以敬，而民贵用命。民既孝于亲，又顺以听命，措诸天下，无所不可。”孔子回答说：“树立仁爱的观念要从亲爱自己的亲人开始，这是为了教导百姓和睦；树立敬爱的观念从尊敬自己的兄长开始，这是为了教导百姓顺从。教导他们慈爱和睦，百姓就会注重孝养亲人；教导他们尊敬别人，百姓就会乐于听从命令。百姓既然能够孝养亲人，又能乐于听从命令，把这种教化方法扩大开来治理天下，就不会有什么办不到的事情。”公曰：“寡人既得闻此言也，惧不能果行而获罪咎。”鲁哀公说：“我既然已经听说这些教导了，现在担心的是不能把您说这一切好的意见和想法很好落实，从而招致罪过和埋怨。”

鲁哀公虽然感觉孔子教导他的已经很完备了，但是还不知道从哪里做起，孔子让他从孝悌开始。因为教人“亲亲”即孝敬父母，可以让人们树立仁爱的观念，有利于教导百姓之间和睦相处；教人“敬长”即尊敬兄长，可以让人们树立尊敬的观念，有利于教导百姓顺从领导。百姓孝养亲人，就会和睦相处；百姓尊敬他人，就乐于听从命令。如果把这种教化方式推广于天下，就不会有什么办不到的事情，治理国家也就会水到渠成。由此来看，孔子告诉哀公这样一个为政的逻辑：

君子（起点）{ 孝——亲亲——仁爱——推广——和睦——有亲
悌——尊尊——敬重——推广——用命——听命 } 施于天下（终点）

从整体上看，孔子对哀公的教诲可谓细致入微、深入浅出。鲁哀公应该是领会了孔子关于如何治理好一个国家的基本思想和观点，并且孔子对他指出了从孝悌开始做起。但是，对于鲁哀公来说，他还担心不能把这些好的意见和想法很好地落实，从而招致埋怨。如果我们看一下鲁哀公在鲁国的处境，或许就会理解他的担忧，因为他顾及三桓的势力，害怕不能按照孔子说的去做。

综观鲁哀公的问政，孔子主要针对鲁国的现实政治问题予以回答。解决方案的核心虽然“在于得人”，即选用贤人为政，但是关键落在了修身上，指出统治者尤其鲁哀公首先要注重修身。对于修身，不仅要知天（五达德）、知人（明辨善恶），而且还应具备智、仁、勇三种美德，特别要做到择善固执、诚实专一。修身就是“克己复礼”，提升自己的道德素养，以便在政治实践中散发出仁爱的思想光芒，做到尊贤、亲亲、敬大臣、体群臣、子庶民、来百工、柔远人、怀诸侯，以便取信于人，进而达到“近者说，远者来”的理想效果。但是，最为基础和关键的是要从孝悌开始，并把这种孝悌之道推广于整个社会，从而取得“众星共之”的理想治理效果。很显然，这既是孔子对其“为政以德”思想的系统阐释，也是对其德政思想实施方法和步骤的具体说明。应该说，这不仅是孔子、儒家德政思想的充分表达和集中展现，而且是研究孔子政治思想的第一手资料、最有价值的文献。

《孔子家语·三恕》与孔子恕道思想

孔 丽

"恕"虽然在《论语》中仅出现两次，但作为孔子"一以贯之"之道、"终身行之"之言，具有极为丰富的内涵，是孔子思想的重要内容。恕在《孔子家语》中也有提及，其《三恕》篇首段就讲述了孔子恕道的观点与具体做法，并以"恕"命名全篇，可见"恕"的重要地位。通过阅读此篇，可以帮助人们更好地认识孔子的"恕道"思想。

一、端身：恕道之本

恕道内涵丰富，但并不深奥，而是渗透在日常生活中。孔子认为，在这三种情况下尤其要做到恕，即"有君不能事，有臣而求其使，非恕也；有亲不能孝，有子而求其报，非恕也；有兄不能敬，有弟而求其顺，非恕也"①。也就是说，作为臣下，不能侍奉国君，却要役使自己的臣下，不是恕；对父母不能孝敬，却要自己的子女报恩，不是恕；对兄长不能尊敬，却要求弟弟来顺从自己，也不是恕。在这里，孔子并没有直接说明"三恕"的内涵是什么，而是从反面来说，点明三种情况下"非恕"。三者归结为一点就是：自己没有做到该做的事情，却要求他人尽到责任，非恕。

非恕如此，那么"恕"是什么？"恕"就是自己做不到的事、不想做的事，不要强加于他人，要求他人去做。可以说，恕道的根本是把自己作为出发点和要求的对象，反求诸己，先从自身做起，而不是强求他人去做。士人能够明了"三恕"的根本，才能做到端正自身。也就是说，恕是修身的重要内容。

---

① 杨朝明、宋立林主编：《孔子家语通解》，齐鲁书社2013年版，第96页。

恕表现在生活的诸多方面，为什么要提及君臣、父子、兄弟这三种关系？这在于在古代这三种基本的人际关系是人们工作、生活要面对的主要关系，是应重点处理好的关系。要做到恕，就要从日常生活中的这些重要关系做起，从一件件小事做起，从时时刻刻做起。恕的根本就是在工作生活中自己做不到的事情，不要强求他人做到。所以，“恕”是以自身为出发点，首先要求端身，修正自身，要求自己做到、做好，对他人则采取宽容的态度。

这与《论语·卫灵公》中所言的“恕”有异曲同工之妙。子贡问孔子：“有一言而可以终身行之者乎？”孔子回答：“其恕乎？己所不欲，勿施于人。”孔子认为，恕是人终身要奉行的规则，并给恕一明确的定义：己所不欲，勿施于人。通俗地讲，自己不愿意的，不要强加于别人。“己所不欲，勿施于人”的根本之处是“己”，是自己先去做到，严于律己，而对他人“勿施”，采取宽容的态度，宽以待人。“己所不欲，勿施于人”作为恕的基本内涵，是对三恕之本更为简明准确的表达，“三恕”是“己所不欲，勿施于人”的具体展现。恕道作为“终身行之”之要，是修身的基本要求，也是人们为人处世的基本规范，自然也就成为儒家思想的重要内容之一。

二、推己及人：恕道路径

恕道在端身，又不仅仅在端身，还要由“己所不欲”推到“勿施于人”的行为之中，即推己及人。要做到这些并不容易，需要具有“智”与“仁”。成为“智者”和“仁者”才能真正掌握恕道。关于“智者”和“仁者”，在《三恕》篇中有系统的讲述。

> 子路见于孔子。孔子曰：“智者若何？仁者若何？”子路对曰：“智者使人知己，仁者使人爱己。”子曰：“可谓士矣。”
>
> 子路出，子贡入。问亦如之。子贡对曰：“智者知人，仁者爱人。”子曰：“可谓士矣。”
>
> 子贡出，颜回入。问亦如之。对曰：“智者自知，仁者自爱。”子曰：“可谓士君子矣。”①

对孔子“智者若何，仁者若何”的问题，子路、子贡、颜回分别代表了三种观点，

① 杨朝明、宋立林主编：《孔子家语通解》，第103页。

都受到了孔子的肯定。然而，孔子对这三种观点并非等量齐观，他对子路、子贡给予了“士”的评价，而对颜回则给予“士君子”这一更高的评价。

《论语·颜渊》中记樊迟问知与仁，孔子的回答是“知人”与“爱人”。子贡在此也如此回答，为何孔子却对颜回的回答更满意呢？颜回所答“智者自知，仁者自爱”与子贡所答“智者知人，仁者爱人”，人们往往重视其异，而忽略其同。知人、爱人中的人，是类的概念，知人、爱人的对象包括你、他，也包括我。这样看来，颜回倡导“智者自知，仁者自爱”，并不违背“智者知人，仁者爱人”的主旨。

在颜回看来，“知人”涵盖“自知”、“爱人”涵盖“自爱”，“自知”不违“知人”、“自爱”不违“爱人”，而且“自知”先于“知人”、“自爱”先于“爱人”。为什么这样说？这是因为颜回深刻领悟了孔子倡导的推己及人的伦理原则，深知个体在人己关系中的重要性。要推己，就先要自知、自爱，然后才有可能“及人”“爱人”。不自知、不自爱，不知“己所欲”，不可能“及人”，更不可能“勿施于人”。所以说，智者一定要先自知，仁者一定先自爱。然后才能知他人，爱他人。以己之心，忖他人之心，推己及人。①

“智者自知，仁者自爱”并不是颜回独创的观点。1973 年甘肃省金塔县肩水金关遗址出土的汉简《论语》为人们找到了根源。在汉简本《论语》记有这样的语句：“子曰：自爱，仁之至也；自敬，知之至也。”由此可见，孔子已将“自爱”视为仁的最高内涵，将“自敬”视为知的最高内涵，即最高的仁是自爱，最高的知是自敬。知与智在古代通用，知就是智。颜回追随孔子亦步亦趋，具有“闻一知十”的领悟力，具有先闻而后发的能力，也就说颜回这个观点源自孔子，是对孔子思想的延伸。

孔子特别重视“修己”“端身”，要求弟子从“德”和“学”两方面加强“修己”。一个人如果“德之不修，学之不讲”，品行有亏，见识短浅，不能自知自立，怎么可能知人立人！不能知“己所不欲”，不可能“勿施于人”。所以，当孔子说“己所不欲，勿施于人”的时候，隐含着一个不言自明的推己及人的逻辑思路：“修己”，成了预设在先的前提，“修己”缺位则不能“勿施于人”。这就把“己所不欲”的己推向了正确处理人己关系的起点。没有这个起点，一切都无从谈起。

颜回深明此理，他在回答孔子的提问“智者若何，仁者若何”时，何尝不知子贡已经回答了“智者知人，仁者爱人”？他之所以另辟蹊径，独树“智者自知，仁者自爱”的旗帜，是因为智与仁呈现于人己关系，必以“自知”“自爱”为起点。一个人

---

① 孔丽：《仁爱的枢纽：自爱》，《光明日报》2019 年 7 月 13 日。

如果无法自知、自爱，必定也无暇知他人、爱他人；如果自知、自爱的欲望不足、能力有限，必定知他人、爱他人的欲望也不足，能力也有限。不可能做到“己所不欲，勿施于人”。颜回亮出“智者自知，仁者自爱”的观点，目的就在于提醒人们要从自身出发，从本源处做起。

颜回倡导的“智者自知，仁者自爱”，不仅仅在孔门推己及人的逻辑思路上具有优先地位，更重要的是，“自知”“自爱”是孔门知与仁的枢纽，得到了孔子的充分肯定。自爱是仁爱主体“有诸己”的自我充实与提升。通过自知，知“己所不欲”，进而“勿施于人”。可以说，自知、自爱是知人、爱人的重要枢纽，是智慧与爱敬的来源之处，是恕道的根本所在。知人者，他人才乐于知己，“爱人者人恒爱之”，做到恕，才能得到他人的爱与敬。

简而言之，恕道重在“推己及人”，首要一点是要自知、知“己所不欲”，才能推及他人，从而爱人，做到“勿施于人”。“为仁由己”，不“由人”，己才是具有支配性或决定性意义的智慧和仁爱主体。所以说，自知、自爱是推己及人的第一步，是知人、爱人的枢纽，也是“恕道”的起点。“谦谦君子，卑以自牧”。一个“可欲之谓善，有诸己之谓信，充实之谓美”（《孟子·尽心下》）的主体一定是拥有智慧，并能够做到“恕”的人。

三、忠恕：一贯之道

恕与忠相连，相互补充，相互依赖，组成了孔子思想的“一贯之道”，也成为儒家思想的重要范畴。不少学者从不同角度对孔子忠恕之道作了阐发和论证，形成了多种认识和观点，从中可见恕的丰富内涵和深厚底蕴。

在《论语·里仁》篇中，曾子指明孔子的“一以贯之”之道是忠恕之道，将忠与恕相提并论，明确二者共同构成了贯穿孔子思想整个过程的“道”。朱熹《论语集注》注曰：“尽己之谓忠，推己之谓恕。”将“恕”释义为“推己”，由自身推演到其他。刘宝楠对忠恕关系阐述道：“君子忠恕，故能尽己之性；尽己之性，故能尽人之性。非忠则无由恕，非恕亦奚称为忠也?”① 他认为忠与恕紧密相互依存，两者结合才能尽显个人的性，进而彰显人的本性。没有忠就没有恕，没有恕也不能显现忠。对忠恕，有学者提出：“忠指自己处事之准则，‘恕’指对他人之态度，二字便可以构成人内心情感和以什么态度和情感去对待他人的准则，可以奉行终生，可以‘一

① ［清］刘宝楠：《论语正义》，中华书局1990年版，第153页。

以贯之'。"① 这是从我与人的角度来看，认为忠是对自己，恕是对他人，两者结合，贯穿一生。

《中庸》说："忠恕违道不远，施诸己而不愿，亦勿施于人。"忠与恕共同体现道的精神，"施诸己而不愿，亦勿施于人"是忠恕在生活中的表现，与"己所不欲，勿施于人"可谓异曲同工。孔颖达曾对"忠恕违道不远"疏曰："忠者，内尽于心，恕者，外不欺物。"② 认为忠指向内，恕指向外，二者可谓一体两面。这种看法得到了普遍的认可。

《大戴礼记·小辩》篇中记载孔子之言："知忠必知中，知中必知恕，知恕必知外，知外必知德。"忠由心而发，对人、事物怀有中正不偏之心，由中而恕，即由中正之心去体会他人之心，通过恕转向外，使行为中正，最后显现为德。由此可见，四者之间是由忠而恕，由恕而德的发展过程。忠恕最后指向的是"德"，也可谓，忠恕是实现德的实践工夫。

忠恕相连，一内一外，一己一物，相互依存，组成了孔子"一以贯之"之道，使忠与恕都具有更为丰富的内涵和重要的意义。在此基础上，后人不断对忠恕之道加以阐发，形成一些新的观点。如"忠是前提、本源，由忠而恕，忠先恕后，先尽己再推己……恕是目的和归宿，离开了恕，忠也变得无处可归、无法落实"③。在忠与恕的对比阐述中，恕不仅在含义上得到了丰富和发展，而且不断具体化，更易落实于实践之中。

四、恕道：为仁之方

有关恕的内涵，《说文·心部》注解"仁也"。如此解，是源于恕与仁具有密切关联。仁是孔子思想的核心，内涵丰富，弟子多次问仁，孔子常给出不同解答。如仲弓问仁，孔子回答："出门如见大宾，使民如承大祭。己所不欲，勿施于人。"（《论语·颜渊》）由此可见，"己所不欲，勿施于人"既是仁的组成部分，也是实现仁的基本途径，而"仁"则是恕的最终目的和归宿。"仁"是孔子思想的核心，为儒家最高的道德标准，而"恕"则是实现仁道的具体做法。

对《论语·雍也》篇中"能近取譬，可谓仁之方也"，孔安国注曰："方，道也。

---

① 毕宝魁：《〈论语〉"忠""恕"本义考》，《清华大学学报（哲学社会科学版）》2009年第6期。

② ［汉］郑玄注，［唐］孔颖达疏：《礼记正义》，北京大学出版社2000年版，第1672页。

③ 刘书正：《儒家忠恕思想的道德意蕴》，《管子学刊》2015年第4期。

但能近取譬于己，皆恕己所欲而施之于人。”也就是说，恕作为“仁之方”，能够成立正是因为以具有普遍意义的仁为基础。同时，恕作为“仁之方”，作为仁的施行原则和方法，能够把仁落实于生活之中。孟子在孔子恕道思想上，进一步提出“强恕而行，求仁莫近焉”（《孟子·尽心上》），按照恕的要求去做，就特别接近仁了。

恕道作为孔子思想的重要部分，不仅成为人们修身处世的精要、中华思想文化的精髓，而且已经走出国门，走向世界。1641 年，法国出版的《论异教徒的德行》中便将“己所不欲，勿施于人”称为中国道德的精髓。18 世纪的法国思想家伏尔泰将“己所不欲，勿施于人”称为不渝的法则。法国宪法中两次出现“己所不欲，勿施于人”，可见对其肯定和认可。2004 年在新加坡召开的“第一届儒学国际研讨会”上，来自世界各地的专家学者讨论形成了《吉隆坡宣言》，宣称儒家“‘忠恕之道’是促进世界和平、物我相谐的基石”，并且提议“正式启动‘以儒学救世’的机运”。故而，“己所不欲，勿施于人”被称为世界上的道德金律。

由此可见，以“己所不欲，勿施于人”为基本内容的恕道作为中华文化的智慧精华，具有重要的普遍价值和广泛的实践意义。在当代，恕仍然是个人修身养性的重要内容，是中国人奉行的道德行为准则和规范，是建立和谐人际关系的重要法宝。

《孔子家语·五仪解》解读及时代价值

杨富荣

最近几年，有个词非常热，叫“国考”，即指每年举行的国家公务员考试，竞争之激烈，不言而喻。国家公务员考试，各级的公务员、事业编考试，归根结底，是为了通过这样一种方式，来选拔可以治理国家的人才。而如何选人、选用什么样的人来治理国家，是每个时代都面临的问题。在中国古代，对于社会管理人员的选拔，同样是非常重视，《孔子家语·五仪解》篇就是讲在国家治理上如何选人、用人的话题。何谓“五仪”？所谓“五仪”，就是五个标准。本篇所记述的内容，全部都是孔子回答鲁哀公的话，因为首章记述的是孔子论述人分为“庸人、士人、君子、贤人、圣人”五仪，并详细地讲述了五仪的不同标准，故以“五仪”为篇名。以孔子为代表的儒家，积极关注现实政治、社会治理，提倡仁、礼相结合，主张修身与为政的内在统一。本篇关于治国取士和立身处世之道的论述，就是对这一思想的具体阐发，体现了孔子“内圣外王”“修齐治平”的思想理念。

一、治国之才，志向是方向

《五仪解》的开篇直奔主题，鲁哀公想选拔人才来治理鲁国，于是向孔子请教。

哀公问于孔子曰：“寡人欲论鲁国之士，与之为治，敢问如何取之？”

“如何取之”换句话讲，要选拔治理国家的人才，什么样的人是治国之才，也就是选拔人才，以什么为标准。这是鲁哀公想要解决的问题。孔子回答哀公取人之法的发问，反映出孔子的人才观。孔子心目中的人才，有什么样的标准？

孔子对曰："生今之世，志古之道；居今之俗，服古之服。舍此而为非者，不亦鲜乎？"

"生今之世，志古之道；居今之俗，服古之服。"因为这两句话，后世很多人对孔子有偏见，认为他太"迂腐"了，跟不上潮流，太过时了、太守旧，孔子真的过失、守旧吗？

（一）厚古薄今，坚守"明王之道"

"志古之道"特别是"服古之服"，只是表面现象。孔子以此想表达的本质，是他所坚持的"厚古薄今"的治世主张。问题的关键在于厚古之"厚"是哪一方面？

在《孔子家语·王言解》中，孔子讲得非常清楚，"厚古""古之道"，就是"明王之道"，就是内修七教，实现"四海之内无刑民矣。上之亲下也，如手足之于腹心；下之亲上也，如幼子之于慈母矣。上下相亲如此，故令则从，施则行，民怀其德，近者悦服，远者来附，政之致也"。这是孔子的理想，也成为后世儒家的淑世情怀，代代传承，他们有志于"明王之道"的推行。

孔子"薄今"，"薄"的又是什么？孔子生活的春秋末年，诸侯混战，大国欺负小国，小国人人自危，礼坏乐崩，天下无序。在《孔子家语·问礼》篇中，孔子说道："今之君子，好利无厌，淫行不倦，荒怠慢游，固民是尽，以遂其心，以怨其政。忤其众，以伐有道。求得当欲，不以其所；虐杀刑诛，不以其治……"意思是说，现今的当权者，违背族众的意愿，侵伐信守道义的国家。只求个人的欲望得到满足，为此不择手段；实行暴虐的刑罚诛杀，不按照法度办事。这样的社会乱象，是孔子所"薄"的，换句话说，叫"人心不古"。

如何让人心厚实起来？孔子没有讲大道理，他找了一个点，以人们的日常穿衣、生活方式为突破口，他就讲"居今之俗，服古之服"。就像今天很多人因为这句话而误解孔子一样，他的这个回答也让鲁哀公误会了。于是哀公直接问："然则章甫绚履，绅带缙笏者，皆贤人也？"用今天的话来说，看衣服，就知人品了？那些西装革履的人，就一定是品德高尚的人了？

（二）君子谋道不谋食

如果这样认为，就误解孔子的本意了。孔子说："不必然也。丘之所言，非此之谓也。夫端衣玄裳，冕而乘轩者，则志不在于食荤；斩衰菅菲，杖而歠粥者，则志不在于酒肉。”

孔子回答“不必然也”，这样的人心志不在食荤、不在酒肉。换句话说，他们不贪图个人的享受，心里装着的是“大道”与理想。孔子心中的“生今之世，志古之道；居今之俗，服古之服”的人，他们外表看起来很朴实，但是自己的心性非常厚实。他们安守本心，满怀着理想和抱负，坚守人间正道，坚守百姓的利益，心存天下，心念大局。这样的理念，在《论语》中有明确的表述：“君子谋道不谋食。”“士志于道，而耻恶衣恶食者，未足与议也。”孔子不喜欢这样的人。

听到孔子这样说，再回看党的十八大以来，中央所颁布的大力整顿吃喝风的“八项规定”、“六项禁令”和反“四风”一系列的措施，就有很深的意义。有人会以为，不就是吃顿饭嘛，干吗老是抓着吃喝不放？生活情趣决定道德情操。整顿吃喝之风，其实是在整顿心志，在引导为政者要心志不在食荤、不在酒肉。只有这样，为政者才可以真正地将心志放在合适的地方，才有可能潜下心来，向群众了解情况，去深入实践，了解社会现实，真正地为群众、为人民办事，形式主义就会越来越少了。

志之所在，志向是方向，当领导者、为政者明白自己的心志应该在何处，知道为官的责任和使命。方向定了，就可以来谈如何治国、如何寻找治国之才的问题。

二、人之“五仪”，各有表现

如何寻找、发现治国之才，这样的人有什么特征？孔子还没说，于是哀公问：先生说得太好了，有这样志向的人，就可以了吗？

接下来，就到了这一篇的关键点，孔子曰：“人有五仪：有庸人，有士人，有君子，有贤人，有圣人。审此五者，则治道毕矣。”

听到庸人、士人、君子、贤人、圣人，有人或许接着就会想，五仪就是人可以分为五等？将“五仪”简单地理解为五等人，可能有些片面。《说文解字》中这样解释说：“仪，度也。”度，法度，也就是做人做事的衡量标准、准则、依据，所以，一个人由内而外的一种综合表现，可以称之为“仪”。《墨子》对此的解释为：“置此以为法，立此以为仪，将以量度天下之王公大人、卿大夫之仁与不仁，譬之犹分黑白也。”依据仪，人和人之间就有了分别，就像区分黑白一样，当然对人的区别又不是像黑白一样简单。

“五仪”，可以简单地理解为人有五种表现、五种状态，孔子认为，人大概可以分为“五仪”。接下来，孔子就详细介绍了“五仪”的状态。

（一）庸人：心中无定向，身边无榜样，行动无方向。

公曰："敢问何如斯可谓之庸人？"

孔子曰："所谓庸人者，心不存慎终之规，口不吐训格之言，不择贤以托其身，不力行以自定。见小暗大，而不知所务；从物如流，不知其所执，此则庸人也。"

这段话中，出现最多、也是最关键的字是"不"，庸人"不存""不吐""不择贤""不力行""不知所务""不知其所执"。简单地讲，庸人，心里没有敬畏之心，嘴里说话不靠谱，身边没榜样，也交不到真正的好朋友，做事不遵守大道，小心眼太多，好随波逐流，还分不清好坏。

在庸人的心中，没有底线，没有始终如一、谨慎行事的法度和要求，做事情自然就不可能慎终。眼是心灵的窗户，口是心灵的门户，心中没有底线，没有奉为法度的标准，口中又怎么能讲出可以奉为法度的语言呢？所以"口不吐训格之言"。物以类聚，人以群分。庸人自然也不会选择贤人托付其身。没有效法的榜样，心中也就不会有定向。

说到底，庸人是心中无定向，身边无榜样，行动无方向。不知道自己到底应该说什么、做什么。孔子说的这个"庸人像"，在生活中要保持觉知，警醒自己。

庸人最大的问题是无所定，士人这个层面，就能够解决"定"的问题。

（二）士人：心中有规矩，说话有依据，做事有分寸。

公曰："何谓士人？"

"士"泛指我国古代社会中具有一定身份地位的、特定的社会阶层，后来演变为对知识分子的泛称。在上古时期，士是掌管刑狱的官。到了商、西周、春秋时期，士为贵族阶层，多为卿大夫的家臣。到了春秋末年，士逐渐成为统治阶级中知识分子的统称。

孔子生活的春秋末期，当时各诸侯国之间征战不休。有些卿大夫为了扩大影响，巩固自己的地位，会招徕一些士来为其出谋划策或壮大声势，于是很多士便投靠到他们那里。还有部分士为解决经济上的困难为人办丧事，当赞礼；也有从事私人讲学，传授文化知识的，孔子就是杰出的代表。从此中国历史上出现了一批专门从事文化活动的士。他们游学各国，思想活跃，为中国古代学术领域百家争鸣局面的出现，为促进文化科学的发展做出了很大贡献。

简单地讲，士是中国古代社会贵族中的最底层，也是最高级的百姓。孔子详细说明了士的特质。

> 孔子曰："所谓士人者，心有所定，计有所守。虽不能尽道术之本，必有率也；虽不能备百善之美，必有处也。是故知不务多，必审其所知；言不务多，必审其所谓；行不务多，必审其所由。智既知之，言既道之，行既由之，则若性命之形骸之不可易也。富贵不足以益，贫贱不足以损。此则士人也。"

和庸人的"不"相比，士的"必"字非常多，"必有率""必有处""必审其所知""必审其所谓""必审其所由"，所以，对于士这个阶层而言，关键字在于"心有所定，计有所守"，在于"智既知之，言既道之，行既由之，则若性命之形骸之不可易也"。

士，内在心中有志向，有可实行的规划、计划，外在行动中，还能坚守住底线。这样的人有想法，有办法，不仅想干事，还会干事，还能干成事。

士，对于心中的执守，对于大道、正道的执着，会发挥自己的聪明才智主动去学习，会以自己的言语来传播正道，还会以自己的行动来证明正道的存在。这是一个有着强烈使命感、责任感的人，他们愿意以自己的才华，为天下百姓效力，在孔子的心中，这是当权者可以信任的治世之才。

用今天的话来总结一下，士的特点是：心中有规矩，说话有依据，做事有分寸。这样的人，做到了三到：知道，说到，做到。

接着，孔子又讲到了"君子"之仪。一名君子应具备怎样的品质、特质。

（三）君子：坚守正道，严于律己，宽以待人

> 公曰："何谓君子？"
>
> 孔子曰："所谓君子者，言必忠信而心不怨，仁义在身而色无伐，思虑通明而辞不专。笃行信道，自强不息，油然若将可越而终不可及者。此则君子也。"

这里孔子所讲的"君子"，已经不单指出身高贵的人，更是一位品德高尚的人。在

孔子眼中，忠信是君子对自己品格的要求，所以并不因自己能够做到而别人做不到，或者没有预期的回报而心生抱怨。也就是说，君子高标准地要求自己，不对他人有过多的期待，只是做好自己，不求回报，不指责，不评判。

仁义是君子的行为准则，认为自己做到仁义是自然而然的事情，不会因此而夸耀自己。君子笃行信道、自强不息，做人做事，不需要外力的刺激、奖赏，自己就有动力，虽然内在很有力量，但外在看起来却是态度舒缓，自然而然。这也就是今天常被提到的一句话：一直被模仿，从未被超越。

忠信是君子的底气。忠信使君子所说所做都守在道上，即便被误解、被无端地伤害了，也会坚信大道，坚守正道。就像《论语》开篇中，孔子对自己的人生坚守："学而时习之，不亦说乎？有朋自远方来，不亦乐乎？人不知而不愠，不亦君子乎？"即使被误解，也不生气，不抱怨，这不就是君子吗？

思虑通明是君子的格局。思虑通明体现出一份智慧，一份格局，一份穿透现象直达本质的豁达与高贵。所谓谦谦君子，是君子对自己的生命有着高度的觉知，有一颗谦卑之心，在通明中感知到自己的不足，没有自以为是的傲慢。

君子坚守正道，严于律己，宽以待人，能包容，很慈悲。君子再进一步，就是"贤人"。

（四）贤人：利人利己，和谐统一，世间楷模

> 公曰："何谓贤人？"
>
> 孔子曰："所谓贤人者，德不逾闲，行中规绳，言足以法于天下而不伤于身，道足以化于百姓而不伤于本。富则天下无宛财，施则天下不病贫。此则贤者也。"

贤人具有这样几个特质：法度、规矩、原则。贤人做事，可以做到"事之宜"，就是事情应该怎么办就怎么办，而且在做的过程中，照顾到事情所有相关方的感受，不伤害任何一方。贤人做事，就已经靠近或者是"中庸"的境界了，他们中正平和，坚守正道，他们奉行法度、规矩、原则，既不伤到他人也不伤物，既不伤自身也不伤本性，是一种人与自然、个人与整体、本性与天性浑然一体的状态。贤人的境界，就像"水"一样：水利万物而不争。贤人滋养一切的人、事物，同时又滋养到自己，他们做事，利人利己，爱自己，爱他人，爱百姓，是世间之人学习的楷模。

（五）圣人：与天地同辉，润物细无声

圣人是君子所敬畏的人，圣人有什么特质？

> 公曰："何谓圣人？"
>
> 孔子曰："所谓圣者，德合于天地，变通无方，穷万事之终始，协庶品之自然，敷其大道而遂成情性。明并日月，化行若神。下民不知其德，睹者不识其邻。此谓圣人也。"

如果说贤人是世间的楷模，我们还能看到这样一个人，还能给贤人画一个样子，像水一样，能看到、摸到、听到，那么，圣人就是"东风无一事，妆出万重花"的春风，是"阳春布德泽，万物生光辉"的春光，是"天街小雨润如酥，草色遥看近却无"的春景。圣人就像阳光、空气一样，看似没有存在，又无处不在，看似非常平凡，"民不知其德，睹者不识其邻"，芸芸众生不知道他的德行，他们就像我们的邻居一样，普通而真实地环绕在我们身边。

孔子所说的"圣人"的境界，他们与天地合德，统物而又通变，无圆，无方，无可，无不可。

在圣人那里，"万物并育而不相害，道并行而不相悖"。

在圣人那里，"天之道，利而不害，圣人之道，为而不争"。

圣人，成就了每一个可以成就的生命，可是又好像是什么也没做一样。

所以圣人与日月同辉，光耀照人，化行若神，无影无踪。好比"天地有大美而不言"，圣人最大的德是无为而无不为。

庸人、士人、君子、贤人、圣人，孔子完整地表述了人的"五仪"，每个人都可以对照自己，每个人也有了努力的方向。"五仪"不仅是芸芸众生中存在的五种状态，同时还存在于每个人的心里，每个人都有自己擅长的和不擅长的，每个人的内心都住着圣人、贤人、君子、士人、庸人。我们可以通过后天不断的学习，"自天子以至于庶人，壹是皆以修身为本"，保持生命的觉知，不断地修身、修心。人人都可以为君子，可以为贤人，可以做圣人，正像佛教认为"人人都可以成佛"，孟子认为"人皆可以为尧舜"，荀子认为"涂之人可以为禹"一样。

三、居安思危，济古维来

鲁哀公知道了“五仪”之分，接着就提出了一个很关键的问题，如何来行“五仪”之教？因为他请教孔子，还是想要把国家治理好。哀公说道：

公曰：“善哉！非子之贤，则寡人不得闻此言也。虽然，寡人生于深宫之内，长于妇人之手，未尝知哀，未尝知忧，未尝知劳，未尝知惧，未尝知危，恐不足以行五仪之教，若何？”

鲁哀公这段话，好比今天的孩子说，我生活在蜜罐里，没有经历过艰苦和贫乏，怎么能体会到穷苦人的不容易。

孔子很会鼓励人，他说：

如君之言，已知之矣。则丘亦无所闻焉。

孔子这句话可以给我们一个思考，现在很多人不会提问题，发现不了问题。然而，发现不了问题，不等于没问题。孔子的意思是说，当一个人开始思考自己的不足之处，知道自己不知道什么时，那么离问题的答案、离进步就非常近了。

（一）循循善诱，济古维来

哀公还是非常谦虚地说，您还是告诉我吧。

公曰：“非吾子，寡人无以启其心。吾子言也。”

如何思哀？

孔子曰：“君入庙，如右，登自阼阶，仰视榱桷，俯察几筵，其器皆存，而不睹其人。君以此思哀，则哀可知矣。”

孔子说：“君子进入宗庙，向东走，从东阶而上，抬头看屋顶的椽子，低头看陈设的几案和席子，那些器物都还在，却看不到故去的先祖了。国君从这里想到悲哀，就可以知道什么是悲哀了。”

如何思忧？

> 昧爽夙兴，正其衣冠，平旦视朝，虑其危难，一物失理，乱亡之端。君以此思忧，则忧可知矣。

初晓十分就早起，端衣正冠，天刚亮就临朝听政，思虑治国的危难，一件事情处理不当，就会成为国家动乱以至灭亡的端绪。国君从这里忧虑，也就可以知道什么是忧虑了。

如何思劳？

> 日出听政，至于中冥，诸侯子孙，往来为宾，行礼揖让，慎其威仪。君以此思劳，则劳亦可知矣。

日出就处理政事，直到太阳西斜，从别国逃亡奔鲁的诸侯子孙做您的宾客，行礼揖让，各种仪节都很谨慎。国君从这里想到劳苦，也就知道什么是劳苦了。

如何思惧？

> 缅然长思，出于四门，周章远望，睹亡国之墟，必将有数焉。君以此思惧，则惧可知矣。

怀着忧闷长思的心情走出城门，彷徨四顾，极目远望，所看到的王国故墟一定会有很多。国君从这里去体会恐惧，就会知道什么是恐惧了。

如何思危？

> 夫君者，舟也；庶人者，水也。水所以载舟，亦所以覆舟。君以此思危，则危可知矣。

国君是舟，百姓是水，水可以载舟，也可以使舟覆没。国君从这里思考危险，就知道什么是危险了。

孔子非常会讲故事，说道理，以鲁哀公一天的工作流程来解释，就把哀、忧、劳、惧、危给讲清楚了，还讲得通俗易懂，形象生动，贴近鲁哀公的生活，此处也足以见得孔子因材施教的高明之处了。

孔子这段话的核心是在告诫鲁哀公，事业需要代代的传承，《中庸》中说："夫孝者，善继人之志，善述人之事者也。"为了这份先人传续下来的事业，要知哀、知忧、知劳、知惧、知危。知就是智，智就是知，知道人世间的酸甜苦辣，了解人心和人性之所需，是为政的智慧，更是人生的智慧。

孔子研究院有个牌坊，叫济古维来，这是什么意思？济古，从历史中汲取智慧，维来，来指导当下的生活。学习历史是为了过好当下和未来的生活。杨朝明先生对此有着清晰的表达，他说，历史只有一个指向，就是指向现在和未来。学史使人明智，一个智慧的人可以从历史中寻找到经验，让自己的人生少走弯路，用西方的观点来讲，就是站在巨人的肩膀上。孔子就告诉哀公，可以从历史中汲取经验教训，施行"五仪之教"。

（二）历历在目，且行且珍惜

思哀，就是知哀。人不在了，东西还在。说明责任还在，革命尚未成功，同志仍需努力。

思忧，就是知忧。很早就要起来处理朝政，事关百姓的衣食住行，国家安危，不能有丝毫的马虎，稍微处理不慎，就可能成为国家危乱的导火线，真的是让人忧虑。

思劳，就是知劳。一早起来直到中午，太阳都偏西了，都没有停歇地处理本国的事务，其他国家的使节、伴着逃亡的诸侯子孙，行礼揖让，非常谨慎，内外都需要操心，真是非常劳苦。

思惧，就是知惧。暂时结束一天的忙碌，走出城门，看到亡国之墟，好比后来《红楼梦》中所写的"陋室空堂，当年笏满床；衰草枯杨，曾为歌舞场"。睹物思人，自己该如何避免这样的境况？以此来警醒自己，就知道什么叫恐惧。

思危，就是知危，防危了。君主是舟，百姓是水，怎么能不对百姓好。以此来反思自己制定的政策，是否能让百姓满意，有这样的危机意识，就知道什么是危，如何化解危了。

君既明此五者，又少留意于五仪之事，则于政治何有失矣！

君主明此五者，再稍微留意于五仪之事，知道自己该如何做，再能够选择贤达的人，政治上还会有什么过失呢。

（三）人才和人品

哀公问于孔子曰："请问取人之法。"

哀公又向孔子请教选取人才的原则。

孔子对曰："事任于官，无取捷捷，无取钳钳，无取啍啍。捷捷，贪也；钳钳，乱也；啍啍，诞也。故弓调而后求劲焉，马服而后求良焉，士必悫而后求智能者焉。不悫而多能，譬之豺狼不可迩。"

孔子认为，"事任于官"是非常重要的，用今天的话讲，发挥每个人的长处，知人善任，因材善用，让专业的人做专业的事。

孔子还提到几种情况的人是不能用的：

捷捷，花言巧语的人。那些能说会道、花言巧语的人，很少是有仁德的人，他们之所以这么会说，多半是想得到更多的认可、更多的利益。

钳钳，妄言乱语、胡说八道、捕风捉影的人。这样的人不踏实，容易混淆是非，换句话说，不靠谱。

啍啍，多言多语的人。俗话说，嘴上得有把门的。这样的人做事多不着边际，不据事实，容易欺诈寡信。

孔子总结说：

故弓调而后求劲焉，马服而后求良焉，士必悫而后求智能者焉。不悫而多能，譬之豺狼不可迩。

此段话非常明确地显示了儒家所强调的"成才"还是"成人"的问题。早期儒家认为，成人比成才更重要。当一个人的人品不行时，越有能力，越可怕。在我们身边，有很多这样的例子，有的人很有才华，很聪明，反而对社会造成了更大的危害。

四、王道行天下

解决了识人、选人的问题，鲁哀公回到了自己作为一个国君的野心和报复，他关心鲁国的发展，他的目标是国家“小而能守，大则攻”，要实现这样的理想，要采取什么样的治国之策。哀公问于孔子曰：“寡人欲吾国小而能守，大则攻，其道如何？”这句话其实不用解释，都能听得懂。弱的时候能防守，强大些的时候能攻打人家。

（一）爱民，养民，国安矣

> 孔子对曰：“使君朝廷有礼，上下相亲，天下百姓皆君之民，将谁攻之？苟违此道，民畔如归，皆君之仇也，将与谁守？”

简单地说，惠百姓，则天下自然归服。惠百姓，表现在“朝廷有礼，上下相亲”，也包括“废山泽之禁，弛关市之税”，山川河流都是百姓家的花园，可以自由出入；减税、减赋，物质生活有保障，也就是说，让百姓心情愉悦，物质富足，自然会四方归服，这样的国家，无防而防，无攻可攻。

听了孔子的话，鲁哀公曰：“善哉！”于是废山泽之禁，弛关市之税，以惠百姓。

这里孔子的回答，还是要行德政、仁政，孔子所引导哀公的方向，是他所坚守和向往的“王道”政治。对于这一点，孟子完全继承了孔子的这一思想，并有着更详细的阐述，梁惠王也在问孟子，如何实现他的野心，看来春秋战国时代的国君，都在思考这个问题，小了，怕被人打；自己大了，就想打人家。

（二）防微杜渐，知远之近

王天下的理想，是要实现“愿天下之安宁，以活民命”，孔子最关心的是百姓是否能够安然地活着，有争斗、有战争，就会带来“生灵涂炭”。在此指导思想之下，即便是人与人之间需要“相搏”的游戏，孔子认为君子是不会参与的。

> 哀公问于孔子曰：“吾闻君子不博，有之乎？”孔子曰：“有之。”公曰：“何为？”对曰：“为其有二乘。”公曰：“有二乘，则何为不博？”子曰：“为其兼行恶道也。”哀公惧焉。

有人会想，下棋有很多的好处，可以锻炼人的思考力、全局力，失败了还会锻炼人的受挫折能力，多好，可是君子为什么不做？

孔子坚持君子“不博”，是因为这是两个人互相争胜的游戏，游戏不为过，争胜也不为过，关键是在这个过程中，为了取得胜利，可能就会有人想办法。使用不正当的手段，或许就会有两个人互相侵犯、凌辱的事发生，而这就与圣人“仁者爱人”的价值观相背离了。孔子不参与这样的游戏。

君子不博，还有更深一层的思虑和担忧，就是搏斗对民风民俗的影响。在孔子的思维体系中，孔子十分重视风俗的养成。

《论语·八佾》开篇，孔子谓季氏，“八佾舞于庭，是可忍也，孰不可忍也?”温、良、恭、俭、让的孔子大发脾气，且忍无可忍。不就是祭祀用个乐舞吗，为什么发脾气，是在意那些形式吗？不，孔子在意的是人心。人心不能乱，如果人心乱了，其他的乱就不可想象了。孔子在意的是民风和民俗，民风和民俗是由人心组成的，有什么样的人心就有什么样的民风和民俗。

激发百姓的争斗意识，对于培育和谐的民风、厚实的心性是不利的。要引导人心向善，要把不好的事情，防患于未然，这也是《中庸》上讲的“知远之近，知风之自，知微之显”，好比我们经常对人说的“勿以善小而不为，勿以恶小而为之”。

所以下面哀公补充道：“君之恶恶道至甚也。”君子对邪路是深恶痛绝、嫉恶如仇的。

孔子又进一步解释为什么要这样做：

孔子曰：“君子之恶恶道不甚，则好善道亦不甚，好善道不甚，则百姓之亲上亦不甚。《诗》云：‘未见君子，忧心惙惙。亦既见止，亦既觏止，我心则悦。’《诗》之好善道甚也如此。”

孔子举了《诗经》中的例子，对善的向往，对君子的一片深情，见不到君子“忧心惙惙”，惙惙，心慌气短的样子，心没有着落的样子；见到之后呢，“我心则悦”。百姓和君上要是有这样一种美妙的情感，那真是太美好了，王道理想不就实现了吗？

公曰：“美哉！夫君子成人之善，不成人之恶。微吾子言焉，吾弗之闻也。”

（三）祸兮福之所倚，福兮祸之所伏

解决了疑惑的识人、选人的问题，哀公又想起了其他的担忧，就是天命的问题，这是夏商周直到秦汉时期统治者都非常关注的问题，哀公说出自己的疑惑：

哀公问于孔子曰：“夫国家之存亡祸福，信有天命，非唯人也。”孔子对曰：

“存亡祸福皆己而已，天灾地妖不能加也。”

公曰：“善！吾子之言，岂有其事乎？”

你这样说，难道有实施根据吗？也就是说，鲁哀公还是有点不相信，于是孔子给他举了两个例子。

孔子曰：“昔者殷王帝辛之世，有雀生大鸟于城隅焉，占之，曰：‘凡以小生大，则国家必王而名必昌。’于是帝辛介雀之德，不修国政，亢暴无极，朝臣莫救，外寇乃至，殷国以亡。此即以己逆天时，诡福反为祸者也。又其先世殷王太戊之时，道缺法圮，以致夭蘖，桑穀于朝，七日大拱，占之者曰：‘桑穀野木而不合生朝，意者国亡乎！’太戊恐骇，侧身修行，思先王之政，明养民之道。三年之后，远方慕义，重译至者，十有六国。此即以己逆天时，得祸为福者也。故天灾地妖，所以儆人主者也；寤梦征怪，所以儆人臣者也。灾妖不胜善政，寤梦不胜善行，能知此者，至治之极也，唯明王达此。”

公曰：“寡人不鄙固此，亦不得闻君子之教也。”

这里孔子举的两个例子，一个是得到了王天下的征兆，但最终走向灭亡；一个是得到了国家灭亡的征兆，最终是多国来朝。这一切主要源于为政者的敬德修业，这样的结果与征兆有什么必然的联系？孔子认为：“天降灾异、地生妖孽是用来警戒人主的；各种寤梦和怪诞的征兆，是用来警戒人臣的。灾异妖孽胜不过清明的政治，不好的梦兆胜不过良好的品行。能明白这个道理，就达到天下大治，只有贤明的君主才能实现。”

此处孔子的回答，充分体现了儒家的高明和智慧之处。孔子充分肯定了人的价值，他将人的思维来了一个转变，从天命转变到人身上来，肯定了人自己修为的重要性，注重人本身自我价值的现实，途径就是自己修为，提升自己的德行和修养，让自己的行为无限量地靠近规则，靠近王道、天道。这在对占卜和神话还有很深信仰的春秋战国时期，是个了不起的进步。

孔子所举的这两个例子，在今天的社会也有很大的启发。对于个人而言，人的存亡祸福，是信天命还是事在人为？

比如，有的人一出生就有一手“好牌”，从小过的是“锦衣玉食”的生活，可父母忽略了对孩子人格品行的培养，结果家产很快被败坏完了，历史上也有不少这样的例子。

当然我们也看到，随着信息化的发展、自媒体时代的到来，很多平凡的人、创业者，他们勤奋学习，踏实、扎实做事，在自己擅长的领域，不断深耕，取得了很高的成就。

《道德经》上有句话说："祸兮，福之所倚；福兮，祸之所伏。"祸福之间如何转化？孔子告诉我们，靠个人的修为来转化。

《大学》讲："自天子以至于庶人，壹是皆以修身为本。"

五、有始有终，中道行之

讲到这里，《五仪解》基本的问题就解决了，但在结尾，哀公还问了一个问题，哀公问于孔子曰："智者寿乎？仁者寿乎？"是智者会长寿，还是仁者会长寿？孔子没有直接明确地回答哀公。他讲了三种不能善终、死于非命、咎由自取的情况：

> 孔子对曰："然，人有三死，而非其命也，行已自取也。"

第一种情况：生活不规律，生病而亡的。

"夫寝处不时，饮食不节，逸劳过度者，疾共杀之。"生活起居没有规律，早上不起，晚上十一二点甚至凌晨才睡；饮食没有节制，比如暴饮暴食，天天吃垃圾食品；操劳过度，生活节奏快，生活不能聚焦一件事，关注的点太多，工作压力大。这三种情况是典型的不爱惜身体，是破坏健康的几个关键点。

第二种情况：欲望过度，触犯法律。

"居下位而上干其君，嗜欲无厌而求不止者，刑共杀之。"作为下属，自己分内的事情不能尽本分做好，却目无尊长，处处挑领导的毛病，这样的上下级关系，如何能把工作做好？这种人还表现在贪得无厌，被提拔了还想继续高升，正常渠道不行，就开始想歪门邪道；物质、金钱的贪欲胃口不断增大，不知所止。所谓"天网恢恢，疏而不漏"，这样的人早晚会触犯刑法，得到应有的处罚。

第三种情况：不自量力，惹是生非。

"以少犯众，以弱侮强，忿怒不类，动不量力者，兵共杀之。"有几个词可以用来形容这类人：不自量力、狂妄自大、情绪狂魔、自控力差等类似的词语，就是说的这样的人，他们最后会被自己招惹来的争斗、兵器所丧命。

《孟子·公孙丑上》有这样一段话："祸福无不自己求之者。《诗》云：'永言配命，自求多福。'《太甲》曰：'天作孽，犹可违。自作孽，不可活'"。长寿也是一样，是自己可以求的，孔子这里提到的三种情况都是“死于非命”咎由自取的结果，是“自作孽，不可活”的结果。

爱惜身体，适可而止，心性平和，是孔子这段话给我们的启示。

所以，人这一生是否长寿、得寿、寿终正寝，不在于比较“仁”更长寿一些，还是“智”更长寿一些，关键是要明白一个真正的智士仁人，应该明白的道理，明白什么样的道理？孔子讲得很明白：

> 若夫智士仁人，将身有节，动静以义，喜怒以时，无害其性，虽得寿焉，不亦可乎？

对于这一段，可以简单地归结为六个字：守好位，尊道义。

《孔子家语·五仪解》在结尾处，孔子将人的行为归结为一个“度”字。做事要遵守规则，遵循规律，按照事情应该有的样子去做，遵循人、事、物之本性、本然的样子，“将身有节，动静以义，喜怒以时，无害其性”，是智者该有的样子，是仁者该有的样子，是自然该有的样子。这样的人怎么会不长寿？同样的思维，对待每件事，都以这样的方式去做，哪有做不好的事情？所以，还是要修为自己，要守好位，尊道义。

《五仪解》开篇由为官之志、执古之道开始切入，孔子着重叙述了“人有五仪”，也就是人可以分为五类：庸人、士人、君子、贤人、圣人，警醒每个生命可以以此为标准，去反思和衡量自己的人生之路。

又讲治国之道、选人之法。珍惜历史的教训，施行仁政，爱民，养民，就可以实现国家的“小可守，大可攻”。孔子明确地告诫哀公，昭示后人，“灾妖不胜善政，寤梦不胜善行”，提升自己的修为，是祸福得失之根本。

最后，《五仪解》将话题终了在人生三种咎由自取、死于非命的情况，从而告诫真正的智士仁人，一定要“将身有节，动静以义，喜怒以时，无害其性”，可谓意味深长。

从观周到从周

——《孔子家语·观周》篇研究

李文文

《孔子家语》(以下简称《家语》),其中的《观周》篇主要记载了孔子到周都洛邑参观访问的情况。观周,即孔子前往周都洛邑观参周代文化。洛邑,是当时的文化中心。春秋末期,虽然周王室对各诸侯国失去了政治上的控制力,其“天下共主”的地位也已名存实亡,但是,它毕竟还保存着周朝长期积淀的礼制文化精髓。因此,孔子不远千里,考察东周王室保存的礼乐文化。孔子观周还见于《史记·孔子世家》《说苑》等传世文献,但《家语·观周》篇对于此事的记述最为详明,最为信实。首先,本文从文本切入,对相关内容进行对读比较。

一、《家语·观周》与《史记·孔子世家》

关于孔子与南宫敬叔一起适周问礼之事,《史记·孔子世家》篇记载如下:

> 鲁南宫敬叔言鲁君曰:“请与孔子适周。”鲁君与之一乘车,两马,一竖子俱,适周问礼,盖见老子云。辞去,而老子送之曰:“吾闻富贵者送人以财,仁人者送人以言。吾不能富贵,窃仁人之号,送子以言,曰:‘聪明深察而近于死者,好议人者也。博辩广大危其身者,发人之恶者也。为人子者毋以有己,为人臣者毋以有己。’”孔子自周反于鲁,弟子稍益进焉。

多年来,由于《家语》被误认为是王肃伪造的,其中大量珍贵材料长期被“弃之不用”，人们研究孔子“适周问礼”多依据《史记·孔子世家》中的记载。而今，由于考古、学术的发展，新出文献与传世文献的互为验证，以“竹”的事实使《家语》系伪书的成见被轰然打破。人们逐步认识到《家语》的重要价值，开始利用《家语》进一步走进孔子思想体系的深邃海洋，走近中国古代上古文明。

很明显，与《史记》相比，《家语·观周》篇所记载的孔子观周有着更加完整的场面，而且内容更翔实，使得历史事实的浮现更加立体动态。有些相同内容的表述，二者可以参校或互为印证，而在《家语·观周》篇中，有些内容更是《史记》所没有的，具体如下：

第一，孔子与南宫敬叔谈到自己前往东周问礼于老聃的愿望，明确表达了自己对老子的认识，即“吾闻老聃博古知今，通礼乐之原，明道德之归，则吾师也”。此言尤为可贵，对于我们研究早期儒家，研究孔子与老子的关系，乃至研究老子与礼乐文化的关系皆有重要的价值，此点稍后再述。南宫敬叔在向鲁君讲述孔子愿望时，讲述了孔子此行的主要目的，即“观先王之遗制，考礼乐之所极”，认为学习先王遗留的政教制度、考察礼乐文化是一项“大业”。由此可见，尽管孔子生活在一个“礼坏乐崩”的乱世，这个乱世是由于统治阶层的失位失序、僭越礼乐造成的。然而，对于先王遗制、礼乐文化的意义而言，当时的统治阶层仍然持有着基本的认知和判断，整个体系还没有完全崩塌。这应该也是孔子总是抱有希望地奔波在路上的重要原因。也正是因为这一点，所以鲁君资助孔子车、马、僮仆，南宫敬叔一同前往。

第二，在孔子离开宗周时，针对老子所谈告诫之言，二者大体内容相同，但是，有这么一句，《史记》记为：“为人子者毋以有己，为人臣者毋以有己。”《家语》记为：“无以有己为人子者，无以恶己为人臣者。”“有己”与“恶己”，差之毫厘，谬之千里。“无以恶己为人臣者”，讲的是作为臣下不应该使君主憎恶自己。王肃注曰：“言听则仕，不用则退，保身全行，臣之节也。”① 在孔子言论中，出入进退、行藏屈伸是他常常谈论的话题，对于一个人来讲，为人子与为人臣有着不同的角色定位，自然也有着不同的素养要求，即便是面对同一事，也有不同的处事分寸，这样看，《家语》言“无以有己为人子者，无以恶己为人臣者”，前后对比，义理明达，应该更近古义。

在《家语·观周》篇末，载有一段孔子、老子的对话，内容为：孔子见老聃而问焉，曰：“甚矣，道之于今难行也。吾比执道，而今委质以求当世之君，而弗受也。道于今难行也。”老子曰：“夫说者流于辩，听者乱于辞，如此二者，则道不可以忘也。”这部分内容不见于《史记》，但见于《说苑·反质》篇。

---

① 杨朝明、宋立林主编：《孔子家语通解》，齐鲁书社 2013 年版，第 126 页。

第三，《家语·观周》篇记述了孔子此次参访的主要行程，即“问礼于老聃，访乐于苌弘，历郊社之所，考明堂之则，察庙朝之度”。同时对于孔子观周之明堂，观周太祖之庙的所见、所感进行了具体的描述。尤其引人注目的是，在周太祖后稷之庙的金人后背有铭文（以下称《金人铭》）。关于《金人铭》的内容，《史记》没有记载，但可见于《说苑》，关于两个版本的详细比较，后将说明。

对于孔子与南宫敬叔一起适周问礼的历史事件，无论是《家语》还是《史记》等文献，均言之凿凿，其真实性应无问题。相比于《史记》，《家语》的记载更为具体细腻，给人以明显的现场感，更像是时人所作，历史真实图景的呈现更为清晰。

二、《家语·观周》与《说苑》

纵观《家语·观周》篇，其《金人铭》及末章“孔子见老聃”的内容，分别散见于《说苑·敬慎》篇及《说苑·反质》篇。其实，这一点很能说明一个问题，不同的典籍有着不同的成书特点和目的，使命不同。在《家语》中，那些相对集中且具有整体性的内容散见于《说苑》，是因为刘向作《说苑》是为了上奏成帝以作“谏书”之用。为此，刘向设计了《说苑》作为一本“谏书”而应该具有的篇章结构，材料的选取编排则皆为此服务。而《家语》的使命就是以孔子为中心，为了表达孔子的思想，如何忠于孔子原旨，保有真实性、完备性是《家语》编撰者所首先考虑的。正如孔安国在《孔子家语后序》中所言，该书由“七十二子各共叙述首尾，加之润色”而成。

也就是说，《家语》中的材料最初出于孔子弟子之手。他们根据自己追随孔子学习的经历以及所记，集中将学习笔记进行编纂。不难想象，在编纂的过程中，他们会进行不同笔记的校读，也会有碎片化记忆的再次接续。总之，弟子们怀着对老师的无限追思，对于与孔子所共同经历的事件、孔子的思想，他们期待记述得首尾完备，更加准确。这使得《家语》的一些篇章有着“首尾完备”的记事特点，正是其优势所在。当然，随着时光之轮的滚滚前行，当《家语》的这些材料几经辗转流传，到孔安国手中时，已不是集中而单纯的《家语》，它们虽然原本都属于《家语》，但篇章已经散乱。面对这批材料，孔安国在再次撰集的过程中，他秉承了“以事类相次”的原则。虽然，要做到这一点并不容易，但是从今本《家语》来看，孔安国所谓“以事类相次”的原则还是得到了比较充分的彰显。也正是源于这样的原则，进一步突出了《家语》“首尾完备”的记事特点，更加强化了《家语》材料的优势所在。比如，《观周》这一篇，以“孔子观周”为中心，他“问礼于老聃，访乐于苌弘，历郊社之所，考明堂之则，察庙朝之度”，整个记述有因有果，有事件有思想，有参观有对话，有反思有总结，正是七十二子“各共叙述首尾”、孔安国“以事类相次”的典型代表。

关于《家语》与《说苑》二书可相对勘的内容，已有学者在清人陈士珂《孔子家语疏证》的基础上，选取两书中有代表性的相关材料进行逐字逐句的比勘，从字词、行文、篇章结构等多方面考察二者关系。通过对比分析，发现相同材料来源下，《家语》较早，在不同材料系统中，《家语》对字、词、篇章的改动重组较少。而《说苑》则在字、词、行文过程、篇章结构等方面改动较多。比如在文字方面，把较生僻的字改为较浅显易懂的；在思想内容方面，把原本以先秦为社会背景的思想内容改为符合汉代大一统社会现实的内容；在篇章结构方面，对原材料进行拆分，将原本为一章的内容，拆为独立的两章等。这说明《家语》比起《说苑》来更加忠实于原材料，《家语》是孔安国在汉初编辑完成的，而不是由王肃在魏晋时伪造的。①

在该文中，谈及《家语·观周》篇“孔子见老聃”章与《说苑·反质》篇相关章节的对勘。为方便比较，现将文本内容抄出，并以表格的形式标注不同之处。

《家语》② 与《说苑》③“孔子见老聃”章对勘

序号	《家语》	《说苑》
1	孔子见老聃而问焉，曰：“甚矣，道之于今难行也。吾比执道，而今委质以求当世之君，而弗受也。道于今难行也。”	仲尼问老聃曰：“甚矣，道之于今难行也。吾比执道委质以当世之君，而不我受也。道之于今难行也。”
2	老子曰：“夫说者流于辩，听者乱于辞，如此二者，则道不可以忘也。”	老子曰：“夫说者流于听，言者乱于辞。如此二者，则道不可委也。”

需要说明的是，在“孔子见老聃”章的对勘中，由于所选《家语》《说苑》文本皆为今人进行句读标注，且不影响文本的整体理解，故未将标点计入对勘内容。其后《金人铭》对勘亦如此。

从文本可见，此处二者基本可以一一对应。但是从这些细微的差别处，仍然可以发现一些问题。首先从用字上进行分析，《家语》为“孔子”，《说苑》作“仲尼”。虽是细微的一点，但从这里可以看出，《家语》序中所透露出来的《家语》直至王肃注解以前是以家传的形式流传，这一点是可信的。综观《家语》全书，称仲尼的只有一处，其余全称孔子，而称仲尼的这一处也是特殊情况，出自《孔子家语·本姓解》“生

① 蔺小英：《〈孔子家语〉与〈说苑〉关系考论》，曲阜师范大学2010年硕士学位论文。

② 杨朝明、宋立林主编：《孔子家语通解》，第129页。

③ ［汉］刘向撰，向宗鲁校证：《说苑校证》，中华书局1987年版，第529页。

孔子，故名丘，字仲尼”，是介绍孔子基本情况的语句。由此可以看出，作为孔氏后人，称孔子只会用“孔子”这个尊称，而不会称字。但《说苑》则不然，全书有称孔子处，有称仲尼处，不一而足。《家语》由于所用材料的多元以及成书与流传的复杂情况，对一些称呼存在不一致的地方，但在这一点上却保持一致，可以看出其家传的渊源，而不是王肃凭一己之力伪造出来的。① 翻开《礼记》，全书亦孔子、仲尼皆称，不一而足，恰是因为其成书性质与《说苑》近同，是汉代学者编辑而成。在这一点上，《家语》有很大不同，最初以家传的形式在孔门内部流传。

其次，从语义及逻辑上看，综观全章，将不难发现《家语》语义完整，逻辑通顺。而《说苑》则含义不明，逻辑混乱。如《家语》“吾比执道，而今委质以求当世之君”，《说苑》作“吾比执道委质以当世之君”。《家语》此处更为通顺合理。向宗鲁先生《说苑校证》下注：“卢校‘以’下增‘求’字，曰：‘求’脱。《家语·观周篇》有。”另外《家语》“夫说者流于辩，听者乱于辞”，《说苑》作“夫说者流于听，言者乱于辞”。很明显，《家语》此处的逻辑更为合理，言及“说者”与“听者”两个方面。而《说苑》这里则逻辑混乱，抑或是刘向考虑到向成帝谏言，将“乱”的责任推诿于“说者”“言者”，而不谈及“听者”，即统治阶层应该具有判断能力。这样来看，《家语》记载更符合原貌，《说苑》在编辑过程中考虑到汉代的政治因素，而对原材料进行了取舍，导致语义不清、逻辑不明，失色不少。

对于《家语·观周》篇与《说苑·敬慎》篇的《金人铭》，蔺文②未进行对勘。为方便本文将两篇《金人铭》进行比较，下面将其全文及前后相关内容抄出，并以表格的形式标注其不同之处。

《家语》与《说苑》的《金人铭》对勘

序号	《家语》	《说苑》
1	孔子观周，遂入太祖后稷之庙。庙堂右阶之前，有金人焉。三缄其口，而铭其背曰：	孔子之周，观于太庙。右陛之前有金人焉，三缄其口，而铭其背曰：
2	“古之慎言人也，戒之哉！	“古之慎言人也，戒之哉！戒之哉！
3	无多言，多言多败；无多事，多事多患。安乐必戒，无所行悔。	无多言，多言多败；无多事，多事多患。安乐必戒，无行所悔。

① 蔺小英：《〈孔子家语〉与〈说苑〉关系考论》，曲阜师范大学 2010 年硕士学位论文。

② 蔺小英：《〈孔子家语〉与〈说苑〉关系考论》，曲阜师范大学 2010 年硕士学位论文。

（续表）

序号	《家语》	《说苑》
4	勿谓何伤，其祸将长；勿谓何害，其祸将大；勿谓不闻，神将伺人。	勿谓何伤，其祸将长；勿谓何害，其祸将大；勿谓何残，其祸将然；勿谓莫闻，天妖伺人。
5	焰焰不灭，炎炎若何？涓涓不壅，终为江河；绵绵不绝，或成网罗；毫末不札，将寻斧柯。	荧荧不灭，炎炎奈何；涓涓不壅，将成江河；绵绵不绝，将成网罗；青青不伐，将寻斧柯。
6	诚能慎之，福之根也。口是何伤？祸之门也。	诚不能慎之，祸之根也；口是何伤，祸之门也。
7	强梁者不得其死，好胜者必遇其敌。盗憎主人，民怨其上。	强梁者不得其死，好胜者必遇其敌；盗怨主人，民害其贵。
8	君子知天下之不可上也，故下之；知众人之不可先也，故后之。温恭慎德，使人慕之；执雌持下，人莫逾之。	君子知天下之不可盖也，故后之、下之，使人慕之；执雌持下，莫能与之争者。
9	人皆趋彼，我独守此；人皆或之，我独不徙。内藏我智，不示人技。我虽尊高，人弗我害，谁能于此？	人皆趋彼，我独守此；众人惑惑，我独不从；内藏我知，不与人论技；我虽尊高，人莫我害。
10	江海虽左，长于百川，以其卑也。天道无亲，而能下人。戒之哉！”	夫江河长百谷者，以其卑下也。天道无亲，常与善人。戒之哉！戒之哉！”
11	孔子既读斯文也，顾谓弟子曰：“小子识之！此言实而中，情而信。《诗》曰：‘战战兢兢，如临深渊，如履薄冰。’行身如此，岂以口过患哉？”	孔子顾谓弟子曰：“记之。此言虽鄙，而中事情。《诗》曰：‘战战兢兢，如临深渊，如履薄冰’行身如此，岂以口遇祸哉！”

从文本来看，二者同样基本对应。但是有一些表述的细节处，仍然可以发现一些问题。章首，《家语》言“孔子观周，遂入太祖后稷之庙。庙堂右阶之前，有金人焉”，在孔子观周的具体安排中，他来到太祖之庙，看到右阶之前的金人，使得人们很容易随着文字的思路进入当年孔子观周的时空。也就是说，《家语》的表述更具有现场感、带入感，伴随着对文本的深入细致品读，将不难感到此确是时人所记，且更近乎是亲历此场景者所记。而《说苑》的表述则甚是简略，直奔主题。在两篇文本的对读中，孔子对《金人铭》的评价很值得注意，《家语》中孔子的评价是“此言实而中，情而信”，《说苑》言“此言虽鄙，而中事情”。对于周代先人，孔子所持有的态度广

为人知，孔子崇尚周太祖、周文王、周武王、周公，常常谈及他们的功劳美德，表达出无限的尊崇。孔子曰："能治国家之如此，虽欲侮之，岂可得乎？周自后稷，积行累功，以有爵土，公刘重之以仁。及至大王亶甫，敦以德让，其树根置本，备豫远矣。"此言出自《家语·好生》篇，本篇以较长篇幅叙述了周族的起源、迁徙、崛起的过程，对后稷、公刘等人的仁德给予了很高的评价。孔子曰："三分天下有其二，以服事殷，周之德，其可谓至德也已矣。"（《论语·泰伯》）这里的"周之德"，正是谈周文王之德。类似于孔子盛赞周之德、周先王之德的表达在典籍中不胜枚举。那么，再来到《金人铭》，此铭见于周之太庙，在至为显著的位置，立有金人，铭于其背，又占有很大篇幅，定是良言精句，以警后人。正如孔子在《家语》中评价的那样"此言实而中，情而信"，这些话实在、中肯、合情可信。但是在《说苑》中，孔子的评价是"此言虽鄙，而中事情"。一个"鄙"字就明显见出此与孔子对周代先王的认知产生了重大偏差，逻辑上讲不过去。一方面的原因可能是《说苑》在选取材料时出现问题，抑或是《说苑》在传抄过程中出现问题，更有可能是刘向本人对《金人铭》的态度，他认为"此言虽鄙，而中事情"。所以，两处的差别虽然微小但所传达的信息特别重要，即《家语》更符合孔子本旨，更具有信实性、可靠性。

《家语》言："君子知天下之不可上也，故下之；知众人之不可先也，故后之。温恭慎德，使人慕之；执雌持下，人莫逾之。"读起来语义通顺，逻辑清晰。《说苑》言："君子知天下之不可盖也，故后之、下之，使人慕之；执雌持下，莫能与之争者。"可以见得，《说苑》对原文本进行了精练缩写。细细将两篇《金人铭》对勘，应该还有很多问题值得研究，本文暂止于此。

三、观周与从周

"问礼于老聃，访乐于苌弘，历郊社之所，考明堂之则，察庙朝之度"是孔子此次参访的主要行程。其中，"历郊社之所，考明堂之则，察庙朝之度"又是孔子在洛邑进行实地考察的重中之重，有几分类似于当今政德教育中的现场教学。对周都的宗庙、明堂等国家重要礼制设施的现场考察，更加触发了孔子对周朝政治制度的倾心向往，他深情地感叹"吾乃今知周公之圣，与周之所以王也""此周之所以盛也"。

（一）孔子的政治主张与文化宣言

如众周知，孔子一生向慕三代，尤其崇尚周代的文化，而周代的文化又集中表现为其礼乐文化。在孔子看来，夏、商、周三代之文化有着损益发展的过程，周代文化是在夏、商基础上，有所借鉴、有所损益发展而成。在对夏、商、周三代文化进行比较的基础上，孔子认识到周文化继承了夏、商的主体结构与基本精神，更加充实灿烂，令人向往。在《论语·八佾》篇中，子曰："周监于二代，郁郁乎文哉，吾从周。"这一章不仅是孔子对周代文化的整体认知，更是明确地表达了孔子对周代文化的态度，是他的政治主张、文化宣言，即"从周"。孔子遵从周代文化，将周代文化发扬光大视为毕生使命。

试问孔子何以确立"从周"的政治主张？首先，这和孔子生活在鲁国有很大关系。鲁国虽是周王朝分封的一个邦国，但它的地位却非同寻常。鲁国的始封之君是周公的长子，周公在周初政治中的地位十分显赫。因此，鲁国初封时不仅受赐丰厚，还得到了很多特权。鲁国可以"世世祀周公以天子之礼乐"。周王室在东方分封的小国以鲁国为"宗国"。即便是春秋时周王室衰微之际，许多小国依然纷纷朝鲁，到鲁国学礼、观礼。鲁国较完整地保存着周礼，周代的礼乐传统深深地影响了鲁国社会的方方面面。鲁国为东方的宗周模式，担负着传播宗周礼乐文明的使命。鲁国，作为孔子的父母之邦，使孔子得以自幼接触周公创制的礼乐文化。其次，这和孔子深谙历史，熟悉典籍密切相联。孔子"祖述尧舜，宪章文武"，自称"信而好古，述而不作"，显然，孔子将自己所学立于三代时期的文化高地。如柳诒徵先生说："自孔子以前数千年之文化，赖孔子而传。"梁漱溟先生说："孔子以前的中国文化差不多都收在孔子手里。"在孔子的心中，关于三代之治的盛景甚是清晰，虽然自己没能赶上，但可以看到相关的记载，激荡着他内心的追求和向往。

但是，还有一点更加不容忽视，就是孔子重视对中国此前文化的验证，并通过实地考察来完成这种验证，进而在信实的基础上做出自己的判断和选择。在《论语·八佾》篇中，子曰："夏礼，吾能言之，杞不足征也；殷礼，吾能言之，宋不足征也。文献不足故也，足，则吾能征之矣。"夏朝、商朝的礼，孔子皆能够讲述，但是存有其祭祀的杞国、宋国却不足为征。周代礼乐文化是夏、商文明发展的结晶，故孔子对其十分重视，并加以认真学习。但由于历史发展、社会变迁，很多历史记载及文物已湮没无闻，甚至对于前代故国也缺乏相关的记载与文化遗留，孔子欲详知其礼而不能征验，是以感叹不已。关于夏礼、殷礼"不足征"的结论，是孔子通过亲自前往杞国、宋国实地考察后得出的。孔子言："我欲观夏道，是故之杞，而不足征也，吾得《夏时》焉。我欲观殷道，是故之宋，而不足征也，吾得《乾坤》焉。《乾坤》之义，《夏时》之等，吾以此观之。"（《孔子家语·问礼》）那么，在当时，唯有周代的礼乐文化尚有进行实地考察、具体验证的历史条件。这样看，对孔子来讲，去东周洛邑参观访问意义重大，是势在必行。

其实，当年孔子似乎并不具备远去洛邑的车马盘缠。对此，他首先向南宫敬叔谈到自己适周问礼的愿望，接着南宫敬叔言于鲁君，定公与之一乘车、两马和一竖子，并由南宫敬叔亲自陪同。没有条件，创造条件也要去洛邑，可见孔子观周之迫切。后来，孔子谈到南宫敬叔帮助自己得到车马之事，他说："季孙之赐我粟千钟也，而交益亲；自南宫敬叔之乘我车也，而道加行。故道虽贵，必有时而后重，有势而后行。微夫二子之贶财，则丘之道殆将废矣。"（《孔子家语·致思》）贶财，是指赠送财物。在孔子看来，思想主张虽然重要，必须在得到有利的时机后才能被看重，得到有利的条件后才能得到推行。如果没有两人送自己钱财，那么他所主张的道就会因得不到推行而几乎被废弃了。正因为道的实行需要一定的客观条件，所以孔子感谢季孙氏和南宫敬叔的"贶财"。因为南宫敬叔的相助，使此次孔子观周顺利成行。

（二）观周与从周

关于这一次孔子观周的时间，业师杨朝明先生综合《春秋》《今本竹书纪年》《家语》《孔丛子》《礼记》等典籍分析推断，孔子"适周"最有可能在鲁定公二年上半年。这一年为公元前 508 年，孔子四十五岁。①

"问礼于老聃，访乐于苌弘，历郊社之所，考明堂之则，察庙朝之度"是孔子此次参访的主要行程。孔子在谈夏礼、殷礼不足征的原因时，他说："文献不足故也。足，则吾能征之矣。"所谓"文献"，朱熹注曰："文，典籍也。献，贤也。"② 也就是说，要对古代的礼制进行考证，既要有记载礼制的文字资料，也就是"文"；又需要有"熟悉历代典策的贤人"，也就是"献"。而老聃、苌弘正是熟悉礼乐的贤人，老子又正好具体掌管记载礼制的文字资料。据《史记·老子韩非列传》篇载，老子任周守藏室之史，近似于如今的国家图书馆馆长，想必他定是熟悉历史典策。"问礼于老聃，访乐于苌弘"，满足了孔子验证周礼的基本条件。当然，接下来的现场考察引发了他更多的感叹！

"历郊社之所"，是指孔子参观周天子祭天地之处。郊，指冬至日祭天于南郊；社，说的是夏至日祭地于北郊，合称"郊社"。郊社之礼是周天子所独有之礼，但因鲁国承周公之后，得享天子之礼，也有郊社之礼。孔子对郊社之礼相当熟悉，《家语·郊问》篇专题来谈郊社之礼，系统论述了郊祭的意义、功用及具体的礼仪。当鲁定公问到古之帝王为什么一定要郊祀其祖以配天时，孔子对曰："万物本于天，人本乎祖。郊之祭

---

① 杨朝明：《〈孔子家语〉综合研究》，齐鲁书社 2017 年版，第 264 页。

② ［宋］朱熹：《四书章句集注》，中华书局 1983 年版，第 63 页。

也，大报本反始也，故以配上帝。天垂象，圣人则之，郊所以明天道也。”所谓“反始”，是指回返本源，反思由来。孔子特别强调祭祀“报本反始”的功能，培养一个人的感恩之心，不忘其所由来。本篇又见于《礼记·郊特牲》，两篇论述郊天礼的时间、牲器、服饰比较一致，只是《家语》有定公与孔子的问答语境，对天子之郊的礼仪所记更为具体，对其中蕴含的等级观念阐发更细。另外，篇中还有见于《礼记·礼器》的内容。孔子对郊社之礼如此熟悉和赞叹，想必本次观周定是起到了积极的作用。

“考明堂之则，察庙朝之度”，孔子考察周之明堂时发生了什么？具体如下：

> 孔子观乎明堂，睹四门墉有尧舜之容、桀纣之象，而各有善恶之状、兴废之诫焉。又有周公相成王，抱之负斧扆，南面以朝诸侯之图焉。孔子徘徊而望之，谓从者曰：“此周之所以盛也。夫明镜所以察形，往古者所以知今。人主不务袭迹于其所以安存，而忽怠所以危亡，是犹未有以异于却走而欲求及前人也，岂不惑哉！”

明堂，是周天子宣明政教之处，也作为祭祀、选贤、纳谏、庆赏、教学或其他国家重大事务的活动场所。通过宣明政教，保持思想统一，政令畅通；通过祭祀，引发诚敬之心，教民孝悌之道；通过选贤，由贤者来实施政令；通过纳谏，保持政令环境通明，不至于执其一端；通过庆赏，树立榜样，激发正能量；通过教学，化民成俗，移风易俗。明堂的确是非常重要的地方。

在明常四个门口的墙上，孔子看到分别画有尧、舜和桀、纣的肖像，各有善恶不同的形状，以及有关王朝兴亡的诫语。还有周公辅佐成王，抱着年幼的成王背对屏风，面向南接受诸侯朝拜的图像。这样看，在明堂之上，不仅有明君圣王，还有暴君败王；不仅有王朝兴盛的赞语，还有败亡的诫语。看来，需要从正反两个方面来总结经验，警戒教训，才可成就治世之效。看到这一切，孔子“徘徊而望之”，他缓慢行走，仔细观望，可以见得，这一切激荡着孔子内心对于周的浓郁情感。

试想，孔子崇尚明王之道，有些内容是他从古籍中读出来的，也有些内容是从老师、长者等处听来的。但是，就在东周的明堂内，这一切都是如此真切，自然引发了孔子内心的感动。他对跟从的人说：“这就是周朝兴盛的原因了。明镜是用来察看形体容貌的，借助学习古代的东西可以了解当今。君主不能致力于学习关于国家、个人生死存亡的根本东西，却以忽视、怠慢的态度对待，从而陷入危亡境地。这就如同向后跑却想追上前面的人一样，难道不是很糊涂吗？”

恰是因为认知到这一点，孔子对于学习关于国家、个人生死存亡的根本东西非常重视，这些内容从根本上来讲是对为政者的要求，也就是“为君之德”。在孔子看来，位高之人理应是品德高尚之人。为此，他不惜苦口婆心，并致力于传播此道。

说到位高之人理应是品德高尚之人，接下来，孔子在周太庙所看到的，将带给我们更多的思考。

> 孔子观周，遂入太祖后稷之庙。庙堂右阶之前，有金人焉。三缄其口，而铭其背曰：“古之慎言人也，戒之哉！无多言，多言多败；无多事，多事多患。安乐必戒，无所行悔……”

孔子在宗周参观，进入太祖后稷的庙堂。庙堂右边台阶前立有金人（铜人），嘴巴被封了三层，想必在太祖庙中定是十分醒目，且背有铭文，即本文所称《金人铭》。《金人铭》在本篇分量甚重，孔子师徒在周太庙的主要言行围绕此铭展开，孔子要求弟子们识记此文，评价此文“实而中，情而信”。关于《金人铭》，本处不再赘述全文。《金人铭》的主题思想甚为突出，讲述“慎言”“持下”的重要性。

关于“慎”，《说文》曰：“慎，谨也。”《尔雅》曰：“诚也。”《国语·周语》言：“慎，德之守也。”慎言，不是不言，而是以谨、诚的态度去言。从很多孔子的言论皆可看出其对慎言思想的吸收和应用。

> 子张学干禄。子曰：“多闻阙疑，慎言其余，则寡尤；多见阙殆，慎行其余，则寡悔。言寡尤，行寡悔，禄在其中矣。”（《论语·为政》）
>
> 子曰：“君子欲讷于言而敏于行。”（《论语·里仁》）
>
> 美言伤信，慎言哉！（《家语·屈节解》）

其实，读《金人铭》要看它所处的位置——周太祖后稷之庙，结合孔子在明堂所言，再置身于孔子观周的整体背景，会发现其内在有着高度的一致性，即《金人铭》所要警示的对象并非一般的百姓。尽管以今人的眼光来看，一般百姓读之亦可从中受益，但是《金人铭》所要警示的是为人君上者。《金人铭》言：“君子知天下之不可上也，故下之；知众人之不可先也，故后之。”又言“我虽尊高，人弗我害”，这些都充分说明了它清晰的指向。也正是因为《金人铭》所要彰表的是为人君上者之德，所以才一再强调“下之”“温恭慎德”“执雌持下”“卑”“能下人”，周公正是集这些美德于一身的典型代表。如《史记·鲁周公世家》载，周公自言：“我文王之子，武王之弟，成王之叔父，我于天下亦不贱矣。然我一沐三捉发，一饭三吐哺，起以待士，犹恐失天下之贤人。”他告诫伯禽到了鲁国后，“慎无以国骄人”。《金人铭》应系周初先人对后世子孙的告诫之语。

也正是因为《金人铭》所要警示的是为人君上者，所要彰显的是为人君上者之德，那么，关于“慎言”，还有一点不容忽视，即“君之言”亦在某种程度上寓意着政令，包括刑罚。对此，更是要慎之又慎，制定政令既要正，以义为本而不可随心所欲，又不能烦琐。孔子引《书》云：“义刑义杀，勿庸以即汝心，惟曰未有慎事。”（《孔子家语·始诛》）此语出自《尚书·康诰》，文字略有出入。强调刑罚要以义为本，不可随心所欲，当慎之。孔子亦引用《诗》来赞叹好的政令，曰：“‘天子是毗，俾民不迷。’是以威厉而不试，刑错而不用。”说的是要尽力辅佐天子，使百姓心里不迷。因此，无须威势打压，也无须刑罚施加。但是孔子也看到当今之世不是这样，曰：“今世则不然，乱其教，繁其刑，使民迷惑而陷焉，又从而制之，故刑弥繁，而盗不胜也。”（《孔子家语·始诛》）教化淆乱，刑罚繁多，只能使百姓更加迷惑而触犯刑罚。据《家语》记载，孔子此言讲于其担任鲁国大司寇期间①，从时间上讲，发生于孔子观周之后，可见孔子思想与周制一脉相承。

当然，孔子在观周期间并非仅仅看到了《金人铭》，他“考明堂之则，察庙朝之度”，关于“则”，王肃注：“法也。”关于“庙朝之度”，王肃注：“宗庙、朝廷之法度也。”② 孔子感叹“此周之所以盛也”，周代之所以兴盛正在于由“明堂之则，庙朝之度”所代表的“周之制”，即周代的典章制度。孔子受此影响甚深，学习很多，他非常熟悉、了解、掌握了“周之制”，这一点可以从孔子以及与孔子相关的一些谈论中略窥一斑。

> 卫公孙朝问于子贡曰：“仲尼焉学？”子贡曰：“文武之道，未坠于地，在人。贤者识其大者，不贤者识其小者。莫不有文武之道焉。夫子焉不学？而亦何常师之有？”（《论语·子张》）
>
> 哀公问政于孔子。孔子对曰：“文武之政，布在方策。其人存，则其政举；其人亡，则其政息。”（《家语·哀公问政》）
>
> 子入太庙，每事问。或曰：“孰谓鄹人之子知礼乎！入太庙，每事问。”子闻之，曰：“是礼也。”（《论语·八佾》）
>
> 入太庙，每事问。（《论语·乡党》）

---

① 杨朝明、宋立林主编：《孔子家语通解》，第13~14页。

② 杨朝明、宋立林主编：《孔子家语通解》，第126页。

子贡所言“文武之道”正是对孔子一生所学的高度概括。鲁哀公问政，孔子回答“文武之政，布在方策”，正是对周之制的概括与表达。孔子入太庙“每事问”，鲁国太庙即周公庙，孔子问学之礼正是周礼。这样看，“文武之道”“文武之政”“周礼”皆可理解为“周之制”的同谓称呼。在儒家的典籍中，孔子常常言及“古之道”“古之人”。细细剖析，所谓的“古”理应和周之制有着紧密的联系。

所谓有自知才会有自信，有了解才会有理解。孔子通过多种渠道，包括他千里迢迢前往洛邑观周，使他对周代文化、周之制有着高度的了解、熟悉、掌握，这一切赋予了他无穷的信心和力量，使他有着坚定的信念，提出“吾从周”的政治主张，发出“吾从周”的文化宣言。

孔子不仅提出“从周”的政治主张，发出“从周”的文化宣言，更是以自己的行动去践行。无论是在鲁国为政期间实施的政治举措，还是周游列国以期实现的抱负，皆以此为主线。即便是遭遇困境之时，孔子亦以此来自警自励。据《论语·子罕》篇载，孔子师徒曾在匡地遇困，被拘囚了数日后，子曰：“文王既没，文不在兹乎？天之将丧斯文也，后死者不得与于斯文也；天之未丧斯文也，匡人其如予何？”这里的文王，正是周文王，而“文不在兹乎”与“斯文”之“文”，依朱熹注：“道之显者谓之文，盖礼乐制度之谓。”正是指周代的礼乐文化。此处，孔子自谓“后死者”，以周代文化的继承者自居，明确提出统绪古代文化的周文王去世后，饱含着礼乐之制的文化遗产正在自己这里。如果上天要消亡这种文化，就不会让自己掌握这种文化了；如果天不欲消亡这种文化，匡人又能将自己如何？这样坚定的姿态充分彰表了孔子以传承中华文明、继承周代文化为己任的历史责任感和使命感。孔子观周、从周一脉相承。

四、孔子与老子

据《史记·老子韩非列传》篇记载：“老子者，楚苦县厉乡曲仁里人也，姓李氏，名耳，字聃，周守藏室之史也。”在《家语·观周》篇，老子、老聃两种称谓并用。从历史记载看，孔子与老子相见可能不止一次，在此次孔子适周向老子问礼以前、之后，孔子还都曾见到过老子。人们研究孔子与老子的相见多依据《史记》《礼记·曾子问》及《庄子》诸书，受《家语》伪书说影响，其《观周》篇关于孔子见老子的材料被人们忽视。当今，随着学术的发展，《家语》伪书说的阴霾逐渐散去，翻开《家语》，将不难发现其对“孔子见老子”的记载的确不容忽视，对于研究孔子与老子的关系乃至老子与礼乐文化的关系皆有重要价值。

关于孔子对老子的评价，《史记·老子韩非列传》云：

孔子去，谓弟子曰："鸟，吾知其能飞；鱼，吾知其能游；兽，吾知其能走。走者可以为罔，游者可以为纶，飞者可以为矰。至于龙，吾不能知其乘风云而上天。吾今日见老子，其犹龙邪！"

显然，这是孔子对老子的赞誉之词。孔子对老子以龙相喻，表达了他对老子的赞赏。但是，也正是因为孔子对老子以龙相喻，使得人们对老子的认知也有几分飘忽，有"神龙见首不见尾"之感。品读《老子》，其言"道"时曰："道之为物，惟恍惟惚。惚兮恍兮，其中有象。恍兮惚兮，其中有物。""是谓无状之状，无物之象，是谓惚恍。迎之不见其首，随之不见其后。"又一次验证、强化了人们对老子的认知，是飘忽的，是神龙般见首不见尾的。品读孔子言论，多以朴实相见，甚为落地，这样看，仿佛孔子、老子完全处于两端，司马迁亦云："世之学老子者则绌儒学，儒学亦绌老子。"称其为"道不同不相为谋"。

孔子、老子真的是"道不同"吗？《家语·观周》篇孔子对老子的评价将引发我们更多的思考。

孔子谓南宫敬叔曰："吾闻老聃博古知今，通礼乐之原，明道德之归，则吾师也，今将往矣。"

此处，孔子仍然誉美老子，但比起以龙相喻更加落地了几分。在孔子心中，礼乐、道德都是他特别崇尚且经常谈及的话题，他认为老子"博古知今，通礼乐之原，明道德之归"，是自己学习的对象。那么，孔子和老子真的是"道不同"吗？就很值得思考了。

事实上，细细阅读孔子、老子原著，我们会发现孔子谈为政兼谈无为。子曰："无为而治者其舜也与？夫何为哉？恭己正南面而已矣。"（《论语·卫灵公》）孔子曰："吾以王言之，其不出户牖而化天下。"（《家语·王言解》）老子谈无为兼谈天下。《老子》曰："修之于身，其德乃真；修之于家，其德乃余；修之于乡，其德乃长；修之于国，其德乃丰；修之于天下，其德乃普。故以身观身，以家观家，以乡观乡，以国观国，以天下观天下。吾何以知天下然哉？以此。"

兼谈两端，一以贯之，这正是他们思想的高远博厚之据。此端与彼端一以贯之，还可以根据时势境况随时切换视角，而其后学的这种能力就明显弱了，易于就一端谈一端，以一端之认知贴标签，看到"无为"就以为是"道家"思想，见到"法""势"等范畴就以为是"法家"，而事实上，这些范畴皆在孔子的天空下，在孔子的视野之内。但是，此问题不明，使得有人没有认识到孔子思想的兼容博厚，而认为《家语》的思想杂糅百家。其实，这些误会皆有待于对于先秦原典，尤其对孔子、老子原著有着认真的阅读，自然可以不解自消。

再说《金人铭》，当今学者以今人之眼光来判断其学派属性时遇到了难题，这到底是一篇道家文献，还是一篇儒家文献呢？有人认为《金人铭》见于《孔子家语·观周》篇，当然属于儒家文献；而熟悉老子者，可以从《金人铭》中读出老子的原话或相似的同出。其实，熟读孔子言论者，同样可以从中读出孔子的原话或相似的同出，略举一二：

第一组

《金人铭》

古之慎言人也，戒之哉！无多言，多言多败。

《论语》

子张学干禄。子曰："多闻阙疑，慎言其余，则寡尤；多见阙殆，慎行其余，则寡悔。言寡尤，行寡悔，禄在其中矣。"（《为政》）

《孔子家语》

美言伤信，慎言哉！（《屈节解》）

《老子》

多言数穷，不如守中。（第五章）

信不足焉，有不信焉。悠兮其贵言。（第十七章）

第二组

《金人铭》

焰焰不灭，炎炎若何？涓涓不壅，终为江河；绵绵不绝，或成网罗；毫末不札，将寻斧柯。

《孔子家语》

聪以知远，明以察微。（《五帝德》）

洁静精微，《易》教也。（《问玉》）

《老子》

其安易持，其未兆易谋；其脆易泮，其微易散。为之于未有，治之于未乱。合抱之木，生于毫末；九层之台，起于累土；千里之行，始于足下。（第六十四章）

第三组

《金人铭》

强梁者不得其死，好胜者必遇其敌。

《孔子家语》

孔子谓子路曰：“君子而强气，而不得其死；小人而强气，则刑戮荐蓁。”(《好生》)

《老子》

强梁者不得其死，吾将以为教父。(第四十二章)

人之生也柔弱，其死也坚强；草木之生也柔脆，其死也枯槁。故坚强者死之徒，柔弱者生之徒。是以兵强则灭，木强则折。强大处下，柔弱处上。(第七十六章)

第四组

《金人铭》

温恭慎德，使人慕之；执雌持下，人莫逾之。……江海虽左，长于百川，以其卑也。天道无亲，而能下人。

《论语》

子贡曰：“夫子温、良、恭、俭、让以得之。”(《学而》)

子温而厉，威而不猛，恭而安。(《述而》)

《孔子家语》

温柔敦厚，《诗》教也；……恭俭庄敬，《礼》教也。(《问玉》)

《老子》

江海所以能为百谷王者，以其善下之，故能为百谷王。(第六十六章)

天道无亲，常与善人。(第七十九章)

天之道，利而不害；圣人之道，为而不争。(第八十一章)

阅读上述文献，要回答《金人铭》的学派属性问题似乎更难了！而真正的问题恰恰在于在孔子、老子时可能根本不存在这个问题。很明显，孔子对儒家的认识、对老子的认知比后人更加真实明朗。那么，儒家和道家是什么关系呢？本文认为儒、道同源，那一源正是厚重而广远的周代文化，而周代文化又集夏、商文化之大成，他们共同生长于中华文明的厚土之上。在老子和孔子的时代，后世意义上的“道家”和“儒家”之分或许是不存在的。

此次洛邑参访使孔子收益甚丰，由两点可以见得：一是孔子本人赞叹地说：“吾乃今知周公之圣，与周之所以王也。”更加激发了他对周朝政治制度的倾心向往，更加增强了他对周初著名政治家、思想家周公的崇敬仰慕。二是本篇记载："（孔子）自周反鲁，道弥尊矣。远方弟子之进，盖三千矣。"《史记·孔子世家》亦载："孔子自周反于鲁，弟子稍益进焉。"观周之行使孔子的学问和事业都获得了长足的发展，慕名向学者日益增多。

《孔子家语·王言解》与孔子王道思想

陈　岳

《王言解》之言，道之所载，王言者，王道也。《孔子家语·王言解》是一篇记述孔子向曾子传授明王之道的文献。从内容来说，《王言解》本应受到学者们的重点关注。然而，多种原因导致《王言解》的研究始终处于冷门状态，其文本内容、思想逻辑等方面皆有待发掘。《王言解》记载了孔、曾相授王道，是长篇专论而非散记言语，因此，在文本与逻辑上对《王言解》整体把握尤为重要。王道虽然广阔，但并非无边无涯，把握其中的关键点，才是把握了孔子王道的真精神。

一、《孔子家语》的“真伪”与《王言解》的研究

《王言解》为传世本《孔子家语》的第三篇，对《王言解》的研究，首先不能脱离对《孔子家语》的正确认识。《孔子家语》在历史上曾陷入“伪书”争议，所谓“伪书”，更确切地说，是“王肃纂集修改《家语》”说。

秦朝焚书后，先秦典籍遭到了近乎毁灭性的打击，直到西汉建立，才开始了图书搜集整理工作。《汉书·艺文志》《论语》类中载“《孔子家语》二十七卷”，学者对此皆无异议。然而，王肃所引所注的《孔子家语》并非《艺文志》中的版本，根据今本《家语》的“三序”（孔安国《孔子家语后序》、《〈孔子家语〉后孔安国序》、王肃《孔子家语序》）内容，王肃所注《家语》为西汉时期孔子后人孔安国的整理。孔安国看到汉时《孔子家语》一书虽然被藏之秘府，但是《家语》材料与其他典籍杂乱相放。孔安国害怕先人的典籍不得流传，“窃惧先人之典辞将遂泯灭”，所以到曾经拥有

这些文献者那里，“私以人事，募求其副”①，汇编为《孔子家语》。其后孔氏后人多次谋立《孔子家语》学官，未曾成功，《家语》便在孔氏家族内部流传。孔子二十二世孙孔猛是王肃的弟子，将此书交于王肃，王肃以为此书“与予所论，有若重规叠矩”②，又恐不得其传，特此注明此书。

按“三序”记载，王肃所注《孔子家语》源流清晰，并无疑虑，但王肃本并非源自《艺文志》本，篇章数量、内容上也有差异，进而引出了诸多猜测，累计有马昭“王肃增加”说，王柏“王肃托名孔安国编《家语》”说，清人“王肃伪作《家语》”说等。针对历史上的种种假说，杨朝明先生曾作过细致梳证，并一一指出其中的问题所在：马昭说王肃所注本非郑玄所见，当为事实，但其言“王肃所增加”“固所未信”则是推测之说；颜师古注王肃本“非今所有《家语》”，是因为存有二十七卷《艺文志》本与二十一卷王肃本不同版本的《家语》；王柏认为王肃割裂杂取诸书成《家语》，实并没有作《家语》与其他文献的细致比对；四库馆认为《孔子家语》“知其伪而不能废”，根本原因还在于《家语》“本身不伪”。③ 杨先生《〈孔子家语〉的成书与可靠性研究》一文论证翔实，足证这些猜测中确有不少漏洞。

实际上，《家语》“伪书”说历经了一个随时间递增且离事实越来越远的过程。细致考察《孔子家语》伪书公案的历程，“伪书”线索时间不断增加，这着实令人疑惑。为何早时怀疑较少，而晚时已经定论。马昭之时，王肃多以《家语》内容反对郑玄，王肃本真伪关乎学术问题的对错，但并不全然否定；王柏虽然明斥《家语》为伪，但尚属一家之言，推测之论；清代以后，《家语》一书凡与他者不相同者，依然皆不可信。总而言之，随时间推移《家语》不可信的地方越来越多，书越来越“伪”。这样的过程不禁令人想到，此正合于顾颉刚先生曾经提出的“层累地造成的中国古史”说。然而，顾先生本人只用此理论证明古史里原“真”当“伪”，对于已论证之“伪”的层累现象反而忽略。

在《家语》伪书公案中，不能忽视的一点是古代学者们追踪文献源头多止于西汉便无力推进。自西汉惠帝废除挟书令一直到班固著录《艺文志》，汉代实则用了近二百年的时间进行文献搜集整理。先秦典籍受秦火摧残，竹书简帛又不易保存，汉人存文献之功无以复加，其搜集文献之多、广亦足令人信服。然而，对于先秦文献的多点流传，诚是文献不足征。

① ［汉］孔安国：《孔子家语后序》。

② ［三国魏］王肃：《孔子家语序》。

③ 杨朝明：《代前言：〈孔子家语〉的成书与可靠性研究》，杨朝明、宋立林主编：《孔子家语通解》，齐鲁书社2013年版，第13~26页。

当代重审《孔子家语》公案的动力来自出土文献的面世。近几十年来，随着八角廊竹简《儒家者言》以及阜阳双古堆汉墓简牍、郭店简、上博简等出土文献的面世，《孔子家语》“真伪”问题受到了学者们的广泛关注。新出文献极大地证明了今本《孔子家语》的材料渊源有自，许多《家语》遭到怀疑的部分，得到了新出文献的证明。例如上博简《孔子诗论》中载：“孔子曰：‘吾以《甘棠》得宗庙之敬，民性固然，甚贵其人，必好其所为，恶其人者亦然。’”这段内容在《孔子家语·好生》中也有类似表述：“孔子曰：‘吾于《甘棠》，见宗庙之敬甚矣。思其人，必爱其树；尊其人，必敬其位，道也。’”两者内容虽不完全相同，但显然同出一源，理当慎重考虑。再比如上博简《民之父母》篇，内容与《孔子家语·论礼》《礼记·孔子闲居》多有相似，庞朴先生认为《民之父母》的出现轰然打破了我们对于《孔子家语》的成见，《论礼》与《孔子闲居》“确系孟子以前遗物，绝非后人伪造所成”①；杨朝明先生细致比较了《论礼》与《孔子闲居》，指出二者语句、字词的差距，“应该是《家语》的成书与流传造成的”②。可以说，以往人们认为《孔子家语》为“伪书”，而今此书对于孔子研究、早期儒学研究的价值已逐步被发掘，甚至有些先前对《家语》材料不看好的学者也有了较大的转变。相较于大小戴《礼记》而言，《家语》材料在诸多地方都显现出了它的优越之处，学者们在讨论和使用上也更为“大胆”起来。更重要的是，新出材料提高了《家语》的可信度，进而带动了《家语》单篇文献的研究。

笔者认为，单篇研究无疑更符合《家语》作为资料汇编的初始意义。清代史学家章学诚曾指出“缣素为书，后于竹简，故周、秦称篇……篇之为名，专主文义起讫……故著书但当论篇”③，周秦之旧籍原以竹简为书写材料，每份竹简即是一篇，整本书成文后，乃借竹简而以卷的形式流传，故对于先秦两汉之典籍更应以逐篇研究的方式，以“篇”为单位，甚至以“段”为单位，逐篇逐段考订及研究，而不是以书为单位的方式。余嘉锡先生也曾论述“汉以后著作，亟亟于自显姓名之故矣。而遂以此例古之作者，必求其人以实之，又从而辩其某书非某人所撰。此乃执曹公之律令以案肃慎氏之不贡楛矢，先零之盗苏武牛羊也”④。对于先秦古书而言，书的作者与书内容的作者并非相同之事，类似于《孔子家语》这样“记”来的文献，书的作者多

① 庞朴：《话说“五至三无”》，《文史哲》2004年第1期。

② 杨朝明：《〈礼记·孔子闲居〉与〈孔子家语〉》，《儒家文献与早期儒学研究》，齐鲁书社2002年版，第268页。

③ ［清］章学诚著，仓修良编注：《文史通义新编新注》，商务印书馆2017年版，第328～329页。

④ 余嘉锡：《目录学发微》，时代文艺出版社2009年版，第136页。

作为编撰者或记录者，过分注重“书”而忽略“篇”，甚至将书中材料搁置起来，“存而不论”，实际上无形中降低了书的价值。就《孔子家语》而言，《四库全书简明目录》中说“缀辑成篇，大义微言，亦往往而在”①，然而，既肯认了《家语》诸篇的意义，有关《家语》单篇研究却没能很好地展开。

杨朝明先生较早进入了《孔子家语》单篇研究领域，在他的影响下，曲阜师范大学师生对《家语》单篇有诸多涉猎，《王言解》也在其中。杨先生在《读〈孔子家语〉札记》② 一文中曾大篇幅讨论《王言解》的问题。张向向撰写了《〈孔子家语·王言解〉研究》③ 一文，该文从出土文献的新视角入手，对《王言解》进行文献比对与思想考察，得出了《王言解》《主言》在文本上各有优劣，孔子的王道思想全面而系统地体现在《孔子家语·王言解》中等一些有益结论。但遗憾的是，他对某些问题并没有深入下去。

清代学者姜兆锡曾盛赞《王言解》除内圣外王之道，无多言一字。④ 当代著名先秦史研究专家李学勤先生则说“（王言）篇中‘王言’意即王者之道，所谓‘道者所以明德也，德者所以尊道也’，注家认为相当《中庸》的五达道、三达德，是恰当的”，“《王言》篇是很少有人注意的文字，篇首‘孔子闲居，曾子侍’和《孝经》‘仲尼居，曾子侍’相似。《孝经》也传为曾子所作，它和《大学》一样，多处引《诗》。……这大概是晚周到汉初儒家著作的流行体例”⑤。此言清晰地表明了《王言解》在思想内涵与文风体例上都十分值得研究，并指出了《王言解》与思孟学派、王道思想的密切关联。前辈学者们虽然对《王言解》没有展开细致的论述，但无疑道出了《王言解》研究的大致方向，给予本文极大启迪。

二、《王言解》与《大戴礼记·主言》的比较

《孔子家语·王言解》篇亦载于《大戴礼记》中，作《主言》。《王言解》便是《王言》，姜兆锡在《家语正义》中认为“解字颇无义”。《王言》与《主言》在内容与结构上大体相同，对《王言解》的研究，亦是对《主言》的研究。与此同时，《王

① ［清］永瑢等：《四库全书简明目录》，上海科学技术文献出版社 2016 年版，第 243 页。

② 参见《文史哲》2006 年第 4 期，又载杨朝明：《〈孔子家语〉综合研究》，齐鲁书社 2017 年版。

③ 参见张向向：《〈孔子家语·王言解〉研究》，曲阜师范大学 2011 年硕士学位论文。

④ 参见《绪论·四》。

⑤ 李学勤：《帛书〈五行〉与〈尚书·洪范〉》，《李学勤集——追溯·考据·古文明》，黑龙江教育出版社 1989 年版，第 367~368 页。

言》与《主言》在细微之处存在许多差异，反映了《王言》《主言》的流传过程。

（一）“王言”“主言”之争

《王言》与《主言》的区别首先体现在“王”与“主”上。这虽然只是一字之差，但是决定着整篇文献的立论高低与应用领域，命名背后也隐藏着诸多的历史因素。《王言解》全文共15处提到“王”字，在《主言》中皆作“主”，围绕“王”与“主”的问题，学者们曾展开了广泛的争论。

清代学者王聘珍在《大戴礼记解诂》中解释“主”为“君”，并引《曲礼》中“君天下曰天子”，认为“主言者，君天下之言也”①。王聘珍坚定地认为《王言解》是袭自《主言》，为王肃私定，不能识此者，皆为“俗儒”。

王聘珍的说法是有针对性的，早在他之前，清代孔广森便在其书《大戴礼记补注》中论道：“古者主之称亚于君，故三世仕家君之，再世以下主之。郑君《坊记》注曰：‘大夫有臣者称之曰主，不言君，避诸侯也。’然《左传》云：‘以德辅此，则明主也。’是周末已有以主为王侯之通称者，但此篇至于‘霸王’亦作‘霸主’，其误明耳。王肃《家语》取此。”② 即孔广森认为古代称呼“君”与“主”是不同应用的称呼，累传三代，可以称“君”，两代称“主”，他还引郑玄的说法，认为大夫被家臣称为“主”，是为了有别于诸侯称“君”。孔广森还指出，虽然在东周末期，“主”已作为王侯通称，但是在篇中有“不可以致霸王”一句，显然是“王”非“主”。孔广森同样持马昭今本《家语》为王肃伪造的观点，认为王肃看到了《主言》当作“王言”，所以作了修改。在“王”与“主”的争论上，孔广森从历史沿革与篇章内容上所作的论断当为公允。然而，王聘珍则无视于此。

王聘珍《大戴礼记解诂》是研究《大戴礼记》的主要著作，但其“主言”的说法并没有得到学界的认可。在其后，孙诒让《大戴礼记斠补》中便直接用了《王言》为篇名，同样持《家语》王肃伪造说的孙志祖，也承认“《王言》，《大戴礼》作《主言》，非”③，可见在篇名问题上，《王言》《主言》一目了然。此后诸如吕思勉先生、李学勤先生等人，在谈论到《大戴礼记》时，亦直接用此。

《王言》何时由何人改作《主言》，孔广森等人并没有作出回答。杨朝明先生曾给予了一种解释。他主张《王言解》与《主言》是各有传承，《王言解》的材料曾被收

---

① ［清］王聘珍：《大戴礼记解诂》，中华书局1983年版，第1页。

② ［清］孔广森：《大戴礼记补注》，中华书局2013年版，第5~6页。

③ ［清］孙志祖：《家语疏证》，中华书局1991年版，第4页。

在汉代秘府中，后来戴德整理时，因汉代政治形势作了避讳，将“王”改为“主”。西汉时期的王已非天下共主，“戴德处西汉后期，而整个西汉的前期，中央与藩王的关系一直是政治的主线，一会儿封王置藩，一会儿又削藩平乱。……戴德改‘王’为‘主’，很可能与之有关”;① 而孔安国所私下收集的《王言解》，因为一直不得立于官学，则保留了原来的样子。杨先生与孔广森的观点不同，一者以为戴德改在前，一者以为王肃改于后，但两者差异的原因在于《孔子家语》的成书问题，而不在《王言解》的流传上。

从思想内涵上看，《王言》变为《主言》，可能也不仅仅是避讳这样简单。《荀子》中有《王霸》篇，论述王道、霸道，而言说对象为“人主”，有“故用国者，义立而王，信立而霸，权谋立而亡，三者明主之所谨择也”，“主道治近不治远，治明不治幽，治一不治二”等内容，从这里可以看出，在东周末期，明王被称为“明主”，除了王道、霸道外，亦有主道。更重要的是，主道并不只是人主选择怎样的治政方式，更形成了具体的内涵。荀子与《家语》材料关系密切，《孔子家语后序》中载：“当秦昭王时，孙卿入秦，昭王从之问儒术。孙卿以孔子之语及诸国事、七十二弟子之言凡百余篇与之，由此秦悉有焉。”荀子既论“主道”，未必没有后学将《王言》改为《主言》，以此推行儒术。

东周末期，对于王道的回想已远不如孔孟时代，而秦国尤甚。《史记·商君列传》中载商鞅入秦，先以帝道、王道说秦孝公，皆不得成效，后以霸道强国之术说秦王，则“公与语，不自知膝之前于席也，语数日不厌”，由此可知，三代王道在秦不行已久矣。而荀子入秦后，感慨秦国虽然治理井井有条，可谓治之至，“然而县之以王者之功名，则倜倜然其不及远矣！是何也？则其殆无儒邪！”（《荀子·强国》）秦国无儒，更不向往王道，《王言》在秦自然不能得行，欲其流传见用，自然需要修改。此好事者究竟为谁，终不可考证，至于西汉多承秦制，汉宣帝也称：“汉家自有制度，本以霸王道杂之，奈何纯任德教，用周政乎！”（《汉书·元帝纪》）王道之言已不如主道能见用，戴德感于此则改作《王言》，同样可能。当然，无论何人改《王言》作《主言》，皆是不成功的，《王言解》中明确透露着王道思想，这显然并非是靠仰仗人主所择的政治价值理念。

（二）《王言》《主言》删改、有无校正

除了“主”与“王”外，《王言解》与《主言》在内容上还有许多差异，比较两

---

① 杨朝明、宋立林主编：《孔子家语通解》，第17~18页。还可参见杨朝明：《读〈孔子家语〉札记》，载《〈孔子家语〉综合研究》，齐鲁书社2017年版。张向向：《〈孔子家语·王言解〉研究》亦持此观点。

者，可以清晰地发现其中的删改痕迹。张向向曾细致比对过两者，得出了一些有益的结论[①]，但同时，其研究也存在一些疏失。就《王言解》与《主言》的差异来看，共可以分为三类：流传中的同义替换、《王言解》《主言》互校者、《主言》的明显删改。

1. 流传中的同义替换

流传中相同意义的替换，最可能出现在老师口述、讲解，弟子记录的环节中，而较少出现在直接的文献整理中。同义替换往往不会影响语句大意，在没有更好或更早的版本时，也难以区分两者的优劣。就《王言解》与《主言》来看，此类不少内容被学者归于“讹误”之中，实未免粗疏。例如在《王言解》中一开始称呼“曾参”，后皆称曾子，《主言》皆称曾子，由此断定“《王言解》此处作‘曾参’可能是在流传过程中的讹误”[②]，难免随意。目前来看，《王言解》与《主言》都不是《家语》材料祖本，在不影响语义的情况下，这样的差异实际不能反映文献本身的纰漏。

例如《王言解》中载：“虽有国之良马，不以其道服乘之，不可以道里。”《主言》中作：“虽有国焉，不教不服，不可以取千里。”两者在语义上皆可以说通，哪一个更为原始准确，实不容易判断。

又例如《王言解》中载“政之不平，君之患也；令之不行，臣之罪也”，《主言》则作“夫政之不中，君之过也。政之既中，令之不行，职事者之罪也”，两者的含义相近，有人对比后，以为《王言解》里的“平”字当为《主言》的“中”字，实则有些吹毛求疵。《论语·季氏》载“不患寡而患不均，不患贫而患不安”，均者，平也，“患不均”不是说平均，而是“各得其分”[③]，这与“中”作为适合、适度的意义相同，正属于文献流传过程中的正常现象。所以，在类似的比较中，更好的处理方式是存而不论，留待考察。

2. 《王言解》《主言》互校者

吕思勉先生等人皆指出了《王言解》与《主言》在大意与文字上皆可以互相校对。这部分比较极有利于理解文献。王聘珍在解《主言》时，便曾忽略了《王言解》中“政之不平”的内容，解“中”为“正”[④]，则意义便较远了。在这两篇文献的对比中，共有七处起到了极为明显的互校作用，详见下表：

---

① 参见张向向：《〈孔子家语·王言解〉研究》，曲阜师范大学 2011 年硕士学位论文。
② 张向向《〈孔子家语·王言解〉研究》（曲阜师范大学 2011 年硕士学位论文）亦持此观点。
③ ［宋］朱熹：《四书章句集注》，中华书局 1983 年版，第 170 页。
④ ［清］王聘珍：《大戴礼记解诂》，第 3 页。

	《主言》	《王言解》	校　正
a	孔子曰："参，今之君子，惟士与大夫之言之间也，其至于君子之言者甚希矣。"	孔子曰："参乎！今之君子，唯士与大夫之言可闻也。至于君子之言者，希也。"	《主言》中的"间"字当作"闻"，意为王言不得听闻流传。按《主言》解，君子之言在士与大夫言论之间，语义不明，令人费解。君子，此处作上位者；言，道也。此句是孔子感叹为政者所谈论者甚为贫乏、寡缺，只有为士与大夫之道可听闻，王道则不闻。
b	道者，所以明德也；德者，所以尊道也。是故非德不尊，非道不明。	夫道者，所以明德也；德者，所以尊道也。是以非德道不尊，非道德不明。	《主言》虽然可通，但道、德此处显然为对立依存关系，故依《王言解》校。
c	是故圣人等之以礼，立之以义，行之以顺，而民弃恶也如灌。	等之以礼，立之以义，行之以顺，则民之弃恶，如汤之灌雪焉。	《主言》"民弃恶也如灌"，王聘珍注为"灌洗，洗濯其心以去恶也"，然若洗心，何必言"如灌"。当从《王言解》。
d	其礼可守，其信可复，其迹可履其于信也，如四时春秋冬夏。	其礼可守，其言可覆，其迹可履。	此三句皆言"信"，故《主言》当为"其言可覆"。
e	因天下之禄，以富天下之士，此之谓至赏不费而天下之士说，天下之士说，则天下之明誉兴。	因天下之禄以富天下之士，此之谓至赏不费而天下之士悦。如此则天下之民名誉兴焉，此之谓至乐无声而天下之民和。	1.《王言解》中"天下之民名誉兴焉"，无法顺利译出，比对之下，当衍"民"字。2.《主言》亦残缺"此之谓至乐无声而天下之民和"句，而"天下之士说"显为后增者。
f	所谓天下之至仁者，能合天下之至亲者也。所谓天下之至知者，能用天下之至和者也。所谓天下之至明者，能选天下之至良者也。此三者咸通，然后可以征。	故曰：所谓天下之至仁者，能合天下之至亲也；所谓天下之至明者，能举天下之至贤者也。'此三者咸通，然后可以征。	此处，《王言解》明显残缺一者，当据《主言》补全。
g	彼废道而不行，然后诛其君，致其征，吊其民，而不夺其财也。	是故诛其君而改其政，吊其民而不夺其财。	1."改其政"，根据《左传·襄公二十五年》载：郑国打败陈国后，入陈"司徒致民，司马致节，司空致地，乃还"。故《王言解》当"改"改为"致"。此处当为同义替换 2.《主言》里的"征"，显然为《王言解》里的"政"。

在这七组中，a，b，c，d，《王言解》可以校正《主言》，f为《主言》可以校正《王言解》，e，g则双方互校。有意思的是，《王言解》可以校正《主言》的地方，多是细微字词与语义的理解，《主言》可以校正《王言解》的地方则主要是脱简缺失的内容。而在e组中涉及了《王言》《主言》里的“三至”，三至是“至礼不让而天下治，至赏不费而天下之士说，至乐无声而天下之民和”，此三至实则讲礼乐秩序即贤能政治，从三者关系上看来，“至礼不让”“至赏不费”是讲举贤尚贤，“至乐无声”则是用贤之结果，因此，在接下来的继续阐释中，《王言解》《主言》皆有“如此则某某”之递进意。

《主言》在总体上更为完整，但其细节上不能圆融，这说明《主言》的完整更可能来自后人的修补。《王言解》则恰好相反，内容上的残缺，反而更加证明了其现存内容的可靠性。

3.《主言》的明显删改。这一类属于第二类中所分出有显要特征的部分，通过对比，反映了《主言》中存在着汉代修改的痕迹，详见下表：

	《主言》	《王言解》
a	是故君先立于仁，则大夫忠，而士信、民敦、工璞、商悫、女憧、妇空空，七者教之志也。	是故人君先立仁于己，然后大夫忠而士信，民敦俗璞，男悫而女贞。六者，教之致也。
b	昔者明主之治民有法，必别地以州之，分属而治之。	昔者明王之治民也，法必裂地以封之，分属以理之。
c	五十里而封，百里而有都邑。	五十里而都，封百里而有国。

在a组中，《主言》相比《王言解》，社会角色分工更为具体，多出了“工、商、妇”三者，而在对“女”与“妇”的要求上，两者更有明显区别。《王言解》中强调女贞，贞，正也，顺也。《孔子家语·本命解》中载：“女子者，顺男子之教而长其理者也。”意思是女子在男女相对关系里，处在辅助地位，这种辅助以道、理辅佐，而并非盲从。《主言》里讲的“女憧、妇空空”，皆是无知的意思，这显然不是先秦儒学的要素，更不会是孔子的话。《论语·泰伯》中记载：“孔子曰：“才难，不其然乎？唐、虞之际，于斯为盛。有妇人焉，九人而已。”从此语可以看出，孔子是肯定女子德行的。相比之下，《主言》中片面强调女子无才是德、顺从男子，更像是西汉时期的改编。

b组中，相比《王言解》，《主言》里“昔者明主之治民有法，必别地以州之”存在两处问题。明主治民以礼，不言有法；虽然古时有九州之说，但没有真正以此作为行政区域，“裂地以封之”无疑更贴近周代史实。“法”与“州”的说法，则更可能出现在秦汉之后。而c组体现得更为明显，《王言解》作“国”，《主言》作“都邑”，显然考虑到了秦汉以来的政治形势。

结合这三组的内容，以及“王言”变为“主言”的情况，可以说，《主言》经历过秦汉间的修改可能性较大。而且，这些修改皆注重秦汉的政治形势，注重能在当下发挥时效，所以更可能出自同一人之手，或者是同一学派的两代人之间。《汉书·艺文志》中载：“《记》百三十一篇，七十子后学者所记也。”《大戴礼记》内容取自于此，《主言》也在其中，《艺文志》又载：“汉兴，鲁高堂生传《士礼》十七篇。讫孝宣世，后仓最明。戴德、戴圣、庆普皆其弟子，三家立于学官。”戴德是汉代礼学中的一支，其讲礼时，以《仪礼》为经，古《记》为传解，《主言》被称引出来讲解，自然可能，西汉时期经学注重家法、师法，一脉相承，在这种不断讲习的过程中，《主言》被修改的部分可能越来越多。这样看来，杨朝明先生提出戴德改《主言》的说法便值得重视。相比之下，《王言解》的材料则更为古朴，保留了较多孔子原意。这也反证了学者们对于今本《孔子家语》成书流传的推断，相对于经过层层传播的其他资料而言，《家语》的内容值得我们重视。

三、孔子王道思想的内涵

在《王言解》的记录中，孔、曾谈论王道起因自孔子感叹和曾子的追问。文中孔子言：

> 参乎！今之君子，唯士与大夫之言可闻也。至于君子之言者，希也。於乎！吾以王言之，其不出户牖而化天下。①

正如前文所言，本句中的“希”当解释为“贫乏”“寡淡”，而不能直接简单作“稀少”解，文中两个君子均作“上位者”“为政者”解释，“君子之言”解作“君子所谈论的内容”或直译“君子的话”，“至于君子之言者，希也”，意思是君子所谈论的内容贫乏、寡淡，即君子之道缺的含义。如果我们在翻译时，将前一句的君子看作为政者，第二句的君子看作道德意义上的，一句话出现两种意义的君子显然不妥。根据文献对照，此段中两个“君子”都没有衍生的嫌疑，按照语义，士与大夫属于君子，其

① 杨朝明、宋立林主编：《孔子家语通解》，第18页。

言可闻，便不能说君子之言少。如果在同一个问题之中，一个词汇有两种意思，显然不利于理解。无论是孔子，还是曾子或其他弟子记录，都不会出现这样的情况。如此，结合整句，孔子所感慨的“君子之道”缺，并不是说为官做士、明哲保身之道，而是本应由君子承载的通达天下之道，即王道。孔子曾说：“朝闻道，夕死可矣。”（《论语·里仁》）这里的道实际就是王道，孔子希冀能听到王道却不能，原因或正是“君子之言者，希矣”。两相对照便可看出孔子在这里所感叹的正是王道。

《王言解》中孔子首先讲述了“道”“德”之关系：

> 夫道者，所以明德也；德者，所以尊道也。是以非德道不尊，非道德不明。①

这段话涉及了中国思想文化里最根本的两个概念“道”与“德”，其既可以作哲学原理的分析，也可以看作政治纲领，又或者它本身就是孔子世界观、价值观的表达。“道”“德”相辅相成，展示了孔子王道政治的理论思维。孔子这里关于道与德的论证可以与很多文献类比，《论语》中载孔子之言“志于道，据于德，依于仁，游于艺”，“道之以德，齐之以礼，有耻且格”等，似乎孔子在谈论关于人生、政治的哲学时，总会以道、德开头。而《大学》开篇讲“大学之道，在明明德”，道与德的关系似乎是孔门学问伊始的“大石块”。

就“道”与“德”的关系而言，《王言解》的话清晰地反映了两者的辩证关系。朱熹曾解道、德之义，谓：“道者，人之所共由也；德者，己之所独得也。”② 此解释看似指道是人间之普遍性，德代表了人的特殊性，但实际上，德是所独得于道者，道亦需有德者彰显。孔子认为万事万物皆有其道，相马有马道，治国有王道，依道而行方能达到事物的完善状态，传递出治国应当选择走正确道路，选择正确的人来治理。

具体而言，孔子对“道”的解读从历史上的文武之道开始，拓展王道内涵，渐至人道至理。在孔子那里，“道”的基本含义是正道、正途。《论语·雍也》载：

> 子曰：“谁能出不由户？何莫由斯道也？”

“户”即门。由门而出，理所应当，孔子以此表明他所主张的“道”为人之当然。在此句中，孔子表达了希望人们遵“道”而行的愿望，这与《尚书·洪范》中“无有作

---

① 杨朝明、宋立林主编：《孔子家语通解》，第 19 页。

② ［宋］黎靖德编，王星贤点校：《朱子语类》，中华书局 1986 年版，第 101 页。

好，遵王之道”的意思相同。但是，孔子与《洪范》的口吻却不一致。孔子持一寻求认同的态度，《洪范》则展现了上位者对百姓进行要求的姿态。这种差异与孔子的身份相关。孔子说：“志于道。”此“道”首先是以“文武之道”为代表的王道，但相比于《洪范》的作者，孔子“有德无位”，自是不能用上对下的态度章明其道。也正因如此，孔子须将道“人之当然”的意义建立在人们的认可之上，这便使“道”有了更深刻的发展。

孔子口中的“德”亦不同于前代。西周时期已有“以德配天”的思想，孔子曾引《诗经》之言曰“嘉乐君子，宪宪令德。宜民宜人，受禄于天。保佑命之，自天申之”，进而得出结论：“故大德者，必受命。”（《中庸》）孔子始终极为肯定政治中“德”与“天命”的关联，“德”在孔子那里是“下学而上达”的贯通者。孔子将有德者称为君子，而君子尊德乐义，不以时势转移志向。孔子以此教授弟子，具体而言就是希冀弟子养成君子人格。“子谓子夏曰：‘女为君子儒，无为小人儒。’”（《论语·雍也》）君子与小人的划分不是人性的区别，而是志向与人格的差异。孔子弟子曾子，即《王言解》中听闻孔子论王道者，曾说：“士不可以不弘毅，任重而道远。”（《论语·子罕》）可以说，孔子不仅仅是重塑了王道，也塑造了一批承载王道的人。余英时曾论：“中国知识阶层刚刚出现在历史舞台上的时候，孔子便已努力给它贯注一种理想主义的精神，要求它的每一个分子——士——都能超越他自己个体的和群体的利害得失，而发展对整个社会的深厚关怀。”① 士君子们正是以君子之德延续着先王之道。

《论语》记载“子言卫灵公之无道也”（《论语·宪问》），实则即言卫灵公无德，即所谓其“好德不如好色”。孔子以为，为政之有道无道，悉以德行有无为断。最让孔子忧惧的是“道”的失落，是“圣王”“君子”所象征的精神价值方向的迷失，因为这才是关涉礼制秩序建构的意义根据和精神方向的大问题。孔子王道的政治理想遂以“有德者执政”为中心，盖后世所谓“圣君贤相”。孔子认为人间秩序应该是朝着“道”生成的方向前进，因此，他一生培养君子，强调德治。道是由德来支撑的，所以建立“天下有道”的世界，需要更多的有德者。故而，儒家政治的施行就是要使民众“有耻且格”（《论语·为政》）。《王言解》中“道与德”的辩证即说明此德治理论。

在《王言解》中孔子在阐释了原理与理想后，紧接着论述了达到王道的方法：“内修七教”与“外行三至”。七教者：

上敬老则下益孝，上尊齿则下益悌，上乐施则下益宽，上亲贤则下择友，上

---

① 余英时：《士与中国文化》，上海人民出版社1987年版，第35页。

> 好德则下不隐，上恶贪则下耻争，上廉让则下耻节，此之谓七教。七教者，治民之本也。政教定，则本正也。

显而易见，“七教”的内容实则是恕道在政治上的表现，子贡曾经问孔子“有一言可以终身行之者乎?”（《论语·卫灵公》）孔子的回答正是“恕”，他的进一步解释则是“己所不欲，勿施于人”。曾子曾解“夫子之道，忠恕而已矣”（《论语·里仁》），在《大学》里也有类似的表述，在“治国平天下”章中，列在“絜矩之道”旁：“谓平天下在治其国者，上老老而民兴孝；上长长而民兴弟；上恤孤而民不倍。”《大学》中的内容与《王言解》中“七教”并无二致，相传《大学》为曾子所作，由此可以更加确信《王言解》的可靠性。

《论语·为政》首章讲：“为政以德，譬如北辰，居其所而众星拱之”，“七教”言上为正则下自明，与《为政》中的话正相互对应。在孔子看来，只有以自上而下的方式确立起人道价值，才足以让大道流行，这也就是孔子在文中所说的“政教定，则本正也”。

实行王道的第二点是“三至”：

> 至礼不让而天下治，至赏不费而天下士悦，至乐无声而天下民和。明王笃行三至，故天下之君可得而知，天下之士可得而臣，天下之民可得而用。①

三至的表述虽然看起来十分宽广，实则含义十分集中，一言以蔽之，“三至”就是“选贤与能”。具体来看，“至礼不让”“至赏不费”“至乐无声”分别言说了对待贤人的“位”“禄”“果”。礼的最高境界就是在尊贤上无须讲求谦让，用天下的爵位尊崇天下贤德士人，天下就可以得治；财物运用的最高层次是以贤明程度分配财富，这样天下士人就会心悦诚服；天下贤明之人能得其位，能得其禄，便能使天下安定，人民和顺。简言之，孔子认为王道需要“外行三至”，是在政治模式上主张“贤能政治”。

以“至礼不让”为例，儒家主张礼治为国，礼主张位分差别，不少人将其看作社会等级的固化，但实际上，礼中最大的位分差别在贤与不肖之间。《中庸》讲：“故大德必得其位”，贤能者在礼中有莫大之位，《荀子》中说：“礼有三本：天地者，生之本也；先祖者，类之本也；君师者，治之本也。”除去天地、先祖外，君、师作为礼的根本是因其教化治理的责任与功能，这表明了礼治的本质是以教化引导为主的贤能政治，而非将等级制作为其根本目的。《礼运》中讲“刑仁讲让”，是礼讲求“尊让”之

---

① 杨朝明、宋立林主编：《孔子家语通解》，第23页。

道，但孔子指出亦有“不让”之理，以天下之爵尊天下之贤人，正是礼的极致。礼的“让”与“不让”是生活与政治的区别，包含着王道在政治上对于贤人的期许。再例如孔子谈道：“至乐无声而天下民和。”尊贤使能可以使天下民众的生活和谐安宁，背后的道理即在《论语》中孔子所说的“举直错诸枉，则民服；举枉错诸直，则民不服”（《论语·为政》）中。孔子还曾言：“吾观于乡，而知王道之易易也。”（《礼记·乡饮酒义》）乡是乡饮酒礼，乡饮酒礼之所以体现了王道之易，正在于它宾贤明使能的特征。“选贤举能”是礼乐秩序中政治理念、政治模式的体现，即孔子这里所说的“至礼”。所以，三至强调的正是礼乐秩序在政治应用上的原则。

《王言解》还谈到了“守”与“征”的问题：

> 七教修然后可以守，三至行然后可以征。明王之道，其守也，则必折冲千里之外；其征也，则必还师衽席之上。①

孔子集三代之大成而尤尚周文，他对于内守、外征相互贯通的论述正是对三代文化的总结。如以春秋列国交往对“德”的重视观照孔子论述，便可以发现内守、外征能相互贯通的重点就在于施行王道。《王言解》的最后描述了民众盼王者之来，犹如时雨之降，这正是从内向外，从人心通向天下。

从《王言解》的内容来看，其与《论语》《大学》《孝经》等书中的某些内容高度一致，其写定时间也应当是在孔子去世后到孟子之前的这段时间，整理者则可能为曾子、子思一系的儒者。尽管从《王言解》内容上看，孔、曾对话的发生具有偶然性，但整篇文章经过整理之后层次分明、条理清晰，从有感而发到谆谆教诲，展现出了孔子王道思想的格局、气象。通过《王言解》可以看到，孔子王道思想正是以道德辩证为中心，主张以德、礼为政，内外相应以取天下。以《王言解》为契，可以条分缕析地讨论孔子王道的原理、目标、方法，以获得有益的启迪。

---

① 杨朝明、宋立林主编：《孔子家语通解》，第19页。

《孔子家语·问玉》篇解读及时代价值

郑丽媛

去过曲阜孔庙的人一定会知道，在孔庙承圣门内有一座绿瓦悬山顶建筑，名曰：诗礼堂。这里本是孔子的故居。据《论语》记载，一次，孔子站在庭院中，见儿子孔鲤从他跟前走过，孔子问儿子说：学《诗》了没有？孔鲤回答没有。孔子对他说："不学诗，无以言。"意思就是不学《诗》，就说不出有水平的话。孔鲤回去便开始学《诗》。又有一次，孔鲤从院子里走过，孔子问他：学礼了没有？孔鲤又回答没有。孔子便说："不学礼，无以立。"意思是不学礼，就无法在社会上立身处世。从此以后，学《诗》、学礼便成了孔家家训的核心内容。后世为纪念孔子教育儿子孔鲤学《诗》、学礼的训教，便建了"诗礼堂"。

走进诗礼堂，首先映入眼帘的是一副由清乾隆皇帝题写的对联，上联是绍绪仰斯文识大识小，下联是趋庭传玉教学礼学诗。很多人可能会疑惑：玉教为何教？古人施教有哪些内容？对今之世人又有何启发？

《孔子家语·问玉》篇详细阐述了玉的特征，并论述了玉教的养成方法。孔子施教，"先之以《诗》《书》，而道之以孝悌，说之以仁义，观之以礼乐，然后成之以文德"（《孔子家语·弟子行》）。以孔子为代表的儒家，在人才的培养问题上，注重君子人格的养成，坚持以德为先，希望人人都能向君子之美德去靠近，修身齐家，进而实现内圣外王。

一、君子比德于玉

（一）玉之特征

《孔子家语·问玉》篇因开篇子贡向孔子问玉，故以"问玉"为篇名。说到玉，我们并不陌生，现实生活中，有很多人会买个玉器摆在家里，以期用美好的寓意带来吉祥；也有人会买个玉器挂件戴在身上，以满足自身美观又祈求平安的心理需求；还有人给孩子起名字时选择玉字做偏旁的字，希望孩子的一生可以美满顺利、前程似锦。

玉虽然也是石头的一种，可是比起一般的石头，玉的价格可要贵得多。为什么贵？《孔子家语·问玉》篇的开篇，子贡便向老师请教："敢问君子贵玉而贱珉，何也？为玉之寡而珉多欤？"珉，是一种长得很像玉的石头。为什么君子把玉看得尊贵而把珉看得轻贱呢？是因为玉少而珉多吗？孔子回答说："非为玉之寡故贵之，珉之多故贱之。"孔子的回答是否定的。不是因为稀有，又是为何呢？孔子的答案是："夫昔者君子比德于玉。"

关于君子的品德，《论语》中有很多论述：比如"君子坦荡荡，小人长戚戚""君子喻于义，小人喻于利""君子怀德，小人怀土；君子怀刑，小人怀惠"等。可见，君子是美德的化身，是德行修养高尚之人的代表。既然孔子说君子比德如玉，那么，玉有哪些品质？它和君子的美德之间又有什么联系呢？

《孔子家语·问玉》篇进行了详细的阐述，"温润而泽，仁也"，玉温和柔润而有光泽，像仁的品德；"缜密以栗，智也"，细致精密而坚实，像智的品德；"廉而不刿，义也"，内有方之端正，外有圆之包容，有棱角却不伤人，光润而不刺眼，像义的品德；"垂之如坠，礼也"，悬垂下坠，厚重而谦卑，恭谨有度，像礼的品德；"叩之，其声清越而长，其终则诎然，乐矣"，敲打它时，玉能够发出清脆悠扬的声音。既能传播远方，又能戛然而止，有始有终，像乐的品德；"瑕不掩瑜，瑜不掩瑕，忠也"，玉上的斑点遮盖不了玉上的光彩，同样，玉上的光彩也遮盖不住玉上的斑点，使其可以真实地呈现，真实才可靠，可靠即为忠；"孚尹旁达，信也"，玉的颜色晶莹剔透，通达于四方，经得起时间的考验，像信的品质；"气如白虹，天也；精神见于山川，地也"，玉的光气如白色长虹，像天；玉的精气显现于山川之间，像地；"珪璋特达，德也；天下莫不贵者，道也"，以玉制的珪、璋作为朝聘的信物，通达情意，像德；天下人以它为尊贵，以它为珍惜，像尊重道一样。

在孔子的眼中，玉代表了十一个美德的范畴。他详细地将玉的光泽、形状、声音等自然特征和人的道德品质一一对应起来，将玉人格化，于是玉和人因为共同的"德"而产生了联系。首先，玉代表了"仁、智、义、礼、乐、忠、信"七大美德，进而这些美德通达于"天、地"，最后归结为"德、道"。孔子的理解层层深入、鞭辟入里，将形象的比喻与抽象思辨完美地结合起来，深刻阐述了玉的品质与君子美德之间的内在链接。

（二）玉教——君子之教

孔子用《诗经·秦风·小戎》的一句诗来总结君子与玉之间的关系，“‘言念君子，温其如玉。’故君子之贵之也”。君子以玉为贵的原因是玉的品格代表了人的美德。之所以玉贵而贱珉，不是因为多寡，不是因为形态，而是因为其内在所承载的美德和品格。君子比德于玉，正是崇尚它的精神之美、品格之美。于是，玉便成了君子的象征，看到玉就想起君子，想起君子的美德。

因此，古人常常佩玉。今天，我们在很多古装电视剧中也经常看到一些王公贵族佩戴玉饰。《礼记·玉藻》篇中记载：古之君子必佩玉。君子佩玉并不是因其贵重和形美，而是以玉为鉴，以玉的品德时时提醒自己要进退有依止，行为有规范。佩玉的深层含义其实就是“佩德”。自古王侯将相常常以玉来标榜自己是有“德”的仁人君子，文人骚客以玉来彰显其风流倜傥，贩夫走卒也以玉祈求平安。可见，玉在中国人心中的特殊地位。这也就有了我们常说的“黄金有价玉无价”。为何无价？因为其中有情有义，有太多美好的寄托和寓意，有深厚的历史和文化。

玉所承载的美德已经融入中国人的物质与精神生活中，与我们民族的血脉相连、情义相连、精神相连。所以，玉教即为君子之教。

二、玉教的养成

（一）六教的作用

玉代表了如此多的美德，君子又比德于玉。那么，这些美德应该如何养成呢？子曰：“入其国，其教可知也。”进入一个国家，就可以知道它的教化情况了。如何知道？孔子接着说：“其为人也，温柔敦厚，《诗》教也；疏通知远，《书》教也；广博易良，《乐》教也；洁静精微，《易》教也；恭俭庄敬，《礼》教也；属辞比事，《春秋》教也。”由此可见，美德的养成是教化的结果。

如何教化呢？孔子说得非常清楚，“其为人也，温柔敦厚，《诗》教也”，如果那里的人们温和、忠厚，就是以“诗”教化的结果；“疏通知远，《书》教也”，可以博古知今，而又有远见，就是以“书”教化的结果；“广博易良，《乐》教也”，如果人们可以心胸豁达、平易善良，那就是以“乐”教化的结果；“洁静精微，《易》教也”，彰显在外的是容易看到的，可是微小、处于萌芽状态的事情却是难以发现的，如果一个人可以既了解细小的萌芽状态，又了解发展起来后的显著特征，内心洁静、精察隐微，就是以“易”教化的结果；“恭俭庄敬，《礼》教也”，谦恭节俭，庄重诚敬，就是以“礼”教化的结果；“属辞比事，《春秋》教也”，善于连缀文辞、排比史实，就是以“春秋”教化的结果。

以上六教，可以说三百六十度立体化地去熏化、教育一个人，而君子正是践行这六教的楷模。

（二）六教的内容

在孔子以前乃至孔子时代，整个社会的教育体系就已经比较完善了。《大戴礼记·保傅》篇中记载，孩童至“八岁而出就外舍，学小艺焉，履小节焉”。少年时期，进入“小学”，学习“小六艺”，也就是“礼、乐、射、御、书、数”。通俗一点讲，就是礼仪（类似今日德育教育）、音乐、射箭技术、驾驶马车的技术、书法（书写、识字、作文）、计算等基本的技能和常识。可以说，小学阶段学习的就是洒扫、进退、应对之节。从基本的行为训练、日常礼节等入手，养成良好的生活习惯。

而到了成人的阶段，一般十五岁左右，就要进入“大学”，这时候就要学习“大六艺”。孔子所教授学生的“大六艺”乃是“大学”的主要内容，就是《诗》《书》《礼》《乐》《易》《春秋》六种科目。而我们今天所说的“六经”——《诗》《书》《礼》《乐》《易》《春秋》，可以说是孔子为这六种科目所编定的“教科书”。

《诗》，又称“诗三百”，汉代起称《诗经》，并列入“五经”之中，是我国第一部诗歌总集，收录了西周初年到春秋中叶的诗歌三百零五篇。《诗经》用最浪漫的语言表达最理性的情感，解决人性中正平和的问题。诗是人情感和心志的外在流露和表达，正如《诗大序》所说：“《诗》者，志之所之也。在心为志，发言为《诗》。”在孔子看来，学《诗》可以让人温柔敦厚，《诗》“可以兴，可以观，可以群，可以怨。迩之事父，远之事君”。

《书》，到汉代改成《尚书》，是我国最早的一部历史文献汇编。“尚”通“上”，“书”即文字、文字记录、文档、文书。“尚书”即上古的文献档案。

《礼》，在中国古代用于定亲疏，决嫌疑，别同异，明是非。礼是一个人立身处世的根本，也是一个人之所以为人的标准。自周公制礼作乐开始，便奠定了中国礼乐文明的底色。礼能够“经国家，定社稷，序民人，利后嗣”。小到个人修身，大到国家典章制度的建立，无一没有礼的存在。著名的史学家钱穆先生指出，中国人的核心思想就是礼，它是整个中国人世界里一切习俗行为的准则。

《乐》，周王室司乐的音乐作品，一般指《乐经》。古代的乐教，可以说是诗、乐、舞的三位一体。《乐》集夏、商两代音乐精华之大成，由周公整理而成，周王室历代乐官修订。现《乐》已失传，无法知其原貌。

《易》，又称《周易》《易经》，是中国最古老的经典文献之一，被尊为群经之首。《易经》是一套符号系统来描述状态的变易，表现了中国古典文化的哲学和宇宙观，以阴阳两种元素的对立统一去描述世间万物的变化。广义的《易》包括《易经》和《易传》。

《春秋》是鲁国的史书，记载了鲁隐公元年（前722）到鲁哀公十四年（前481）的历史，是中国现存最早的一部编年体史书。《春秋》文字精练，微言大义。

（三）六教之失

既然六教可以从内而外练就君子的品格，那么是不是我们每个人埋头苦学都可以成为君子呢？很显然，不是的。比如，现实生活中，有人也可以把经典背得很熟，可是真正走到生活当中，满口之乎者也，看似非常博学，但是在处理问题上却差之千里；也有人精通《易经》中的八卦，总在为他人预测未知的生活，自己却过不好当下的生活。

所以要好学，还要善学。善学就是要知道它们的所得之处，还要知道它们的所失之处，叩其两端执其中。说到六经之"失"，其实经典本身并无所谓"得"与"失"，只是当人们主观的意愿、情感、偏好在其中的时候，经典的教育意义便很容易被偏执一端。所以，孔子讲得很明白，他说："《诗》之失，愚；《书》之失，诬；《乐》之失，奢；《易》之失，贼；《礼》之失，烦；《春秋》之失，乱。"

《诗》教人什么呢？它教人"温柔敦厚"，在心为志，发言为诗。而怕的是满口"之乎者也"，远离现实生活，不知返人道之正，不能够达到《论语》所说的那种"诗三百，一言以蔽之，曰思无邪"的效果；《书》教人"疏通知远"，博古知今而有远见。怕的是失实、有偏颇。对于历史，需要客观地审视，引以为鉴；《礼》教人"恭俭庄敬"，进退有礼。经礼三百，曲礼三千，怕的是流于形式、繁文缛节，失去了礼的内涵，就像孔子说的"居上不宽，为礼不敬，临丧不哀，吾何以观之哉"；《乐》教人"广博易良"，可以善民心，感人深，移风易俗。怕的是讲求奢侈排场，靡靡之音，过分追求人欲望的发泄；《易》教人"洁静精微"，纯真，虔诚，而又精察隐微。怕的是不走正道，误入歧途；《春秋》教人"属辞比事"，举一反三。怕的是人们在混乱中，分不清一二，不能够正本清源，客观审慎地看待问题。

"温柔敦厚"与"愚"，"疏通知远"与"诬"，"广博易良"与"奢"，"洁静精微"与"贼"，"恭俭庄敬"与"烦"，"属辞比事"与"乱"，都是两两相对的关系。如果将一种品德的内在趋势发挥到极致，那必将会走向反端，所以在学习应用的过程中，我们要具备一种超越的能力，要能够超越纷繁复杂的现象，守住自己的心，保持觉知和敏感，才能将六经的思想精髓内化于心、外化于行。

因此，只有领悟了六教的本质，才能得其精华。也就是孔子所说的：

> 其为人也，温柔敦厚而不愚，则深于《诗》者矣；疏通知远而不诬，则深于《书》者矣；广博易良而不奢，则深于《乐》者矣；洁静精微而不贼，则深于《易》者矣；恭俭庄敬而不烦，则深于《礼》者矣；属辞比事而不乱，则深于《春秋》者矣。

为人温柔敦厚而不愚钝，那就是深刻理解了《诗》；博古通今、了解历史而不失实，就是深刻了解了《书》；豁达善良而不奢侈，就是深刻理解了《乐》；内心洁净而不怪诞，就是深刻理解了《易》；恭敬端庄而不烦琐，就是深刻了解了《礼》；连缀文辞、排比史实而不混乱，就是深刻理解了《春秋》。

可以说，六经之中蕴含着丰富的修身正己、治国理政的大智慧。学好六经，是一个人走上社会舞台非常重要的基础。所以，在古代，那些有作为、有功名的人都是六艺的精通者。《史记·孔子世家》中说："孔子以诗书礼乐教，弟子盖三千焉，身通六艺者七十有二人。"

三、"六教"的源头

"六教"可以说是我们的先贤圣哲留下来的上古时期中华文明的精华，那么，这些思想的源头又来自哪里呢？其实，在任何一种文明中，都有一种力量先天地而生，化生一切。中华文明称这种力量为"道"，认为道在昭示一切。道由"德"来承载，德是万物的固有属性。道化生天地，天地就成了万物的典范，当然也包括人。人是天地之精华，但人不出天地之间，所以人要尊重天地，同时也效仿天地。所以，天地之德成为世间一切力量的源泉。

那么，天地之德是如何表现的呢？孔子说："天有四时者，春夏秋冬，风雨霜露，无非教也。地载神气，吐纳雷霆，流形庶物，无非教也。"天有春、夏、秋、冬，可以普降风雨霜露，这些无一不是教化。《论语·阳货》记载，子曰："天何言哉？四时行焉，百物生焉，天何言哉？"上天没有说话，但是四时交替、万物化生。就像清代经学家张惠言的那句：东风无一事，妆出万重花。和煦的春风吹过，看似没有做什么，但是大地已经一片生机盎然。天的教化在告诉我们，要懂得知位守时。大地负载神妙之气，变化出风霜，滋养万物繁衍生长。地的教化在告诉我们，要懂得包容、承载和生发。所以，天地本身的呈现就是教化。

人在天地之间，可以与天地相参，传习其教化的，就只有圣人可以做到。“清明在躬，气志如神，有物将至，其兆必先。是故，天地之教与圣人相参。”四季交替、风霜雨露、繁育万物为天地之教化。圣人能够读懂天地教化，秉承清明之德，施惠万民，福泽四方。可以说，圣人就是天地在人间的代言人。因此，天地的教化与圣人之举相辅相成。就像《诗》中说的：

> “嵩高惟岳，峻极于天。惟岳降神，生甫及申。惟申及甫，惟周之翰。四国于蕃，四方于宣。”此文、武之德。“矢其文德，协此四国。”此文王之德也。凡三代之王，必先其令问。《诗》云：“明明天子，令问不已。”三代之德也。

“山岳高大巍巍，高高直耸入云天。降下神灵和气来，申伯与甫侯生人间。正是申伯与甫侯，捍卫了周朝的基业。四方各国来屏卫，天子之德得以宣告”，这就是周文王、周武王之德。“广布文德，协此四国”，这是周文王之德。三代圣王，称王之前一定先有美誉。《诗》中说：“勤勉的天子，美誉不断。”这是三代圣王之德。

四、礼治的社会作用

既然六教有如此大的教化作用，那么如何把这种教化的力量在社会治理中去应用呢？接下来，孔门弟子中一个对政治敏锐性很高的学生子张向老师问了一个问题：“圣人之所以教？”也就是圣人是怎样进行教化的。孔子的回答一语切中要害：“师乎，吾语汝。圣人明于礼乐，举而措之而已。”孔子说：师啊，我告诉你。圣人精通礼乐，只不过把它们施行而已。

在开篇，我们听孔子教育儿子的故事，其中“不学礼，无以立”除了是说学礼可以让一个人在社会上自立以外，其实礼的社会治理作用也是非常重要的。在《论语·宪问》篇，孔子曾说：“上好礼，则民易使。”作为“上者”，君子好礼，老百姓自然受其影响，依礼而行。上位者的德行像风，老百姓像草，“草上之风，必偃”。风吹到草上，草就必定跟着风向有所倾斜。这也就是我们常说的“风吹草动”。在这个意义上，君子好礼、行礼，就不单单是个人之“修身”，也是“治国平天下”的重要途径。

那么，礼教在社会治理中具体是怎么施行的？子张好像没有明白，于是“子张又问”。孔子是这样说的：“师，尔以为必布几筵，揖让升降，酌献酬酢，然后谓之礼乎？尔以为必行缀兆，执羽籥，作钟鼓，然后谓之乐乎？”子张，你以为必须摆下案儿，铺上筵席，作揖谦让，上下走动，酌酒献客，相互敬酒，这就是礼吗？你以为排列好舞者的位置，手里拿着舞具、乐器，敲钟鸣鼓，这就是乐吗？

孔子于是开始向子张介绍礼治实施的具体路径。是不是摆好礼器、排好乐舞、置办好道具就可以起到教化的作用了呢？这个问题我们也可以想一想，如果还不是很明白，不妨看看今天的人在习礼时的一些表现。当前，研学游活动可谓风靡一时，在大力弘扬传统文化的背景下，全国有非常多的中小学都在组织研学游，曲阜“三孔”成为研学游的重要基地。我们看到，很多的研学游团队在活动中会穿着汉服进行参观学习，还会在孔庙万仞宫墙、孔庙杏坛等地进行一些简单的拜祭孔子的仪式。

当然，着汉服、行古礼是学习的一种体验形式，可是我们不禁要问：学习和践行礼义的精神仅仅是穿一件衣服、行一个礼就能解决吗？或许，表面的形式和仪式可以让人感性地去认识和体验，但是真正要悟得礼义做好这些还是远远不够的。

那到底应该怎么做呢，孔子继续说：“言而可履，礼也；行而可乐，乐也。圣人力此二者，以躬己南面。”说的话可以做到，这就是礼。施行后方可有乐，故行而可乐，这就是乐。圣人致力于此二者，可以来教化百姓。原来，浮在表面的礼仪形式与器物摆设只是礼的末节，礼乐的真义是真实地存在于每件事的发生中，让人知其位，知其所行，知其所止。

那么，圣人将礼乐施与天下，会出什么情况呢？“是故天下太平，万民顺伏，百官承事，上下有礼也。”于是天下太平，万民顺服，百官尽职，上下有礼。“夫礼之所以兴，众之所以治也；礼之所以废，众之所以乱也。”所以礼制能否在社会盛行，关系整个社会的兴衰。礼制兴盛，百姓得以治理；礼制废弛，社会就会混乱。

礼的本质是“位”和“序”。在日常生活中的各个角落，其实都有礼的呈现。“目巧之室则有隩阼，席则有上下，车则有左右，行则并随，立则有列序；古之义也。”房屋有内室与台阶之分；席有上下之位；车有左右之位；出行有并立之位，还有跟随之位；走路有先后，站立有次序，这是自古以来的道理。因为有位，所以就分出了贵贱尊卑、快慢先后；因为有序，所以社会就不会乱。

反之，如果没有“位”和“序”呢？“室而无隩阼，则乱于堂室矣；席而无上下，则乱于席次矣；车而无左右，则乱于车上矣；行而无并随，则乱于阶涂矣；列而无次序，则乱于著矣。”意思是说房屋没有内室、台阶之分就会混乱；走路不分前后，台阶和道路上就混乱了；列队没有次序，位置就混乱了。

“昔者明王圣人，辩贵贱长幼，正男女内外，序亲疏远近，而莫敢相逾越者，皆由此涂出也。”以前明王圣人区分贵贱长幼，端正男女内外之别，排列亲疏远近关系，没有敢逾越的，都是根据这个道理来的。

反观今天社会中的种种现象，比如路口等红绿灯，有人一遇到红灯就会不耐烦。可是事实是，如果路口没有红绿灯，需要靠大家自觉让行时，情况反而会变得更加糟糕。如果再遇到雨雪天气，人人都想赶快通行，结果只能是谁也走不动。由此可见，只有真正地讲秩序，才能为全然的自由提供保障，而礼正是为我们个人的生活和社会的和谐提供了秩序和保障。

总体来看，在《问玉》这一篇，有一条非常清晰的主线就是君子的美德以及美德的练就与实施。开篇以玉起兴，比喻君子之德，温其如玉。君子是美德的化身，以《诗》《书》《礼》《易》《乐》《春秋》这“六教”作为学习的“教材”，不断修习琢磨，是践行礼义的楷模、榜样。

对于“六教”的学习与应用，贵在持守中道，有节有序，不偏不倚，方能得其真义。圣人作为天地的代言人，以礼、乐之道传习教化，昭示天地秩序，彰明万物之位，使人知止明理，社会安定有序。礼的本质是秩序，而人类对秩序的追求则是永恒的。可见，《孔子家语·问玉》篇所阐述的君子之教的养成和礼的本质，对于个人修身和社会治理都具有极其重要的借鉴和启发意义。

【学术史谭】

《百子全书》本《孔子家语》勘误

高尚举

近期，我应中华书局之约编撰的《孔子家语校注》一书，被列入“新编诸子集成续编”出版。校注《孔子家语》，选择《四部丛刊》本为底本，以玉海堂本、同文书局本、《四库全书》本、《四部备要》本、《百子全书》本为参校本。在校注过程中，发现《百子全书》本（浙江人民出版社据扫叶山房1919年石印本影印）存有严重的误、衍、脱之弊。兹仅以《家语》前五篇（《相鲁》《始诛》《王言解》《大婚解》《儒行解》）为例，指出其所存错误，以提醒利用该书者戒慎。

一、误

所谓“误”，即文字错误。造成文字错误的原因，大概有两个方面，一是该本的校理者所致，一是刻印者所致。如：

《相鲁》篇：“定公谓孔子曰：‘学于此法以治鲁国，何如?’”“于”字，玉海堂本、同文书局本、《四库全书》本、《四部丛刊》本、《四部备要》本皆作“子”，唯《百子全书》本作“于”，误。

《相鲁》篇：“孔子历阶而进，以公退，曰：‘士以兵之！吾两君为好，裔夷之俘，敢以兵乱之，非齐君所以命诸侯也。裔不谋夏，夷不乱华，俘不干盟，兵不逼好，于神为不祥，于德为僭义，于人为失礼，君必不然。’”“僭”字，玉海堂本、同文书局本、《四部丛刊》本、《四部备要》本作“僁”；《四库全书》本作“愆”。僁：同“愆”。《广韵·仙韵》：“僁，俗愆字。”《玉篇·心部》：“愆，失也。”《百子全书》本作“僭”，误。

《相鲁》篇：“孔子趋进，历阶而上，不尽一等，曰：“匹夫荧惑诸侯，罪当诛，请右司马速加刑焉。”荧惑，玉海堂本、同文书局本、《四库全书》本、《四部丛刊》本、《四部备要》本皆作“荧侮”。荧侮：惑乱、侮辱。罪当诛，玉海堂本、同文书局本、《四库全书》本、《四部丛刊》本、《四部备要》本皆作“罪应诛”。《百子全书》本“惑”“当”二字误。

《相鲁》篇：“孔子以梁丘据曰：‘齐鲁之故，吾子何不闻焉？’”“以”字，玉海堂本、同文书局本、《四库全书》本、《四部丛刊》本、《四部备要》本皆作“谓”，唯《百子全书》本作“以”，误。

《相鲁》篇：“若其不具，是用秕糠。用秕糠君辱，弃礼名恶，子盍图之！”秕糠，玉海堂本、《四库全书》本、《四部备要》本、《四部丛刊》本作“秕粺”，同文书局本作“秕稗”。粺，通“稗”。王肃注：“秕，谷之不成者。粺，草之似谷者。”各本及王肃注皆作“秕粺或秕稗”，证明《百子全书》本“秕糠”是错误的。

《相鲁》篇：“及孔之子为政也，则沈犹氏不敢朝饮其羊，公慎氏出其妻，慎溃氏越境而徙。”及孔之子为政也，玉海堂本、同文书局本、《四库全书》本、《四部丛刊》本、《四部备要》本皆作“及孔子之为政也”。《百子全书》本“孔之子”误。

《始诛》篇：“天下有大恶者五，而窃盗不与焉。一曰心逆而险，二曰行僻而坚，三曰言伪而辨，四曰记丑而博，五曰顺非而饬。”饬，玉海堂本、同文书局本、《四库全书》本、《四部丛刊》本、《四部备要》本皆作“泽”。顺非而泽：顺从错误言行且加以润饰。《礼记·王制》：“行伪而坚，言伪而辩，学非而博，顺非而泽以疑众，杀。”孔颖达疏：“‘顺非而泽’者，谓顺从非违之事，而能光泽文饰，以疑于众。”①泽，有润泽、文饰的意思。可见，《百子全书》本不必将“泽”改作“饬”。

《始诛》篇：“其居处足以椒徒成党，其谈说足以饬褒荣众。”椒徒成党，玉海堂本、同文书局本、《四库全书》本、《四部丛刊》本、《四部备要》本皆作“撮徒成党”。撮：聚。椒：木名，木柴。“椒”字显误。饬褒荣众，玉海堂本、同文书局本、《四部备要》本作“饰褒莹众”，《四库全书》本作“饰衺荧众”。当从《四库全书》本，作“饰衺荧众”。衺：同“邪”，邪恶。《汉语大词典》：“莹：通‘荧’，眩惑。《孔子家语·始诛》：‘其谈说足以饰褒莹众。’王肃注：‘莹，惑也。’”② 可知，《百子全书》本“饬褒荣众”是错误的。

《始诛》篇：“三军大败，不可斩也。狱行不治，不可刑也。”狱行，玉海堂本、同文书局本、《四库全书》本、《四部丛刊》本、《四部备要》本皆作“狱犴”。狱犴：

---

① 《礼记正义》，北京大学出版社 2000 年版，第 487 页。

② 《汉语大词典》第 4 卷，上海辞书出版社 1986 年版，第 627 页。

牢狱。《百子全书》本“狱行”误。

《王言解》篇：“周制，三百步为里，十步为井，三井而埒，埒三而矩，五十里而都，封百里而有国，乃为稸积资聚焉，恤行者有无。”十步为井，玉海堂本、同文书局本、《四库全书》本、《四部丛刊》本、《四部备要》本皆作“千步而井”。孔广森《大戴礼记补注·王言》云：“‘千步’，亦字误。《韩诗外传》曰：‘方里为一井，广三百步、长三百步为一里，其田九百亩。’”① 孙诒让《大戴礼记斠补》曰：“孔云：千步，亦字误……赵校云：此井字当作凿井之‘井’解，千步字亦非误，孔注失之。道上有井，所以便行者也，若解作井田，便与柔远之意无关，此与《周书·大聚解》十里有井正同。案：赵说亦通。”② 从上述书证而言，未有“十步为井”之说；就事理而言，也不可能每十步就凿一井。

《儒行解》篇：“儒有衣冠中，动作慎，大让如慢，小让如伪，大则如威，小则如愧，难进而易退也，粥粥若无能也，其容貌有如此者。”慎，《四库全书》本、《四部丛刊》本、《四部备要》本作“顺”，玉海堂本、同文书局本作“慎”。前人注释以为“顺”通“慎”，似欠妥，当按“顺”字来理解。顺，和顺。《周易·豫卦·彖辞》：“圣人以顺动，则刑罚清而民服。”孔颖达疏：“若圣人和顺而动，合天地之德，故天地亦如圣人而为之也。”③

《儒行解》篇：“儒有一亩之宫，环堵之室，荜门圭窦，蓬户瓮牖，易衣而出，并日而食。”圭窦，玉海堂本、同文书局本、《四库全书》本、《四部丛刊》本、《四部备要》本作“圭窬”。王肃注：“荜门，荆竹织门也。圭窬，穿墙为之，如圭也。”圭窬，形状如圭的墙洞，比喻贫寒人家的门户。《百子全书》本之“圭窦”虽与“圭窬”同义，但也有改字之嫌，因为其他几种版本皆作“圭窬”，《礼记·儒行》也作“圭窬”。

《儒行解》篇：“歌舞者仁之和也。”歌舞者，玉海堂本、同文书局本、《四库全书》本、《四部丛刊》本、《四部备要》本皆作“歌乐者”。《百子全书》本“歌舞者”，误。

《儒行解》篇：“戴仁而行，抱义而处；虽有暴政，不更其所；其自守有如此者。”抱义，玉海堂本、同文书局本、《四库全书》本、《四部丛刊》本、《四部备要》本作“抱德”；自守，玉海堂本、同文书局本、《四库全书》本、《四部丛刊》本、《四部备要》本作“自立”。《百子全书》本“抱义”“自守”，误。

---

① 《大戴礼记补注》，中华书局 2013 年版，第 20 页。
② 《大戴礼记斠补》，中华书局 2010 年版，第 8 页。
③ 《周易正义》，北京大学出版社 2000 年版，第 99 页。

《儒行解》篇："程力积事，不求厚禄。"程力，玉海堂本、同文书局本、《四库全书》本、《四部丛刊》本、《四部备要》本作"程功"。《百子全书》本"程力"，误。

二、衍

所谓"衍"，即多出的文字。这种错误多为校理者妄增所造成。

《相鲁》篇："齐侯归，责其群臣曰：'鲁以君子之道辅其君，而子独以夷狄之道教寡人，使得罪。'"君子之道，玉海堂本、同文书局本、《四库全书》本、《四部丛刊》本、《四部备要》本皆作"君子道"。夷狄之道，《四库全书》本、《四部丛刊》本、《四部备要》本作"夷狄道"，玉海堂本、同文书局本作"夷翟道"。可见，《百子全书》衍二"之"字。

《大婚解》篇："敬之至矣，大婚为大。大婚至矣，大婚既至，冕而亲迎。亲迎者，敬之至也。是故君子兴敬为亲，舍敬则是遗亲也。"大婚既至，《四库全书》本、《四部丛刊》本、《四部备要》本皆无此句。以上句"敬之至矣，大婚为大"来看，下句作"大婚至矣，冕而亲迎"，对应较谐，若加上"大婚既至"一语，则显得扞格多余。敬之至也，玉海堂本、同文书局本、《四库全书》本、《四部丛刊》本、《四部备要》本皆作"敬之也"。《百子全书》衍"大婚既至"及"至"字。

《儒行解》篇："季孙以告哀公，哀公从之。"哀公从之，玉海堂本、同文书局本、《四库全书》本、《四部丛刊》本、《四部备要》本皆作"公从之"。《百子全书》本衍"哀"字。

《儒行解》篇："丘闻之，君子之学也博，其服以乡俗，丘未知其为儒服也。"其服以乡俗，玉海堂本、同文书局本、《四库全书》本、《四部丛刊》本、《四部备要》本皆作"其服以乡"。王肃注："随其乡也。"王广谋《新刊标题孔子家语句解》注此句："宽大其衣，以随乡俗。"《百子全书》本大概是因王广谋所解而增"俗"字。

《儒行解》篇："儒有委之以货财不贪，而淹之以乐好而不淫，劫之以众而不惧，阻之以兵而不慑。"而淹之以乐好而不淫，玉海堂本、同文书局本、《四库全书》本、《四部丛刊》本、《四部备要》本皆作"淹之以乐好而不淫"。《百子全书》本衍前"而"字。

《儒行解》篇："义同则进，不同则退，其交友有如此者。"玉海堂本、同文书局本、《四库全书》本、《四部丛刊》本、《四部备要》本皆作"义同而进，不同而退，其交有如此者"。可见，《百子全书》本既改"而"为"则"，又徒增"友"字。

三、脱

所谓“脱”，即漏掉的文字。这种错误一是校理者妄删所致，一是刻印者偷工省力所造成。

《相鲁》篇：“孔子趋进，历阶而上，不尽一等，曰：‘匹夫荧惑诸侯，罪当诛，请右司马速加刑焉！’”荧惑诸侯，玉海堂本、同文书局本、《四库全书》本、《四部丛刊》本、《四部备要》本皆作“荧侮诸侯者”。《百子全书》本既改“荧侮”为“荧惑”，又删“者”字。

《相鲁》篇：“于是斩侏儒，齐侯惧。”“斩侏儒”句后，玉海堂本、同文书局本、《四库全书》本、《四部丛刊》本、《四部备要》本皆有“手足异处”一句，《百子全书》本脱。

《始诛》篇：“夫殷汤诛尹谐，文王诸潘正，周公诛管、蔡，太公诛华士，管仲诛付乙，子产诛史何，是此七子，皆异世而同诛者。”“皆异世而同诛者”句后，玉海堂本、同文书局本、《四库全书》本、《四部丛刊》本、《四部备要》本皆有“以七子异世而同恶，故不可赦也”二句。《百子全书》本脱此二句。再者，“文王诸潘正”，当为“文王诛潘正”。

《王言解》篇：“有顷，孔子顾谓曰：‘参，汝可语明王之道与？’”孔子顾谓曰，玉海堂本、同文书局本、《四库全书》本、《四部丛刊》本、《四部备要》本皆作“孔子叹息，顾谓曾子曰”。《百子全书》本脱“叹息”“曾子”四字。

《王言解》篇：“孔子曰：‘参乎，今之君子，唯士与大夫之言闻也。至于君子之言者，希。於乎！吾以王言之，其不出户牖而化天下。’”希，玉海堂本、同文书局本、《四库全书》本、《四部丛刊》本、《四部备要》本皆作“希也”。《百子全书》本脱“也”字。

《王言解》篇：“曾子下席而对曰：‘敢问何谓王者言？’”曾子下席而对曰，玉海堂本、同文书局本、《四库全书》本、《四部丛刊》本、《四部备要》本皆作“曾子起，下席而对曰”。《百子全书》本脱“起”字。

《王言解》篇：“‘敢问何谓王者言？’孔子不应。曾子肃然而惧，抠衣而退，负席而立。”“孔子不应”后，玉海堂本、同文书局本、《四库全书》本、《四部丛刊》本、《四部备要》本皆有“曾子曰：‘侍夫子之闲也难对，是以敢问。’孔子又不应”几句。《百子全书》本脱此二十字。玉海堂本、同文书局本据《大戴礼记·主言》“得夫子之闲也难”之语，删去“对”字，可从。

《王言解》篇："子曰：'夫道者，所以明德也。德者，所以尊道也。'""子曰"后，玉海堂本、同文书局本、《四库全书》本、《四部丛刊》本、《四部备要》本皆有"居，吾语女（汝）"四字，《百子全书》本脱。

《王言解》篇："孔子曰：'古者明王必尽知天下良士之名，既知其名，又知其实，然后因天下之爵以尊之，此之谓至礼不让而天下治。'""又知其实"后，玉海堂本、同文书局本、《四库全书》本、《四部丛刊》本、《四部备要》本皆有"又知其数，及其所在焉"九字，《百子全书》本脱。

《大婚解》篇："孔子侍坐于哀公，公曰：'敢问人道谁为大？'孔子对曰：'君之及此言也，百姓之惠也，臣敢无辞而对。人道政为大。夫政者，正也。君为正，则百姓从而正矣。'"孔子对曰，玉海堂本、同文书局本、《四库全书》本、《四部丛刊》本、《四部备要》本皆作"孔子愀然作色而对曰"。臣敢无辞而对，玉海堂本、同文书局本、《四库全书》本、《四部丛刊》本、《四部备要》本皆作"固臣敢无辞而对"。"君为正，则百姓从而正矣"句后，玉海堂本、同文书局本、《四库全书》本、《四部丛刊》本、《四部备要》本皆有"君之所为，百姓之所从。君不为正，百姓何所从乎"几句。可见，《百子全书》本脱"愀然作色而""固""君之所为，百姓之所从。君不为正，百姓何所从乎"共计 25 字。

《大婚解》篇："公曰：'寡人虽无能也，愿知所以行三者之道。'""三者之道"后，玉海堂本、同文书局本、《四库全书》本、《四部丛刊》本、《四部备要》本皆有"可得闻乎"，《百子全书》脱此句。

《大婚解》篇："昔三代明王，必敬妻子也，盖有道焉。妻也者，亲之主也，子也者，亲之后也，敢不敬与！""昔三代明王"前，玉海堂本、同文书局本、《四库全书》本、《四部丛刊》本、《四部备要》本皆有"孔子遂言曰"一句，《百子全书》本脱此句。

《儒行解》篇："己有才而以资邻国，难以言智也。""言智也"句后，玉海堂本、同文书局本有"请以重币延之"，《四部丛刊》本、《四部备要》本有"请以重币迎之"、《四库全书》本有"请以重币求之"，《百子全书》本脱此句。

《儒行解》篇："儒有不宝金玉而忠信以为宝，不祈土地而仁义以为土地，不求多积而多文以为富……先劳而后禄，不亦易禄乎？其近人情如此者。"其近人情如此者，玉海堂本、同文书局本、《四库全书》本、《四部丛刊》本、《四部备要》本皆作"其近人情有如此者"。参照该语前"其自立有如此者""其容貌有如此者""其备预有如此者"等语，该句应有"有"字。《百子全书》本脱此字。

《儒行解》篇："儒有博学而不穷，笃行而不倦；礼必以和，优游以法；慕贤而容众，毁方而瓦合；其宽裕有如此者。”“不倦”后，玉海堂本、同文书局本、《四库全书》本、《四部丛刊》本、《四部备要》本皆有“幽居而不淫，上通而不困”十字，《百子全书》本脱。

窥斑知豹，通过上述仅仅五篇的误例，可知《百子全书》本《孔子家语》错误的严重情况。该书多次重版重印，发行量较大，因此，研读者在利用《百子全书》本《孔子家语》时要戒慎，要注意参照其他版本，以免受到误导。

《孔子圣迹图》中的《孔子家语》

陈　东

《孔子圣迹图》是以孔子事迹为题材的系列连环画，其中孔子故事题材主要来自《史记·孔子世家》、《孔子家语》和《孔丛子》。明正统年间张楷《圣迹图》基本上取材于《史记》。成化年间何珣增补本《圣迹图》中取材于《孔子家语》的部分增多。万历十七年吴嘉谟《孔圣家语图》首先将《圣迹图》用作《孔子家语》的插图。万历二十年孔庙圣迹殿石刻《圣迹之图》的112图大多数来自《孔子家语》。足见《孔子家语》影响的逐步扩大。

一、张楷《圣迹图》与《孔子家语》

明正统九年（1444）张楷《圣迹图》是最早的《孔子圣迹图》，二十九事（三十二图）只有一事取自《孔子家语》。邓棨跋：

> 余友张君式之笃学尚文，志希圣道，尝取《史记》所载夫子出处之迹，择其有关大节者，得二十七事，兼取《家语》所录徵在祷于尼山及《孔丛子》所述夫子泣麟二事，绘而为图。

说明“徵在祷于尼山”取自《孔子家语》，“夫子泣麟”取自《孔丛子》，其他二十七事全部取自《史记》。张楷《圣迹图》“祷于尼山”图序赞：

> 按《家语》云：孔子母徵在祷于尼山而生孔子。首上圩顶象尼山，因名丘字仲尼。《史记》虽不载其事，然实诞圣之本，故录于首云：尼山岩岩，鲁邦是瞻；

降灵自母，孕圣归男；既验以形，遂徵以名，一诚感格，万古文明。

此事见《孔子家语·本姓解》。其实张楷序事文字有误，《史记·孔子世家》明文记载有：

(叔梁) 纥与颜氏女野合而生孔子，祷于尼丘得孔子。鲁襄公二十二年而孔子生。生而首上圩顶，故因名曰丘云。字仲尼，姓孔氏。

大概是因为《史记》中有“野合”字样，张楷不愿道及。这说明正统年间《孔子家语》的影响还非常微弱。

嘉靖二十七年沈藩刻本《圣迹图》

二、何珣增补本《圣迹图》与《孔子家语》

明成化年间何珣在张楷二十九事的基础上增补九事（麒麟玉书、五龙二老、钧天降圣、命名荣贶、化行中都、礼堕三都、作歌丘陵、跪受赤虹、观器论道），其中有三事明确取自《孔子家语》。“命名荣贶”取自《孔子家语·本姓解》，“观庙欹器”取自《孔子家语·三恕》，“化行中都”取自《孔子家语·相鲁》。说明成化年间《孔子家语》的影响有所增强。

其中“观庙欹器”为一事两图。但因构图烦琐失当，所附诗文也有明显失误（“养吾浩气，充塞乾坤。卓哉亚圣，大任昆仑”显然是歌颂孟子的诗文），二图在中国国内传本被删除，只保留在日本传本中。

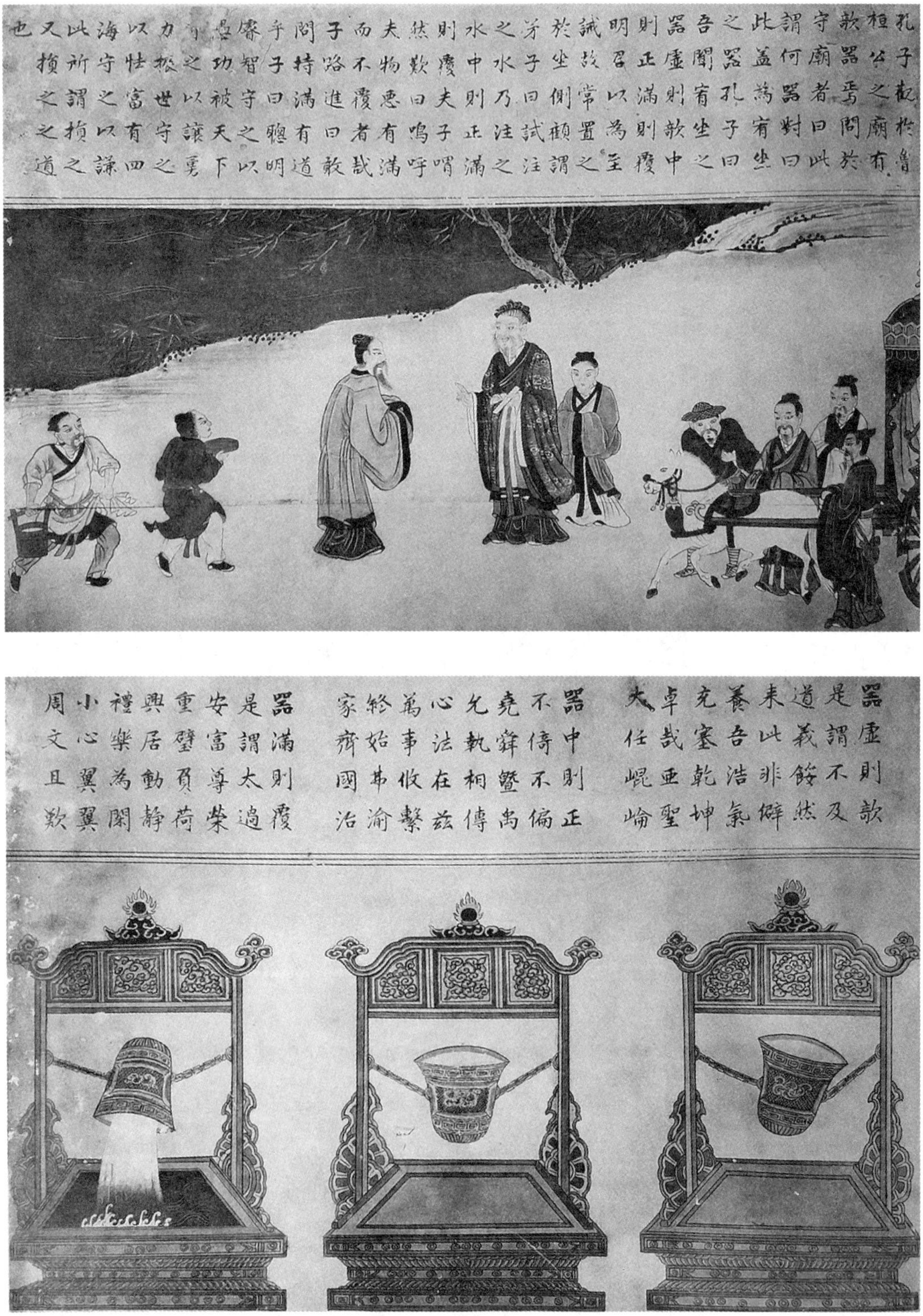

1932年大阪新日报社影印本《至圣文宣王》

三、吴嘉谟《孔圣家语图》与《孔子家语》

《孔圣家语图》对《孔子家语》的最大贡献是以插图的形式将圣迹图附在了《家语》前面，促进了《家语》的流传与普及。在吴嘉谟《家语图》之前，王广谋《新刊标题孔子家语句解》（元泰定二年刊本）在卷首附有一张“鲁司寇像”，其他刻本都没有插图。吴嘉谟《孔圣家语图》问世后，影响所及，出现了一大批插图本《孔子家语》，俨然成了一个新的圣迹图流派。《孔圣家语图》四十图，一事一图，较何珣增补本《圣迹图》增多了两图，一是“访乐苌弘”（亦见于《孔子家语·观周》），一是“观台释戮”，皆出自《孔丛子》。但是把张楷取自《孔丛子》的“夫子泣麟”，偷换成了取自《家语·辩物》的“西狩获麟”，二者构图出现明显不同。①

嘉靖二十七年沈藩刻本《圣迹图》“夫子泣麟”

张楷《圣迹图》“夫子泣麟”图序赞：

十四年庚申，鲁西狩获麟，孔子感焉，作《春秋》。按《孔丛子》曰：“叔孙氏樵而获麟，众莫之识，弃之五父之衢，冉有告曰：“麇身而肉角，岂天之夭乎？”夫子往观焉，泣曰：“麟也。麟仁兽，出而死，吾道穷矣！”（赞：）王降而伯，雅

① 陈东：《明吴嘉谟〈孔圣家语图〉》，魏衍华主编：《论语学研究》（第二辑），青岛出版社2020年版。

亡而风，麟出毙矣，吾道其穷，既歌以哀，复史以彰，匪徒物感，实为世伤。

张楷序事在“十四年庚申”是沿用卷首所引朱熹《论语序论》而来，引文见于《孔丛子·记问》。其实夫子泣麟之事，《史记·孔子世家》《左传》《公羊传》《穀梁传》《孔子家语·辩物》等文献皆有记载，以《孔子家语》和《孔丛子》的记载最为详细，但二者所记略有不同。《孔子家语·辩物》的记载为：

叔孙氏之车士曰子鉏商，采薪于大野，获麟焉，折其前左足，载以归。叔孙以为不祥，弃之于郭外，使人告孔子曰：“有麕而角者，何也？”孔子往观之，曰：“麟也。胡为来哉？胡为来哉？”反袂拭面，涕泣沾衿。叔孙闻之，然后取之。子贡问曰：“夫子何泣尔？”孔子曰：“麟之至，为明王也。出非其时而见害，吾是以伤焉。”

也就是说，《孔丛子》所记孔子见到麒麟时，麒麟已死。张楷《圣迹图》取此，故而画面中央的麒麟是仰倒而毙的样子（见上页图）。《孔子家语》所记孔子赶到时麒麟还活着，只是“折其前左足”。吴嘉谟《孔圣家语图》取此，画面中央的麒麟俯卧在地，折其前左足（见右图）。

吴嘉谟《孔圣家语图》在《孔子家语》前插《圣迹图》的格式影响甚大，明末许多插图本《孔子家语》都明显受到其影响（见附表），甚至传到了日本。

附：《孔圣家语图》与明末《孔子家语》插图本对比表

吴嘉谟本	邹德溥本	杨明勤本	顾锡畴本	张溥本	勤思堂本
40 幅	14 幅	14 幅	19 幅	12 幅	14 幅
1/先圣像	1/先圣像	1/先圣像	1/先圣像*	1/先圣像*	1/先圣像*
2/祷祠尼丘	2/亲祷尼丘	2/亲祷尼丘*	2/亲祷尼丘	2/亲祷尼丘	2/亲祷尼丘
3/麟吐玉书	3/麟吐玉书	3/麟吐玉书	3/麟吐玉书	3/麟吐玉书	3/麟吐玉书
5/天乐文符	4/圣人降生	4/圣人降生*	4/圣人降生	4/圣人降生	4/圣人降生

（续表）

吴嘉谟本	邹德溥本	杨明勤本	顾锡畴本	张溥本	勤思堂本
6/戏陈俎豆	5/戏陈俎豆	5/戏陈俎豆*	5/戏陈俎豆	5/戏陈俎豆	5/戏陈俎豆
9/赐鲤名儿	6/昭公赐鲤	6/昭公赐鲤*	6/昭公赐鲤	6/昭公赐鲤	6/昭公赐鲤
7/筮仕委吏	7/为委粮吏	7/为委粮吏	7/为委粮吏		7/为委粮吏
	8/礼诱仲由	8/礼诱仲由	8/礼诱仲由		8/礼诱仲由
10/学琴师襄	9/学琴师襄	9/学琴师襄	9/学琴师襄	7/学琴师襄	9/学琴师襄
11/问礼老聃	10/问礼老聃	10/问礼老聃	10/问礼老子	8/问礼老聃	10/问礼老子
19/诛乱两观	11/诛少正卯*	11/诛少正卯*	11/诛少正卯*		11/诛少正卯*
29/厄陈绝粮	12/厄于陈蔡	12/厄于陈蔡	12/厄于陈蔡		12/厄于陈蔡
35/删述六经	13/删述六经	13/删述六经	13/删述六经	9/删述六经	13/删述六经
37/西郊泣麟	14/感麟绝笔	14/感麟绝笔	14/感麟绝笔	10/感麟绝笔	14/感麟绝笔
			15/说柳盗跖*		
13/观周欹器			16/欹器示戒*		
			17/金人示戒*	11/金人示诫*	
			18/封鲁司寇*	12/封鲁司寇*	
			19/封赠团圆*		

注：加*号者表示构图与《孔圣家语图》稍有区别。

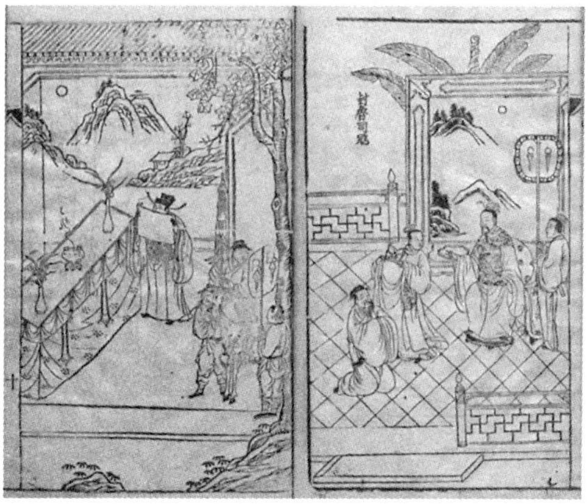

由对比表不难看出明末插图本《孔子家语》的插图《圣迹图》大都是选自《孔圣家语图》，一般是14幅左右，新增有“礼诱仲由”。明顾锡畴注释、孔贞运评林《鼎锓二翰林校正句解评释孔子家语正印》，明天启三年（1623）怡庆堂余完初刊本。增加至十九幅。一至十四图与前此诸本相同，第十五图以下版面明显增大，画风亦不同，增补有“说柳盗跖”“欹器示戒”“金人示戒”“封鲁司寇”“封赠团圆”（正版两面图）五图。所增补的前三图属传说，后二图属戏说，大概是受到了《新编孔夫子周游列国大成麒麟记》的影响。

最近有学者发文指出，明邹德溥《新锲台阁清讹补注孔子家语》是最初的将孔子圣迹图用作《孔子家语》插图的著作，其成书时间早于吴嘉谟《孔圣家语图》。吴嘉谟《孔圣家语图》等明末插图本《孔子家语》皆受邹德溥本影响。① 明显是误解。

吴嘉谟《孔圣家语图》成书时间明确为万历十七年（1589），自序中对其《圣迹图》来源也说得非常明白，来自阙里孔林。而邹德溥《新锲台阁清讹补注孔子家语》刊刻时间不明。

邹德溥本每卷卷首都注有“太史四山邹德溥补注、礼部泸潇刘元卿订正”字样。乾隆二十五年《莲花厅志》卷七《人物志》：

> 刘元卿，字调父……癸巳，即于家授国子博士……寻升礼部主事。……三年，乞休里中。②

癸巳为万历二十一年（1593）。也就是说，称刘元卿为“礼部”的邹德溥本，最早也当刊行于万历二十一年之后，更有可能是万历三十七年刘元卿去世之后。邹本明显受到了吴嘉谟本的影响而不是相反。

四、圣迹殿石刻《圣迹之图》与《孔子家语》

孔庙圣迹殿石刻《圣迹之图》（112 图）刻石于明万历二十年，是传统《圣迹图》中画幅最多、影响最大的版本。

附：《圣迹之图》石刻序列及资料来源推测表

---

① 张懋学：《明隆庆万历间邹德溥〈新锲台阁清讹补注孔子家语〉考述》，《临沂大学学报》2021 年第 4 期。

② ［明］刘元卿撰，彭树欣编校：《刘元卿集》，上海古籍出版社 2014 年版，第 1556 页。

	圣迹之图	孔子家语	史　记	论　语	左　传	礼　记	孟　子	孔丛子	其　他
1	圣行颜随								孔氏祖庭广记
2	尼山致祷	本命解	孔子世家						
3	麟吐玉书								拾遗记
4	二龙五老								拾遗记
5	钧天降圣								春秋演孔图
6	俎豆礼容		孔子世家						
7	入平仲学								淮南子
8	职司委吏		孔子世家				万章下		
9	命名荣贶	本姓解							
10	职司乘田						万章下		
11	合葬于防		孔子世家			檀弓上			
12	学琴师襄	辩乐解	孔子世家						韩诗外传
13	太庙问礼			八佾					
14	大夫师事				昭公七年				
15	问礼老聃	观周							
16	访乐苌弘							嘉言	
17	在川观水	三恕							
18	观器论道	三恕							荀子・宥坐
19	猎较从鲁						万章下		
20	退修诗书		孔子世家						
21	韦编三绝		孔子世家						
22	拜胙遇途			阳货					
23	昼息鼓琴							记义	
24	论穆公霸	贤君							说苑・尊贤
25	观乡人射	观乡射							
26	泰山问政	正论解				檀弓上			
27	景公尊让							记义	
28	晏婴阻封		孔子世家					诘墨	墨子・非儒下
29	知鲁庙灾	辩物			哀公三年				
30	不对田赋				哀十一年				国语・鲁语
31	受饩分惠							记义	

（续表）

	圣迹之图	孔子家语	史记	论语	左传	礼记	孟子	孔丛子	其他
32	射矍相圃	观乡射				射义			
33	舞雩从游			颜渊					
34	馈食欣受	致思							说苑·反质
35	观象知雨	七十二弟子解	仲尼弟子列传						
36	步游洙泗								庄子·田子方
37	琴儆孺悲			阳货					
38	农山言志	致思							说苑·指武
39	四子侍坐			先进					
40	过庭诗礼			季氏					
41	命赐存鲁	屈节解							
42	化行中都	相鲁							
43	敬入公门		孔子世家	乡党					
44	羵羊辩怪	辩物							国语·鲁语下
45	义诛正卯	始诛							荀子·宥坐
46	夹谷会齐	相鲁	孔子世家		定公十年				
47	归田谢过	相鲁	孔子世家		定公十年				
48	鲁国大治	相鲁							荀子·儒效
49	礼堕三都		孔子世家		定十二年				
50	赦父子讼	始诛							荀子·宥坐
51	祖配郊祀	郊问							
52	侍席鲁君	贤君							贾子
53	尊君不驾			乡党			万章下		
54	哀公问政	哀公问政				中庸			
55	儒服儒行	儒行解		儒行					
56	论人五仪	五仪解							荀子·哀公
57	贵黍贱桃	子路初见							韩非子
58	子贡辞行	辩政							
59	子羔仁恕	致思							
60	因膰去鲁	子路初见	孔子世家						
61	放鳣知德	屈节解							淮南子·道应训

（续表）

	圣迹之图	孔子家语	史　记	论　语	左　传	礼　记	孟　子	孔丛子	其　他
62	仪封仰圣			八佾					
63	灵公郊迎		孔子世家				万章下		
64	适卫击磬		孔子世家	宪问					
65	礼见南子		孔子世家	雍也					
66	丑次同车	七十二 弟子解	孔子世家						
67	灵公问阵		孔子世家	卫灵公					
68	匡人解围	困誓	孔子世家	子罕					
69	西河返驾	困誓	孔子世家					记问	
70	脱骖馆人	曲礼 子贡问				檀弓上			
71	宋人伐木		孔子世家						
72	过蒲赞政	辩政							韩非子卷六
73	忠信济水	致思							说苑·杂言
74	楛矢贯隼	辩物	孔子世家						国语·鲁语下
75	微服过宋	困誓	孔子世家						韩诗外传
76	五乘从游	困誓	孔子世家						
77	子路问津		孔子世家	微子					
78	陵阳罢役							嘉言	
79	紫文金简								抱朴子·辨问
80	在陈绝粮	在厄	孔子世家	卫灵公					
81	受鱼致祭	致思							说苑·贵德
82	题季札墓	曲礼 子贡问				檀弓下			
83	楚狂接舆		孔子世家	微子					庄子·人间世
84	子西沮封		孔子世家						说苑·杂言
85	观周明堂	观周							
86	金人铭背	观周							说苑·敬慎
87	山梁雌雉			乡党					
88	作歌丘陵							记问	
89	作猗兰操								艺文类聚

（续表）

	圣迹之图	孔子家语	史　记	论　语	左　传	礼　记	孟　子	孔丛子	其　他
90	武城弦歌		仲尼弟子列传	阳货					
91	杏坛礼乐								?①
92	克复传颜			颜渊					
93	孝经传曾								孝经·开宗明义
94	琴歌盟坛								宋释慧远诗
95	读易有感								说苑·敬慎
96	望吴门马								论衡
97	萍实通谣								说苑·辨物
98	商羊知雨								说苑·辨物
99	骨辨防风	辩物	孔子世家						国语·鲁语下
100	杏坛植桧								?
101	圣门四科			先进					
102	观蜡论俗	观乡射				杂记下			
103	沐浴请讨			宪问					
104	世业克昌							记问	
105	跪受赤虹								搜神记
106	西狩获麟	辩物						记问	公羊传·哀公十四年
107	梦奠两楹	终记解				檀弓上			
108	三陇植楷								?
109	治任别归		孔子世家				滕文公		
110	鲁哀立庙								?
111	汉高祀鲁		孔子世家						
112	真宗祀鲁								宋史·吉礼八

依据上表，笔者推算的结果是：有可能来源于《孔子家语》的50幅；《史记》33幅；《论语》22幅；《孔丛子》10幅；《说苑》10幅；《礼记》8幅；《左传》6幅；《孟子》6幅；《荀子》5幅。也就是说《孔子家语》对《圣迹图》的影响已经超过了《史记》。

① 表中“?”代表出处、来源不明，有待于进一步考证。

五、曹锟《重摹圣迹图》与《孔子家语》

曹锟《重摹圣迹图》是圣迹图中稀见明确题材来源的绘本。如图所示“荣赐命名”图，朱阔注：

《本姓解》：孔子娶，一岁而生子。昭公以鲤鱼赐。荣君之赐，因名以鲤而字伯鱼。

曹锟《重摹圣迹图》的底本应该是乾隆时期朱阔（1690—1762）的手稿。朱阔所批注的《圣迹图》（105图）当为明万历二十年（1592）曲阜孔庙圣迹殿石刻（112图）的木刻无字本。朱阔所见只有图画，没有文字。朱氏按照自己的理解添加了四字画题与注释性文字，明确了该画的题材来源。其中自然与圣迹殿石刻原图四字画题与注释文字相差不少。①

① 朱阔所标《圣迹图》四字题明显的错误有三处：一是将“克复传颜”误作“问官郯子”；二是将“作歌丘陵”误认作“楚申冉由”；三是将“题季札墓”误认为是“题比干墓”。

附：朱阔所标《圣迹图》（105 图）画题与题材来源表

1	行教像	2	尼叶标祥（孔氏祖庭广记）	3	玉书兆圣（名山藏）
4	瑞钟庭室（名山藏）	5	乐降钧天（名山藏）	6	与群儿戏（年谱）
7	入平仲学（传云）	8	仕贫为吏（孟子）	9	荣赐命名（家语）
10	改乘田官（孟子）	11	受鲁人食（无）	12	问官郯子（左传）
13	学琴师襄（家语）	14	识商羊祥（家语）	15	论秦穆霸（家语）
16	猛伤苛政（礼记）	17	义却让登（家语）	18	尼谿阻封（史记）
18	盟坛怀古（家语）	20	持盖知雨（家语）	21	以德观流（家语）
22	伯鱼趋庭（论语）	23	孟孙受学（家语）	24	问礼老聃（史记）
25	访乐苌弘（家语）	26	观明堂图（家语）	27	读金人戒（家语）
28	杏坛礼乐（史记）	29	洙泗步趋（庄子）	30	舞雩从游（论语）
31	农山言志（家语）	32	闲居论礼（礼记）	33	昼息鼓琴（传）
34	欹器戒盈（家语）	35	羵羊辨怪（家语）	36	季孙赐粟（家语）
37	阳货遇途（论语）	38	公门鞠躬（论语）	39	太庙问礼（论语）
40	从猎较俗（孟子）	41	赦父子争（家语）	42	乡射思贤（家语）
43	矍圃谕众（家语）	44	相夹谷会（左传）	45	归郓灌田（左传）
46	七日始诛（家语）	47	三都请堕（家语）	48	蜡游喟叹（礼记）
49	政化大行（家语）	50	为周道游（史记）	51	作猗兰操（史记）
52	楚申冉由（礼记）	53	卫见封人（论语）	54	赙旧馆丧（礼记）
55	题比干墓（地舆）	56	误围匡野（庄子）	57	礼见小君（史记）
58	同车次乘（史记）	59	习礼拔树（史记）	60	微服过宋（家语）
61	楛矢对陈（家语）	62	辨金简文（传）	63	访防风骨（家语）
64	临河返驾（家语）	65	过蒲从车（家语）	66	灵僖郊迎（史记）
67	卫穷击磬（论语）	68	蜚雁移色（史记）	69	雌雉适时（论语）
70	知桓僖灾（家语）	71	罢凌阳役（家语）	72	绝粮七日（史记）
73	及门四科（论语）	74	问沮溺津（论语）	75	为信阳宰（家语）
76	接舆惜凤（论语）	77	者致鱼（无）	78	萍实通谣（家语）
79	书社见阻（史记）	80	命赐存鲁（家语）	81	善由治蒲（家语）
82	至德舍鳜（传）	83	忠信渡水（家语）	84	问儒命席（家语）
85	贵黍贱桃（家语）	86	莞笑弦歌（论语）	87	不对田赋（家语）
88	道传一贯（论语）	89	教订六经（史记）	90	世业克昌（礼记）
91	四贤乐侍（论语）	92	叹读损益（无）	93	喜绝韦编（史记）

（续表）

94	琴歌使闻（论语）	95	沐浴请讨（论语）	96	望吴门马（岱史）
97	泣西获麟（左传）	98	树德嘉仁（家语）	99	告天受玉（春秋演孔图）
100	歌门伤梦（家语）	101	依垄植楷（水经注）	102	治任别归（孟子）
103	立庙置守（家语）	104	太牢崇祀（无）	105	再拜肃仪（无）

由上表可知：朱阔认为《圣迹图》105图中有40处来自《孔子家语》，《史记》有14处，《论语》16处，《左传》4处，《孟子》4处，《礼记》6处，《名山藏》3处，《庄子》2处，《孔氏祖庭广记》1处，《水经注》1处，《岱史》1处，《年谱》1处，《春秋演孔图》1处，没能标出出处的5处，尚有5处虽有标示，但不知出处所指为何文献。足见在清乾隆时期的士人眼中《孔子家语》对《圣迹图》的影响已经远大于《史记》。

澹台灭明其人其事考述

——以《孔子家语·七十二弟子解》等文献记载为中心

闫春新　杜春婷　赵建华

引　言

儒家文化研究是中国思想史研究中一个重要组成部分，孔子作为儒家学派的创始人，其相关的研究在学术界很普遍，学习及传播孔子思想的弟子也是研究的一个重要内容。孔子的弟子中，颜回、子路、子贡、曾参以及子游等受孔子所看重，而宰予、澹台灭明等被孔子所忽视。澹台灭明因样貌丑陋、身形魁梧，在第一次面见孔子时没有受到重视，后来在子游的推荐下孔子才真正地了解其人，因此孔子曾惭愧地说道：以貌取人，失之子羽。其后澹台灭明跟随孔子学习，待孔子卒后，南游讲学修行，收弟子三百多人，弥补了南方儒学的空缺，同时为理学的产生和发展奠定了基础。他良好的品德以及高尚的行为被人们所称赞。

《孔子家语·七十二弟子解》、《史记·仲尼弟子列传》、《论语》以及《括地志》中都有澹台灭明的相关记载。其中《孔子家语》和《史记》中关于澹台灭明的年龄出现了不同的记载，《史记》介绍了澹台灭明的基本情况，而孔子弟子言录中关于澹台灭明的记载基本没有，《论语》中只涉及了子游欣赏澹台灭明的品德与行为，这也是从子游的角度进行叙述的，总而言之，关于澹台灭明的史料比较匮乏。近几年随着学术界对儒家文化研究的不断深入，出现了一些研究澹台灭明的文章，这些文章的内容大多是讲述澹台灭明的外貌、才干以及他在今江西南昌地区（楚）传播儒学所做的贡献，例如：童辰的《从澹台灭明到浔阳三隐：儒学在古代江西地区的滥觞》和徐蕾《从历

史中走来 在文化中辉煌》主要叙述澹台灭明对南方儒学所做的贡献。除此之外，杨朝明、卢梅发表的《孔子弟子年龄问题汇考——以〈史记〉、〈孔子家语〉为考察中心》主要是对孔子弟子的年龄问题进行考证，其中有一部分考证了澹台灭明的年龄。现今社会，随着古籍资料的不断完善以及科学技术的不断发展，对澹台灭明其人其事应该根据史料进行进一步的考证。鉴于此，我们会根据有限的古籍资料及相关文章，对澹台灭明其人其事进行大致的考证。

一、澹台灭明其人考述

（一）武城与南武城

《史记·仲尼弟子列传》载："澹台灭明，武城人。"① 经过千年的变迁，武城在今天的何地，费县、平邑还是嘉祥，学者们看法不一。《故城县志》载："澹台子祠，在大澹村（坛村）。"《武城县志》载："大澹村（坛村）在武城县（旧治）西北四十里兀兰屯后，春秋时澹台子故居。"武城旧治在今河北省故城县军屯镇关庙。如果武城在河北，和相关史实是不符的，明代顾炎武也证实过澹台灭明的故居不是"此武城"。

《史记·仲尼弟子列传》载："曾参，南武城人。"②《汉书》泰山郡并没有南武城，有南城县，属东海郡，然《后汉书》有南城，在泰山郡，晋开始为南武城。从《汉书》和《后汉书》我们推断当时存在南城可能为南武城。有关史书记载，在费县的《县志》记载：南城即今之费也。曾子也曾居费，《说苑》、《战国策》都有记载曾子处费的事实，根据杨朝明先生对费的考证，古费国很有可能在鲁、宋两国之间，即今山东鱼台、金乡附近，《史记》记载曾子为南武城人（上文提到曾参和曾子为一人），南武城在今嘉祥境内，与金乡一水之隔，这种说法比较合理。如果按着这些相关的记载，鲁有两个武城，清人顾栋高曾著的《列国地名考异》指出各国有相同之地，仅鲁国就有东郓、西郓，有三防，有两阳等，也指出了鲁有两武城。在今天嘉祥县矗立着一座澹台山，《方舆纪要》卷三十三嘉祥县：澹台山"有澹台灭明墓，其旁有群山相接，连亘城南"③。《清一统志·济宁州》："《县志》：相传澹台灭明家此。"④ 相关的史料显示澹台灭明所处的武城在嘉祥，宋封其为"金乡侯"从祀孔子等有关的资料，更证其在

① ［汉］司马迁：《史记》，中华书局 1982 年版，第 2205 页。

② ［汉］司马迁：《史记》，第 2205 页。

③ ［清］顾祖禹撰，贺次君、施和金点校：《读史方舆纪要》，中华书局 2005 年版，第 1547 页。

④ ［清］顾祖禹撰，贺次君、施和金点校：《读史方舆纪要》，第 183 页。

今嘉祥，当时其被封时嘉祥尚从属于金乡。根据《兖州府部汇考》可知当时兖州地域辽阔，巨野、金乡、嘉祥等地都在兖州范围内；澹台灭明曾南下江西南昌讲学，根据南下的行迹，澹台灭明所处的武城位于今济宁嘉祥更为合理，如果在今临沂平邑，需要向西活动，不符合《史记》所载的南下轨迹。

（二）年龄

《史记·仲尼弟子列传》载，澹台灭明“少孔子三十九岁”①。而《孔子家语·七十二弟子解》载：“澹台灭明，少孔子四十九岁。”② 对于这两种不同的观点，我们应该选取哪一种？

孔子自述“十有五而志于学”，这大体规定了孔子收徒时学生入学的年龄，即年龄在十五岁以上，方可入孔门学习。《论语·雍也》载：“子游为武城宰。子曰：‘女得人焉耳乎？’曰：‘有澹台灭明者，行不由径。非公事，未尝至于偃之室。’”子游做武城宰时，认为澹台灭明为人正直，有才干，向孔子推荐。按照《论语·阳货》的记载，当时孔子在鲁，于是可以推断出是在孔子的晚年，而且子游为孔子后期的学生，子游做武城宰得学业有所成，最小也要约二十岁。根据《史记》的记载：子游少孔子四十五岁，那么孔子当时应为六十五岁左右，所以如果澹台灭明比孔子少四十九岁，再根据《史记》的有关记载，子游推荐之前澹台灭明就已是孔子的弟子了，那么他的年龄不符合上文叙述的孔子收弟子的年龄规定，因而澹台灭明少孔子四十九岁这个结论是不成立的。

另，再从另一史料看。《史记》载：“南游至江，从弟子三百人，设取予去就，名施乎诸侯。孔子闻之。”③ 如果按照这一说法，澹台灭明少孔子四十九岁，孔子七十三岁卒，那当时澹台灭明才二十四岁，即使服丧三年后澹台灭明南游，也才二十七岁，二十多岁便从学弟子三百，这似乎有点不太可能。这也可旁证澹台灭明少孔子三十九岁的《史记》说法，更为合理。

同样，两书对澹台灭明相貌的记载也多有不同。《孔子家语》载：“有君子之姿，孔子尝以容貌望其才。其才不充孔子之望。”④ 说明澹台灭明容貌俊秀，而才干没有那么出色。而《史记》则载：“孔子闻之，曰：‘吾以言取人，失之宰予；以貌取人，失

---

① ［汉］司马迁：《史记》，第 2205 页。
② 杨朝明、宋立林主编：《孔子家语通解》，齐鲁书社 2013 年版，第 437 页。
③ ［汉］司马迁：《史记》，第 2206 页。
④ 杨朝明、宋立林主编：《孔子家语通解》，第 437 页。

之子羽。’”[①]《史记》认为澹台灭明样貌丑陋，最初不受孔子待见。《论语·雍也》记载了澹台灭明因品行很好由子游推荐给孔子。在今天，我们所说的“不可貌相”最早来自澹台灭明，所以由此可推，《史记》的上述相关内容应更为真实，而《孔子家语》这一记载存在偏差。不过，不能仅从这一两点来以偏概全否认《孔子家语》的史料价值尤其是其思想史的意义。

（三）“灭明”与“子羽”

澹台灭明，复姓澹台，名灭明，字子羽。名是古代社会象征个人的符号，名一般是自己称呼自己，外人称呼时一般用字，字常常是名的解释和补充，古人认为成人后直呼其名很不礼貌，就取一个字让人称呼自己，名和字是一个人的不同阶段，名通常是一个人出生之时就有的，字一般在冠礼或笄礼之后获得。

滅最早见于甲骨文，发展到春秋时期成为灭的繁体字。灭的含义有不同的说法，《尔雅·释诂下》解释为“绝也”，而《说文解字》载：“尽也。从水，威声。”这里指熄灭、消亡之意，现在也大多是这个解释。《史记·孟尝君列传》载：“客与俱者下，斫击杀数百人，遂灭一县以去。”[②] 很明显，这里的意思是除尽，使不存在。《淮南子·原道训》：“好憎成形而知诱于外，不能反己，而天理灭矣。”[③] “灭”即消失、隐没。从相关的资料可以看出，灭更多地表示消失、灭亡、熄灭等意思。这里的灭应该是晚上，是最黑暗的时候。明最早见于甲骨文，本义是日月交辉而大放光明，《说文解字》载：“朙，照也。从月，从囧。凡朙之属皆从朙。”《大雅·皇矣》笺云：“照临四方曰明。”这两本书记载的明多为照亮之义，杜甫的《月》：“四更山吐月，残夜水明楼。”明在这里也是照亮之义。根据上文灭的含义，这里的明应该是说太阳升起，太阳带来的光普照大地。名标志着一个人的降临，从这个方面看，灭明，漆黑的夜晚，尤其是在凌晨时最为黑暗，妇女艰难的生产过程，这一过程的痛苦和等待是那么的黑暗，当孩子诞生的那一刻，所有人安心了，面露喜色，升起的太阳普照大地，光芒四射，把所有的黑暗都带走了。澹台灭明的长辈给他取名“灭明”，寓意以后成长和学习的过程可能会很曲折，很黑暗，但黑暗过后是希望，是光明，他的家人可能希望他无论多么困难都不要放弃，成为一个光明磊落、正直的人。

根据孔子其他弟子的字，澹台灭明的字很有可能是孔子取的。子，古代表示男子

---

① ［汉］司马迁：《史记》，第 2206 页。
② ［汉］司马迁：《史记》，第 2355 页。
③ ［汉］刘安编，何宁撰：《淮南子集释》，中华书局 1998 年版，第 24 页。

的美称，那我们来看一下羽的解释，《说文解字》载："鸟长毛也。象形。凡羽之属皆从羽。"《说文解字》里的羽指的是鸟的羽毛，根据《周礼·春官·大师》载："皆文之以五声，宫商角徵羽。"羽表示低音（徵）后的一个升调，就像鸟儿伏地准备起飞前的情景，又像黑暗中黎明的马上到来，与这一解释相似的在《晋书·乐志》载："宫之为言中也。中和之道，无往而不理焉。商为臣，商之为言强也，谓金性之坚强。角为民，角之为言触也，谓象诸阳气触物而生也。徵，为事，徵之为言止也，言物盛则止也。羽为物，羽之为言舒也，言阳气将复，万物孳育而舒生也。"① 羽在这里正如寒冬过后春回大地的景象，正好契合上文提到的黑暗过后阳光普照。澹台灭明被取这样的字，可能是给他取字的人希望澹台灭明能把所学的东西传授给众人，像升起的太阳一样光明。根据灭明与子羽分别的解释说明，显示了两者的联系。

二、澹台灭明的品行与品性

孔子的弟子澹台灭明虽因样貌被当时的孔子所忽视，却因才能和品行、品性被孔子及世人所赞扬。

《括地志》云："延津在滑州灵昌县东七里。注水经云：'黄河水至此谓之延津。昔澹台子羽赍千金之璧渡河，阳侯波起，两蛟夹舟。子羽曰："吾可以义求，不可以威劫。"操剑斩蛟。蛟死，乃投璧于河，三投而辄跃出，乃毁璧而去，亦无怪意。'即此津也。"② 澹台灭明一次乘船渡河，船至河心，水波涌起，忽然有两条蛟龙跃出对船形成夹击之势，子羽说："吾可以义求，不可以威劫。"便拿起剑斩断了两蛟，把身上所持有的璧投入河中，并没有责怪的意思，展现了澹台灭明宽广的胸怀，毫不吝啬、慷慨大度的品德，试问现今几人能做到如此潇洒！澹台灭明的事迹以及高尚的品德影响着鲁人，对他的学生也产生了深刻影响。从《括地志》记载澹台灭明操剑斩蛟来看，他胆大、勇武而粗壮，而且刚正，不会是一个文儒之人。澹台灭明不仅才干出众，还会用剑，能文能武。

更需指出的是，若上述记载属实，澹台灭明的这种做法，确实反映了孔子儒家的义利观。孔子儒家的义利观和墨家的义利观不相同，儒家主张义和利并不冲突，没有利的支撑，义从何而来?！儒家的这种义利观既富人间道义，又很好地反映着现实生活与伦理人性。这里的蛟龙似是比喻，可能是历史真实中求利的两个

---

① ［唐］房玄龄等:《晋书》，中华书局 1974 年版，第 677 页。

② ［唐］李泰等著，贺次君辑校:《括地志辑校》，中华书局 1980 年版，第 130 页。

图财害命却因此丧命的渔夫。通过渔夫的行为我们可以了解没有利何有义，澹台灭明说的“义求”，这一理想兼具现实的义利观，很好地体现了澹台灭明的为人与儒家人性观。

《论语·雍也》载：“（子游）曰：‘有澹台灭明者，行不由径。非公事，未尝至于偃之室也。’”澹台灭明从不走小路，这里的径指歪门邪道。没有公事，从来不到子游的房间。这段话可以看出澹台灭明正直的品性，从来不贪小便宜，没有公事从不到子游的房间，可以看出澹台灭明规矩本分，不喜拉拢关系，子游欣赏澹台灭明的性格，子游可谓是澹台灭明的伯乐，亦是同门师兄弟。他的这种品格值得我们学习，今天流传的“行不由径”的成语来源于澹台灭明。

《大戴礼记·卫将军文子》载：“贵之不喜，贱之不怒；苟于民利矣，廉于其事上也，以佐其下，是澹台灭明之行也。孔子曰：‘独贵独富，君子耻之，夫也中之矣。’”澹台灭明的品行：富裕了没有高兴的表现，贫贱也不愤怒，做着有利于人民利益的事，在做事上以及在上级面前很清廉，教育或帮助弟子、下属。孔子说：“自己富裕了，地位提高了，而不顾及他人这是君子的耻辱。”反映了澹台灭明奉献、无私的高尚品德，他所展现的是一位贤人应有的行为举止，从《大戴礼记》看出孔子认可澹台灭明的行为，表示赞许。

《博物志》载：“澹台子羽子溺水死，欲葬之，灭明曰：‘此命也，与蝼蚁何亲？与鳖何仇？’遂使葬。”① 澹台灭明的慈爱、仁爱的情怀，蝼蚁鱼鳖在他的眼中没有什么区别，都是生命。

上述相关史料记载，澹台灭明很好地印证了“人不可貌相”这一成语，样貌虽丑陋，却有着正直、公私分明、刚正以及仁爱等高尚的品德，不仅影响着他的学生，他的优良品行与品性流传至今，影响着世人。

三、澹台灭明其事考述

（一）行迹

根据相关的文献及上述简单考释，其行迹大体考证如下：

约公元前512年（鲁昭公三十年），澹台灭明出生于鲁国武城，《史记·仲尼弟子

---

① ［晋］张华撰，范宁校证：《博物志校证》，中华书局2014年版，第96页。

列传》载："澹台灭明，武城人。"①

《论语·雍也》载："子游为武城宰。子曰：'女得人焉耳乎？'曰：'有澹台灭明者，行不由径。非公事，未尝至于偃之室也。'"从这可以看出，子游很是欣赏澹台灭明的品性，从《论语·雍也》的记载来看，孔子之前似乎不认识澹台灭明，但《史记·仲尼弟子列传》载："状貌甚恶。欲事孔子，孔子以为材薄。既已受业，退而修行。"② 从这里看应是孔子起初不了解澹台灭明，因为他的样貌丑陋，初印象不是那么喜欢，碍于主张的"有教无类"勉强收为徒弟，后来澹台灭明退学修行。按照逻辑顺序的话，澹台灭明应该是回到了老家，因其父母官子游的弦歌德化而在他那里干事、修行，子游发现澹台灭明高尚的品德，遂推荐给了孔子。这样的话孔子是在子游那里真正了解到澹台灭明，那么在子游推荐给孔子之前澹台灭明就是孔子的弟子了。在子游推荐澹台灭明时，孔子遂曰："吾以言取人，失之宰予；以貌取人，失之子羽。"③根据上文的推断以及孔子收弟子的年龄规定，大约在公元前 498 年（鲁定公十二年），澹台灭明 15 岁，正好达到年龄规定，这应该在澹台灭明首次成为孔子弟子的时间范围内。澹台灭明跟着孔子学习了几年，发现孔子因外貌丑陋、身形魁梧等原因不待见自己，遂退学自修，机缘巧合下在子游那里干事。

《左传·哀公八年》载："三月，吴伐我，子泄率，故道险，从武城。初，武城人或有因于吴竟田焉，拘鄫人之沤菅者，曰：'何故使吾水滋？'及吴师至，拘者道之以伐武城，克之。王犯尝为之宰，澹台子羽之父好焉，国人惧。懿子谓景伯：'若之何？'对曰：'吴师来，斯与之战，何患焉？且召之而至，又何求焉？'吴师克东阳而进，舍于五梧。明日，舍于蚕室。公宾庚、公甲叔子与战于夷，获叔子与析朱锄，献于王，王曰：'此同车，必使能，国未可望也。'明日，舍于庚宗，遂次于泗上。微虎欲宵攻王舍，私属徒七百人三踊于幕庭，卒三百人，有若与焉。及稷门之内，或谓季孙曰：'不足以害吴，而多杀国士，不如已也。'乃止之。吴子闻之，一夕三迁。"澹台灭明的父亲参与了吴伐鲁的战争，发生在鲁哀公八年，也就是公元前 487 年，澹台灭明 26 岁。

大约在公元前 484 年（鲁哀公十一年）孔子回到鲁国，澹台灭明 29 岁，在子游的推荐下真正了解到澹台灭明。

在子游推荐后，澹台灭明继续跟随孔子学习，直到公元前 479 年（鲁哀公十六年）孔子卒，澹台灭明 34 岁。

---

① ［汉］司马迁：《史记》，第 2205 页。
② ［汉］司马迁：《史记》，第 2206 页。
③ ［汉］司马迁：《史记》，第 2206 页。

为老师服丧三年后，也就是约公元前 476 年（鲁哀公十九年），澹台灭明 37 岁。他可能返回故里又曾短期仕鲁为大夫，后往西去游学，但因其他地位高名声大的同门如曾参、子夏等大多在西方，在河、济乃至三晋一带授徒，而当时的他并没有被众人所熟知，为更好地传播、弘扬自己老师的学问，遂往南去。《史记·仲尼弟子列传》载："南游至江，从弟子三百人，设取予去就，名施乎诸侯。"① 《括地志》云："延津在滑州灵昌县东七里。注水经云：'黄河水至此谓之延津。昔澹台子羽赍千金之璧渡河，阳侯波起，两蛟夹舟。'"② 书中提到的延津在今河南，蛟龙之大，小的河流无法孕育它，澹台灭明在南游的过程中在流经河南的黄河渡河遇蛟，古代兖州地域广阔，汉代兖州包括今河南东部，正好开封在河南东部而且是黄河之滨。通过史料的分析，澹台灭明很可能经过河南往南，钱穆先生的《先秦诸子系年》载，楚、越邻国，子羽南游至江，容有其事。澹台灭明南游至江确有此事，《南昌府部汇考》记载当地有澹台灭明的墓穴，《进贤县志》记载当地设立的进贤县以及栖贤山为纪念澹台灭明，据此澹台灭明在南昌卒（具体卒于哪年无史料记载）。

（二）对儒学所做的贡献

孔子的弟子去南方传播儒学思想的人很少，大多往西去，往南方去的有三人。根据《史记》的记载，我们知道澹台灭明曾到南方，有关资料（期刊论文）涉及子游曾到南方，他把"大同"理想带到了江南，不过子游到南方存在争议，如果属实，那么他们都是对南方儒学做出贡献的人。澹台灭明对南方的儒学有很大的影响，《史记》记载澹台灭明到过南方，在《南昌府部汇考》中，记载澹台灭明墓，应该是当时的人纪念澹台灭明而修建的。

从相关的资料可以看出，澹台灭明确定去过南方。《史记·儒林列传》载："自孔子卒后，七十子之徒散游诸侯，大者为师傅卿相，小者友教士大夫，或隐而不见。故子路居卫，子张居陈，澹台子羽居楚，子夏居西河、子贡终于齐。"③ 澹台灭明当时在楚境内，我们从相关的史料可知，战国时期，江西在楚国境内。《江西通志》记载了澹台灭明来到南方讲学，途中经过了江苏等地，一路收徒，最后在南昌结草为堂。还有《进贤县志》记载了江西进贤的大体情况，进贤原名钟陵县。澹台灭明在钟陵山设坛讲学，讲学时秉持从孔子学到的知识，专注《春秋》大义以及修身齐家治国平天下的思

① ［汉］司马迁：《史记》，第 2206 页。
② ［唐］李泰等著，贺次君辑校：《括地志辑校》，第 130 页。
③ ［汉］司马迁：《史记》，第 3116 页。

想，让学生阅读“五典”等古书以及学习“六艺”，培养南昌人的好学精神。在讲学的同时，传播了儒家文化，对当时楚地的文化产生了一定的影响。当地的人们为了纪念他，钟陵县改为进贤县，设祠堂祭祀，进贤县也因澹台灭明而出名。儒家思想最先在北方传播，当时江西南昌地区还未出现儒家思想，澹台灭明的到来填补了南昌儒家文化的空缺。南昌远离中原，却没有被人称为“南蛮之地”，也是因为澹台灭明。澹台灭明为进一步传播儒家文化做出了贡献。当时澹台灭明、子游等人在南方传播的儒家思想里包含有道家思想的倾向，理学又称为道学，澹台灭明在江西南昌的贤人声望影响了以后一代代的南昌人。江西成为理学的发源地，为以后理学的兴盛奠定了基础。

四、结语

根据《史记》《孔子家语》等史料以及当今的一些文章，主要是对澹台灭明其人其事进行考述及其品行与品性的总结。分为三部分，一是对其人的考述：澹台灭明的出生地，更多的资料显示他生于今天的嘉祥；年龄的推断，进一步的考证证明澹台灭明少于孔子三十九岁；名与字之间的联系，各自所蕴含的意义。通过对其人的考证，大体了解澹台灭明这个人。二是对澹台灭明品行与品性的考述：《括地志》记载了澹台灭明斩杀蛟龙以及投璧于河的情节，展现了毫不吝啬、能文能武的品行，从“行不由径”可以看出他的正直，“非公事不见子游”体现了公私分明的品性，大致可以了解澹台灭明的为人。三是，澹台灭明其事的考述：对澹台灭明的行迹进行了大体的判断，因缺乏史料的支撑，不能很明确地进行求证；南游的过程中，对南方儒学所产生的影响，填补了南方儒学的空缺。澹台灭明的父亲曾参加过吴伐鲁的战争，据此他的父亲在朝做官，其家族有一定的地位。《左传》记载，孔子的弟子有若也参加过这场战争，说明澹台灭明的父亲与孔子存在认识的可能性。总而言之，依据原有的史料以及个人对史料的分析对澹台灭明进行了大致的考述，“以貌取人，失之子羽”主要说的是澹台灭明。现今社会在看个人外貌的时候，也要考察个人的才干和品德，澹台灭明身上所体现的义利观符合现实社会。

李二曲对儒的解构与重构

——以《礼记·儒行》对儒者的界定为例

俞秀玲

李二曲是明末清初著名学者与思想家，同容城孙奇逢、余姚黄宗羲一并“高名当时”，且时论以为“三大名儒”①。作为明末清初的关学大儒，李二曲生活于社会制度大变革的“天崩地解”时代。他不仅刻画出了明亡历史事件在传统士大夫心中所留下的无限悲愤与失望，同时，更突出了这个时代的政治昏暗和主流价值之缺失。可以说，儒学在明清之际面临着政统上的明亡于清和学统上空谈学风的双重倒塌，这些都刺激着儒学观念的更新和转型，重新诠释和解构儒之内涵就首当其冲地提上了日程。二曲积极延续和承续自孔子以来传统儒家所秉持的社会历史责任意识和时代担当意识，“以尊德性为本体，以道问学为工夫，兼尽姚江、考亭之旨”②，更以其个体的真实生命体证、所处的特殊历史境遇以及独特的致思取向，汇融程朱、陆王思想，吸纳明清之际的经世致用思潮，对流传已久的诸家学说进行批判融合与创造性重铸，以救世之博大情怀，力图重新建构起一个能适应当时社会深刻剧变、儒家视域下的价值系统，以延续传统儒家之道德统绪（道统），从而撑起华夏文化薪火相传的天空。作为明清之际儒

① 全祖望在《二曲先生窆石文》中强调指出，“当是时，北方则孙先生夏峰，南方则黄先生梨洲，西方则先生，时论以为三大儒”，参自［清］李颙撰，陈俊民点校：《二曲集》，中华书局1996年版，第614页。以关于三大儒的说法，学术界观点云出、争论不一，也有四大儒、五大儒之说。张岱年先生指出，“清初时最有名望的三个大儒是：孙奇逢、黄宗羲、李颙。到了清末，人们讲清初三大儒，就改成了黄宗羲、顾炎武、王夫之。章太炎讲清初五大儒：孙奇逢、黄宗羲、顾炎武、王夫之、颜元。梁启超则推崇四人：黄宗羲、顾炎武、王夫之、颜元”，参阅张岱年：《中国哲学史史料学》，生活·读书·新知三联书店1982年版，第180页。

② ［清］李颙撰，陈俊民点校：《二曲集》，《附录四·序跋》，第705页。

家重要的代表人物，二曲对“儒”真实内涵的解构、重构便是他针对明清之际“天崩地解”的时代所做出的适时回应。

自孔子创立儒学，“儒”无论是作为一种身份和职业，抑或是作为一种内涵逐渐明晰的学派属性，都已经发生了很大的发展和变化，同时也获得了越来越一致的认可，“以‘儒’作为孔子所建立的学派之名，在《论语》里尚无其例①。而到了战国时代，具体来说到了墨子的时代，‘儒’或‘儒者’已经成为墨子及其学派用以指称孔子学派的定名了”②，与此同时，儒家学派内部也以“儒”自称，这说明儒学已经发展到了充分自觉的程度，其中《礼记·儒行》③篇就是这方面的重要文献。《儒行》篇对儒者所应具备的品行，进行了自立、容貌、备豫、近人、特立、刚毅等多个层面的论述，描绘了一个立体而完美的儒者形象。④

一、《儒行》中关于儒者出仕前所应具备品行的界定

《儒行》是《礼记》中的第四十一篇，是战国时期儒学对自身的定位和理解的反映，因专论儒者之德行，又名约为“儒行”：“名曰‘儒行’者，以其记有道德者所行也。儒之言优也，柔也，能安人，能服人。又儒者，濡也，以先王之道能濡其身。此于《别录》属通论。”⑤据《礼记·儒行》篇记载，鲁哀公曾以“敢问儒行”⑥之事向

---

① 儒在殷商时代是专门为商王及贵族主持祭祀并从事宾客接待等业务的一种职业，因为这一职位地位卑微，故而儒在此时具有柔弱之特征。到了周代，因周人非常重视教化作用，在周公制礼作乐之后奉行礼治主义。此时，儒者从以往的殷商贵族附庸身份，逐渐转换为周代社会的重要文化承载者和传承者。在某种意义上来说，儒的转型成为历史发展的必然。孔子作为儒家学派的创始人，他所担负的任务就是通过扭转社会旧风对儒进行改造，从而开出儒者新的性格。在《论语》中“儒”字出现仅2次，“子谓子夏曰：‘女为君子儒，无为小人儒’”（《论语·雍也》），我们可以看到，孔子以君子与小人对举，将原来的小人儒改造为君子儒，从而对儒进行了脱胎换骨式的改造：从柔弱品性之儒、懦弱本性之儒及职业谋生之儒分别转换为刚健品性之儒、刚烈本性之儒和事业担当之儒。经过孔子的这一努力改造，儒者自觉挺立起个人主体意识，乃至开启儒家学派这一群体。儒的形象逐步高大、光辉起来。参阅姚海涛：《荀子对儒的解构与重构》，《江南论坛》2017年第1期。

② 参阅刘丰：《从〈儒行〉到〈儒效〉：先秦儒学的发展与转折》，《湖南大学学报（社会科学版）》2019年第6期。

③ 宋立林先生指出，《儒行》同见于《礼记》和《孔子家语》，应出于孔门弟子所记，并经整理而成。然而，宋先生认为《孔子家语·儒行解》与《礼记·儒行》相较则更为原始。参阅宋立林、孙宝华：《读〈儒行〉札记》，《管子学刊》2010年第3期。

④ 冯超：《儒行——儒者完美形象的高度概括——浅析〈礼记·儒行〉》，《辽宁行政学院学报》2010年第3期。

⑤ ［清］阮元校刻：《十三经注疏》（清嘉庆刊本），中华书局2009年版，第3622页。

⑥ 王文锦译解：《礼记译解》，中华书局2016年版，第914页。

孔子请教，孔子慷慨激昂，对鲁哀公所提出的问题一一予以解答。他就儒者所应具备的十六种高尚品行，如自立、容貌、近人、特立、刚毅等进行阐述。

《儒行》强调，儒者应具备为人处世的基本德行，即温良、敬慎、宽裕、孙接、礼节、言谈、歌乐和分散八个层面的最基本的德行：

> 温良者，仁之本也。敬慎者，仁之地也。宽裕者，仁之作也。孙接者，仁之能也。礼节者，仁之貌也。言谈者，仁之文也。歌乐者，仁之和也。分散者，仁之施也。儒皆兼此而有之，犹且不敢言仁也。……儒有不陨获于贫贱，不充诎于富贵，不慁君王，不累长上，不闵有司，故曰儒。今众人之命儒也妄，常以儒相诟病。①

由上述可以看出，孔子对儒者德行的规定不仅包括行为层面，如礼节、言谈、歌乐、分散等，同时也体现在品格方面，如温良、敬慎、宽裕、孙接等。这八德与孔子在《论语》中的很多阐述很相似，基本属于礼乐文化的德行体系②。在《论语》中，孔子数次提到“仁”，“克己复礼为仁。一日克己复礼，天下归仁焉。为仁由己，而由人乎哉?”（《论语·颜渊》）“巧言令色，鲜矣仁”（《论语·学而》）等，这些都与《儒行》中的相关规定有很大的相似之处。

对于儒者而言，人生可进可退，出仕为官仅为人生拼搏的路径之一。即便不出仕或者暂未出仕，儒者也丝毫不会靠依附权贵，或者趋炎谄媚来获取利益：

> 儒有上不臣天子，下不事诸侯；慎静而尚宽，强毅以与人，博学以知服；近文章，砥厉廉隅；虽分国，如锱铢，不臣不仕。其规为有如此者。③

从上述可以看出，即使儒者尚未出仕为官对天子或诸侯进行事奉，他也会一如既往地严格要求自己，不仅处事谨慎而宽容，且性格刚毅而能从善如一，不仅仅如此，儒者还敬服前贤，坚持读圣贤之书以“武装”和提升自己，由此学识渊博而能服人，磨炼品行而能坚持气节和操守。在具备一定德行的儒者这里，即便把整个国家分给儒者，儒者也不会因此而动心入仕以称臣做官。也就是说，儒者并非不想入仕为官，而

---

① 王文锦译解：《礼记译解》，第 923 页。

② 陈来：《〈礼记·儒行〉篇的历史诠释与时代意义》，《山东大学学报（哲学社会科学版）》2020 年第 2 期。

③ 王文锦译解：《礼记译解》，第 922 页。

是不想因为追求俸禄而入仕为官、丧失独立人格。在儒者看来，出仕为官只是其人生理想的一个组成部分。出仕之外的立德、立言更是出仕为官的基本前提和保证，是儒者一生所追求的主要人生目标，相较而言，立德则是儒者最为主要的德行。这些正是一个真正的儒者所具备的重要前提条件。

关于这方面的论述，孔子有非常详尽的阐释，他认为“强学力行”“容貌恭慎”“居处修身”等都是一个儒者在未出仕前应该具备的“自立”“容貌”“备豫”之德行，这是作为儒者最基本的操守。在《儒行》中，孔子强调指出，儒者应“强学力行”、自强不息：

> 儒有席上之珍以待聘，夙夜强学以待问，怀忠信以待举，力行以待取。其自立有如此者。①
>
> 儒有博学而不穷，笃行而不倦，幽居而不淫，上通而不困；礼之以和为贵，忠信之美，优游之法；慕贤而容众，毁方而瓦合。其宽裕有如此者。②

孔子向来重视学习，认为儒者要自立自强，勤奋学习，为以后的积极入世做准备。由此，孔子将学习作为贯穿人一生的准则。在他看来，“强学”“怀忠信”“力行”都是“自立”的表现，“强学”是为了“待问”，“怀忠信”是为了“待举”，“力行”则是为了“待取”。也就是说，学习是为了以后在社会上能发挥作用。这种见解体现了儒家的积极入世及进取的精神。孔子强调在学习中实现立言，实现自我价值的完善。类似的要求在《论语》中也有大量的陈述，如：

> 学而时习之，不亦说乎？有朋自远方来，不亦乐乎？人不知而不愠，不亦君子乎？(《论语·学而》)
>
> 敏而好学，不耻下问。《论语·公冶长》

由此可见，儒家对“强学力行”以自立的重视程度。

不仅如此，孔子更强调儒者在日常言行举止方面所表现出来的修养，他认为儒者应“容貌恭慎”“居处修身”，谨慎自律、自控，加强自己在日常生活中待人处世的品行修养。他指出：

① 王文锦译解：《礼记译解》，第915页。
② 王文锦译解：《礼记译解》，第920页。

儒有居处齐难，其坐起恭敬；言必先信，行必中正；道涂不争险易之利，冬夏不争阴阳之和；爱其死以有待也，养其身以有为也。其备豫有如此者。①

儒有衣冠中，动作慎；其大让如慢，小让如伪；大则如威，小则如愧；其难进而易退也，粥粥若无能也。其容貌有如此者。②

能够看出，孔子要求儒者不管身处何种环境，都必须“坐起恭敬”“言必先信”“动作慎”，培养自己恭敬谨慎、忠信贤良且宽厚包容、谦逊待人的修养品格。这些都体现了儒者突出而鲜明的个性特质与德行。

二、《儒行》中关于儒者出仕后所应具备品行的界定

需要留意的是，在《儒行》篇中，孔子对出仕前的儒者所应具备的品行要求，同样也是对出仕后的儒者所应具备的品行要求。同时，在《儒行》中，所列举出的对儒者所应具备的品行的规定条目中，每一条目又并非单一，往往互相渗透、互相包含，单条中的具体规定又同时包含有几种德行要求，各条目规定之间往往又会出现类似或者相似内容的重合。然而，无论怎样重合，从《儒行》篇最后的论述来看，儒者所具备的八种最基本的德行，实质上都是儒家关于“仁”在儒者身上所表现出来的不同侧面的要求，以突出儒者所应具备的仁德思想，更完整地体现儒家德行论的核心和重点。③

在儒者所应具备的八德的基础上，《儒行》对出仕后的儒者提出了具体要求。

首先，在对待物质生活的态度上，《儒行》主张出仕者为政应“忠信以为宝”，力求做到清廉节俭，抵制富贵利禄的物质、名利诱惑。

儒有一亩之宫，环堵之室，筚门圭窬，蓬户瓮牖；易衣而出，并日而食；上答之不敢以疑，上不答不敢以谄。其仕有如此者。④

---

① 王文锦译解：《礼记译解》，第916页。

② 王文锦译解：《礼记译解》，第915页。

③ 陈来先生指出，《儒行》的德行体系有相当一部分还是直接继承于孔子，西周以来到春秋的德行体系属于礼乐文化，《儒行》中的温良、敬慎、宽裕、逊接等其实都属于礼，体现了礼的要义。所以关于德行的要求，属于孔子那个时代所继承的春秋以来的礼乐文化的德行体系，是礼乐文化中的君子德行。参阅陈来：《〈礼记·儒行〉篇的历史诠释与时代意义》，《山东大学学报（哲学社会科学版）》2020年第2期。

④ 王文锦译解：《礼记译解》，第919页。

儒有不宝金玉，而忠信以为宝；不祈土地，立义以为土地；不祈多积，多文以为富；难得而易禄也，易禄而难畜也。非时不见，不亦难得乎？①

儒有忠信以为甲胄，礼义以为干橹；戴仁而行，抱义而处；虽有暴政，不更其所。其自立有如此者。②

孔子认为，只有“不宝金玉”“不祈土地”，以“忠信以为宝”“立义以为土地”，才能安于生活的俭朴而以苦为乐，才能最终安贫乐道。也就是说，《儒行》要求入仕的儒者要以君子“为道不远人”的精神对人，既重义轻利、文质彬彬，又要宽容大度、以诚待人，于“行本”中仰贤慕能、求同存异。这一思想对后世儒者的言行起了重要的影响作用。

为了让“忠信以为宝”落实得更加到位，《儒行》篇多次提到“义”，强调“行本”方能“立义”：

儒有委之以货财，淹之以乐好，见利不亏其义；劫之以众，沮之以兵，见死不更其守；鸷虫攫搏，不程勇者；引重鼎，不程其力；往者不悔，来者不豫；过言不再，流言不极；不断其威，不习其谋。其特立有如此者。③

在这里，孔子把“义”的道德、行为准则置于人需求的最高地位，主张“礼义以为干橹”“见利不亏其义”，并认为儒者应本乎方正，将行事的原则建立在“义”之上，在遭遇各种诱惑和威胁时能果敢坚毅而刚毅有节，经得起考验；能见利思义而持守其志，坚于操守而不随波逐流。

其次，在入仕过程中，《儒行》要求儒者为官，应该以“苟利国家生死以，岂因祸福避趋之”的气节精神成为民众的楷模和榜样。由此，才能做到以身作则而“程功积事”，“推贤”“进达”而不望其报。

儒有内称不辟亲，外举不辟怨；程功积事，推贤而进达之，不望其报，君得其志；苟利国家，不求富贵。④

---

① 王文锦译解：《礼记译解》，第 916 页。
② 王文锦译解：《礼记译解》，第 918 页。
③ 王文锦译解：《礼记译解》，第 888 页。
④ 王文锦译解：《礼记译解》，第 920 页。

孔子认为这是出仕的儒者应该具备的政治素质。一直以来，儒家对举贤任能就很重视，认为为官者要拒绝因私废公，具备“举贤不辟亲”的刚正不阿的正直品质和忠诚无私的爱国情操，即使身处逆境，也要以“苟利社稷，死生以之”（《左传》）的爱国献身精神和社会担当意识独当一面，为百姓造福。

同时，在为政中还应积极汲取经验教训，“往者不悔”“过言不再”，对已经过去的事情不必追悔，对已经说过的错误言辞不必纠结重复再三，因为追悔或者纠结都无济于事而于事无补，只有通过不断总结经验教训，自省、自律和自控，以积极上进的精神面貌对己、对人、对物，才能做到不受外界干扰而自始至终坚持正确的发展方向：

> 儒有……往者不悔，来者不豫；过言不再，流言不极；不断其威，不习其谋。其特立有如此者。①

正是在上述德行的熏陶与滋养中（当然还有其他方面的德行要求），儒者日渐形成了其“可杀而不可辱”的气节精神和品格：

> 儒有可亲而不可劫也，可近而不可迫也，可杀而不可辱也。其居处不淫，其饮食不溽，其过失可微辨而不可面数也。其刚毅有如此者。②

《儒行》篇在后代文化中影响最大的就是此条，它折射和反映了儒者所具有的“正大刚毅之气”（宋明理学家尤其赞赏“正大刚毅之气”），这样的德行和气节是任何时代所需要的，也是我们今天有志于做一个儒者的人生目标。③ 如此气节精神，在《论语》《中庸》中都有类似表述，如孔子强调“志士仁人，无求生以害仁，有杀身以成仁”（《论语·卫灵公》）的“杀身成仁”志气，《中庸》中凸显的“发强刚毅，足以有执也”的刚正不阿精神等，这些都是礼乐文化解体之后所形成的一套新的士君子，即儒者所应具备的德行体系。

可以说，《儒行》中关于儒的各项规定，在相当程度上具体地显现了儒者所具备的

---

① 王文锦译解：《礼记译解》，第917页。

② 王文锦译解：《礼记译解》，第918页。

③ 陈来：《〈礼记·儒行〉篇的历史诠释与时代意义》，《山东大学学报（哲学社会科学版）》2020年第2期。

德行行为样态，从而成为儒者所必需的行为典范。①

三、“德合三才之谓儒”
——李二曲对“真儒”内涵之解构

关于儒的内涵界定，历代经学家、史学家、哲学家或以文字训诂，或追历史溯源，或进行论学要旨，并一直有“原儒”“说儒”“论儒”的著述，然而却最终各说不一②。作为具有特定指向的身份象征、学派符号和学术群体，“儒”的意义与内涵“亦在经历着历史性的变化。不同时代对其有不同的理解和诉求，以期借由对这一儒学基础性问题的重新定位与诠释，表达自我期许，塑造理想人格，寄寓现实关怀”③。若追溯至二曲这里，我们会发现，在明末清初“天崩地解”的大动荡时期，当学人纷纷转向对理学的批判时，二曲深谙于当世儒中异端所流行的“束书不观”之乱象，于是，他把视域转向了《礼记·儒行》④，试图通过重新解构和重构儒的真实内涵以纠正世俗所出现的儒之乱象。

如前所述，《儒行》重视儒者在出仕前和出仕后力行求仁的品质，偏重于儒者实践力行的实学精神，而实学精神几乎是明末清初之际思想家们的共同呼声。二曲试图通过对儒的真实内涵的诠释，将此时变异的儒重新拉回纯正的原始儒家思想中，以坚守儒门正旨，救治世弊人心。

由此，二曲非常注重对真儒内涵的界定，他对儒学的分析和论证可以说是条分缕析、层层剥离。然而，二曲并不囿于对“儒”的界定做字源、词源层面的考证，相反，他着眼于《礼记·儒行》中关于儒的界定，通过讲学、著述等形式，“取之以‘正面’

---

① 参阅陈来：《〈礼记·儒行〉篇的历史诠释与时代意义》，《山东大学学报（哲学社会科学版）》2020年第2期。

② 参阅陈俊民：《张载关学的历史重构》，中华书局2020年版，第95页。陈俊民先生指出，司马谈在《论六家要旨》中认为“儒者以六艺为法”，而章太炎、胡适则认为“儒之名出于《需》（《易》之《需》卦）”，甚至更有“儒本殷民族柔弱性的宗教”等传统说法。陈先生指出，“儒”是作为相对独立的士人知识阶层出现的，并认为这是孔子儒家学派形成的基本前提，更涉及孔子“君子儒”“小人儒”的提出。

③ 参见李敬峰：《二曲论儒》，《中国社会科学报》2020年9月1日。

④ 因《儒行》以“高隐”和“任侠”两种品质为主，偏重于讲述儒者的实践力行，故而深受整体偏于守柔风格的宋儒质疑，且相对不受宋儒待见。实质上，宋儒忽略了一点，即，没有意识到孔子的教化是非常广博多样的。章太炎后来就对宋儒的柔退性格提出了强烈批评，认为宋儒过于重视儒家的中庸精神，而丧失刚毅勇猛之气。

平实论述为主，以‘反面’警示劝诫为辅”①，对“儒”的内涵进行重新思考和解构。

二曲首先对“真儒”和“真儒学”的特征和内涵进行梳理。他指出：

> 德合三才之谓儒。天之德主于发育万物，地之德主于资生万物，士顶天履地而为人，贵有以经纶万物。果能明体适用而经纶万物，则与天地生育之德合矣，命之曰“儒”，不亦宜乎！能经纶万物而参天地谓之“儒”，务经纶之业而欲与天地参谓之“学”。儒而不如此，便是俗儒；学而不如此，便是俗学。俗儒、俗学，君子深耻焉。②

在二曲看来，真正的纯儒应该德合天、地、人，并能“明体适用”且参天地而经论万物，否则，便为低级而无用的“俗儒”“俗学”，二曲认为这是儒者之耻，与《礼记·儒行》中所规定的儒必须“容貌恭慎”“居处修身”，且谨慎自律、自控而“强学力行”是相悖谬的。实际上，在现实社会中，“儒”所用范围非常宽泛，凡读儒书、言儒言、冠儒冠者，都置身于“儒林”之中而“以儒自命”，如此，则“儒”就有了“昔儒”“今儒”“后儒”“大儒”“巨儒”“业儒”“世儒”，乃至“宿儒”“吾儒”“全儒”“名儒”“君子儒”“高儒”“真儒”“俗儒”“腐儒”“霸儒”“小儒”“小人儒”“应付儒”等称谓和分类，不一而足。

二曲认为，真正的“全儒”应该道德、经济同时兼备，而非“各居一偏”，也就是说，真正的“儒”一定要从道德和经济两个层面入手，前者为体，而后者则为用，道德不见之于经济，则会迂阔而远于事情，有体而无用，反之，若经济不本于道德，则会杂乎功利，有用而无体。这两种做法都非“儒”（在某种意义上来说，最起码不能算作“全儒”）。只有做到两者兼备，才能叫作“全儒”，才能“穷可以仪表人群，达则兼善天下，或穷或达，均有补于世道，为斯人所必需，夫是之谓‘儒’，夫是之谓‘君子’”③。那么，如何做到“真儒”？二曲指出：

> ……夫是之谓“明体适用”。明体适用，乃人生性分之所不容已，学焉而昧乎此，即失其所以为人矣！明体而不适于用，便是腐儒；适用而不本明体，便是霸儒；既不明体，又不适用，徒灭裂于口耳伎俩之末，便是异端。④

① 参见陈俊民：《张载关学的历史重构》，第96页。
② ［清］李颙撰，陈俊民点校：《二曲集》，第120页。
③ ［清］李颙撰，陈俊民点校：《二曲集》，第450页。
④ ［清］李颙撰，陈俊民点校：《二曲集》，第120页。

> “君子儒”大而通，“小人儒”拘而滞。……
>
> “君子儒”为天地立心，为生民立命，为往圣继绝学，为万世开太平；“小人儒”则反是。
>
> 古之学者“为己”，“君子儒”也；今之学者“为人”，“小人儒”也。
>
> “君子儒”喻于义，“小人儒”喻于利。
>
> “君子儒”实心实行，“小人儒”色取行违。①

从二曲的界定可以看出，二曲的学术活动其实都是以凸显“真儒”和“真儒学”为其主要学术特质的。在他看来，“真儒”和“君子儒”才是士人应当追求的，才是“儒”之真实内涵。为学若脱离了“明体适用”，则“失其所以为人”；若只关注明体，而忽略适用，则会成为腐儒；若只重视适用，而忽略明体，则会成为霸儒；若体用兼有忽略，则会堕落为异端。只有“明体适用”者，才是“真儒”、正学，也只有以“君子儒”提升自己，才能大气通达。也就是说，“君子儒”是以做人的正义、切身践行和责任担当行事，这与孔子所强调的“女为君子儒，无为小人儒”（《论语·雍也》）同出一辙，更与《中庸》中对“仁者，人也”的界定殊途而同归。当然，这也是孔子对“君子儒”的要求。二曲更提出，“君子儒”应以孔子之志为己志，并学忠恕、去私心，让自己成长为与圣人同声同气、成己成物的纯儒。也因此，二曲常以“真”字为冠，用“真儒”“真知”“真人”“真心”“真才”“真品”“真圣学”等词汇，与悖谬于儒家经典思想的“假儒”“俗儒”“腐儒”“霸儒”“应付儒”“小人儒”以及“俗学”“伪学”等儒内、儒外异端②进行区分，以彰显“儒”的真实义涵，表明自己的“真儒”立场。实质上，二曲的这一结构正是向原儒思想内涵的复归，是对《儒行》的深刻诠释。二曲毕生的学术活动都是围绕着儒者的界定标准来展开的。

---

① ［清］李颙撰，陈俊民点校：《二曲集》，第450页。

② 李二曲认为儒家有儒外异端和儒内异端，都极具危害性，然而儒内异端的危害更甚，他指出，孔子时期的异端是“乡愿”；战国时期以来的异端则主要为儒外异端，如告子、许行、庄周、邹衍、公孙龙子等，而杨朱、墨翟的“为我”“兼爱”之说尤为当世所宗尚；汉唐以来托老子以行世的魏伯阳仙术、张道陵符箓，以及禅宗等，这些儒外异端危害几乎“不可胜言”，然而宋明时期的理学家程朱等力辟之，不至于“生心害政”，而儒内异端则甚于洪水猛兽，“生于其心，害于其事，发于其事，害于其政”，其害着实“深而难距”“深而难辨”。参阅［清］李颙撰，陈俊民点校：《二曲集》，第435~436页。由此看来，在二曲这里，他力主排除儒外异端，然而更倾向于排除儒内异端。

四、“行儒之行”——李二曲对“真儒”标准之重构

可以说，二曲毕生都是按照《礼记·儒行》中关于儒者的要求来对自己进行严格要求的①，他关于“真儒”“真儒学”的建构正是这一方向的延展。在二曲看来，作为真儒，更应以见之于日用常为事中的践履作为鹄的，即“行儒之行”。也就是说，二曲认为真儒的价值在于，能够在现实社会中应用，而非摆设或者虚套的理论。由此，二曲非常注重和强调儒的实用性，他认为，成己成物、济世安民，是需要以行动来确保的。所以，二曲认为“真儒”最终要归结于行，也就是说，“行儒之行”，才可为真儒。究于此，二曲指出：

> “儒”字从“人”从“需”，言为人所需也。道德为人所需，则式其仪范，振聋觉聩，朗人心之长夜；经济为人所需，则赖其匡定，拯溺亨屯，翊世运于熙隆：二者为宇宙之元气，生人之命脉，乃所必需，而 日不可无焉者也。②

二曲认为，“儒”在字形上从“人”从“需”，意为人之所需。可以看出，二曲是从“儒”的实际功用上来对“儒”进行诠释的，尤其在其“明体适用”思想中更凸显了其道德经济兼备而后才能为全儒的适用思想。

在明清之际的大动荡时期，当世真儒已不多见，出现了置身于儒林而读儒书、冠儒冠且“以儒自命”的“应付儒”，“儒之所以为儒，名存而实亡”的学术危机使得世人多以“儒”相诟病，甚至杂说甚多而各说不一。

> 僧有禅宗、有应付，道有全真、有应付，儒有理学、有应付，咸一门而两分之，内外之分也。噫，读儒书，冠儒冠，置身于儒林，既以儒自命，乃甘以应付儒结局生平乎？然则必何如而后可？……诚自振自奋，自拔于流俗而允蹈之，便是真儒、大儒、“君子儒”，否则终是俗儒、应付儒、“小人儒”，而犹居之不疑，自以为儒，“儒”岂如是耶？亦足羞矣！③

---

① 《礼记·儒行》记录的主要是孔门七十子的行为，其中体现了孔子教育学生的广博多样性。当然，之所以如此，原因在于，儒家试图以孔门七十子多样化的行为来作为整肃儒风、确立儒家学派的标准。

② ［清］李颙撰，陈俊民点校：《二曲集》，第450页。

③ ［清］李颙撰，陈俊民点校：《二曲集》，第451页。

从如上阐述可以看出，二曲强调士人不应以“应付儒”了却自己的一生，相反，士人应自拔于流俗向真儒、“君子儒”靠拢。在二曲看来，若有体而无用，则便是“腐儒”；若有用而无体，则便是“霸儒”；若既不明体又不适用，“徒灭裂于口耳伎俩之末”，则便是“异端”。由此，为了避免理学中之异端对儒学的进一步危害，二曲指出，必须依据“儒行”来对“真儒”的标准问题进行辨析。他在关中书院的讲学中，直接承继关中大儒冯从吾“立会讲学”的宗旨，将《儒行》专门立为儒者为人处世的行为准则：

> 士人儒服儒言，咸名曰“儒”，抑知儒之所以为儒，原自有在也。夫儒服儒言，未必真儒，行儒之行，始为真儒，则《儒行篇》不可以不之监也。是篇杂在《礼记》，兹谨表出，以式同志。懿德之好，人有同然。诚因观生感，因感生奋，躬体力践，有儒之实，斯儒服儒言，无愧儒之名矣！①

能够看出，二曲对《儒行》中关于儒的界定大为赞赏，他认为《儒行》记载了对真儒行为的规定，而真儒如何按照《儒行》的规定来践行则恰恰能决定真儒的本质。相对于儒服、儒言以及儒名等外在形式而言，二曲更关注士人的儒行，注重真儒本身所表现出来的具体行为表现和道德品行。在他看来，真儒之所以为儒，“原自有在也”，是儒者日常生活中的“躬体力践”，而非“儒服儒言”。具体如何做才更吻合“儒行”准则，二曲给出了具体的践行要求：

> 儒有席上之珍以待聘，夙夜强学以待问，怀忠信以待举，力行以待取，其自立有如此者。
>
> 儒有衣冠中，动作慎。其大让如慢，小让如伪，大则如威，小则如愧……
>
> 儒有居处齐难，其坐起恭敬，言必先信，行必中正。道涂不争险易之利，冬夏不争阴阳之和，爱其死以有待也，养其身以有为也……
>
> 儒有不宝金玉，而忠信以为宝；不祈土地，立义以为土地；不祈多积，多文以为富……
>
> 儒有可亲而不可劫也，可近而不可迫也，可杀而不可辱也。其居处不淫，其饮食不溽，其过失可微辨而不可面数也。其刚毅有如此者。

① ［清］李颙撰，陈俊民点校：《二曲集》，第110页。

………①

根据上述关于“儒行”的具体规定，我们可以看到，在二曲这里，“真儒”在日常生活中的“躬体力践”不仅包括“待聘”“待问”“待举”“待取”的自立准则，同时还包括衣冠、动作以及外在容貌、行为举止等“近人”准则，如“居坐”“言行”“不祈土地”等。二曲更规定“可亲而不可劫”“可杀而不可辱”的“儒行”“刚毅”准则，以及处事的宽容、交友、“任举”等准则②。二曲在其《四书反身录·论语》篇中进一步对“儒行”做出了具体的说明，劝导士人以孔颜思孟等前贤之真儒行为榜样来践行自己。二曲认为，只有“行儒之行”，才是最终界定是否为“真儒”的标准，也就是说，在二曲看来，“真儒”并非儒冠、儒服，抑或儒言，而在于对三代道统之承继，在于体、用之并重和对道德、经济兼备的重视。

值得注意的是，为了使“儒行”得到真正贯彻，二曲还曾在《礼记·儒行》的基础上写过一部《儒鉴》，他强调指出，“士既业儒，则儒不可以无鉴。镜以照面，则面之净垢见；鉴以观儒，则儒之得失见。见净垢，斯知去垢以求净；见得失，斯知舍失以求得”③。在二曲看来，士既业儒，则不可以“无鉴”，就如同以镜照面一般，照之，则“面之净垢见”“去垢以求净”，如此，则鉴以观儒，儒者“有所考镜”“儒之得失见”；见得失，则知“舍失以求得”。若儒者无鉴，则业儒者会无所惩劝，学术不明而人才不兴。然而，遗憾的是，二曲所撰写的《儒鉴》并没有流传下来。

五、“体用兼赅”以“经世载物”——李二曲对“儒行”实效之阐释

二曲是以“明体适用”作为其“儒行”所产生的实效方案和标准的，这一实效方案也是其经世方略展开的实质性意涵。二曲专门从体、用关系的视域思考经世问题，并从而对儒家经世观念进行深入阐释。这一特质在清初主张经世致用的诸多学者中相

① ［清］李颙撰，陈俊民点校：《二曲集》，第111页。

② 二曲关于儒者的行为还有更多的详细规定。详细记录参阅［清］李颙撰，陈俊民点校：《二曲集》，第199页。

③ ［清］李颙撰，陈俊民点校：《二曲集》，第199页。

当突出①。值得注意的是，在二曲这里，“明体”并不是为明体而明体，而是在明道存心、体用兼赅的基础上，用以指导社会和人生治理。由此，二曲主张“体用兼赅”以“经世载物”，真正使得儒家关于儒的各项儒行规定能在现实社会生活中“遍地开花”。由此，二曲对当世所出现的乱象进行慎思：

> 儒学明晦，不止系士风盛衰，实关系生民休戚，世运否泰。儒学明，则士之所习者，明体适用之正业，处也有守，出也有为，生民蒙其利济，而世运宁有不泰？儒学晦，则士之所攻者，辞章记诵之末技，处也无守，出也无为，生民毫无所赖，而世运宁有不否？②

从二曲上述的慎思中能够看出，儒学之明晦，的确事关生民休戚、世运否泰的问题。二曲开启了对传统儒家经世致用思想的重新思考。

> 明体而不适用，失之腐；适用而不明体，失之霸。腐与霸，非所以言学也③。

在二曲这里，他总是把内圣与外王、明体与适用、成己与成物，乃至道德与经济相并而提，并认为前者是后者得以顺利实现的前提。二曲指出，道德功业的前提和根基就在于心性本体，故而，唯有“随事磨炼”，才能使得个体之心体在外王经纶事业中稳定呈现。由此，二曲非常强调和重视体用二者的兼重并行。在他看来，体既立则用自然流行，本既得则末自盛，有了仁德作为前提保证，则自然王道接踵而至。然而，需要我们留意的是，此心体只能在发用流行处“随事磨炼”，并随感而应，才能随感、随应而显发为用，从形上层面落实至形下层面。也就是说，当此心体澄然无事时，则

---

① 参阅林乐昌：《论李二曲对宋明理学的总结》，《中共宁波市委党校学报》2012 年第 1 期。在该文中，林先生指出，儒家的经世分为三个层面，第一为制度或政治的层面，包括典章法制的沿革，政治准则的厘定，对国家、社会事务的掌管和治理等。这一层面，直接关乎国家和社会的治乱；第二为物质或经济的层面，亦即“开物成务”，诸如农工商贾、水利漕运、兵马钱粮等一应有关国计民生的实际事务都包括在内。这一层面，直接关系着国家的强弱和社会的盛衰；第三为精神或文化的层面，其重心在于建构、完善和维护社会的精神文化价值系统，以范导和整合“世道人心”，它关系着社会各阶层道德水准的高低、精神气质的优劣、社会风气的好坏等。林先生认为这三个层面，体现了儒家重建社会秩序的全面要求。根据此分析，我们可以看出，二曲思想成熟期的经世观，主要指向第三个层面，亦即以“正人心”为重点的“倡道救世”事业，力图为社会重建精神文化价值系统，同时又对第二层面有所关照。

② ［清］李颙撰，陈俊民点校：《二曲集》，第 120 页。

③ ［清］李颙撰，陈俊民点校：《二曲集》，第 48 页。

自然无所不贯。然而，此心体一旦发用流行并“随事磨炼”，则向外随事感应而不断呈现。

正是在这种意义上，二曲对心性本体引导下的修为及其践履工夫非常重视。他强调，“物有本末”“事有始终”，而工夫顺序“层次井然”。在二曲看来，工夫顺序的首要之事在于“学而时习之”，通过深入读书，在学知所向后，“沉潜涵泳”而“久自有得”，然后自内而外，逐步递及于《大学衍义》、《大学衍义补》、《文献通考》以及《经济类书》和《会典》、《律令》等修齐治平方面的书籍。从二曲所致力于阅读的书籍来看，他对经世、时务等方面的著作是非常重视的。在二曲看来，凡此类书籍，须逐一酌古准今加以仔细考量。只有下得如此工夫，才能“体用兼赅”而天德王道“一以贯之”，也才能最终促使“经世载物”方略的顺利开展。鉴于此，二曲在其《体用全学》篇中专门开列了一定数量的“适用”类书目，强调从社会政治、经济文化及制度礼仪，到科学和技艺等方面，都需予以关注。二曲此种治学方向和主张，正体现出其对“家事、国事、天下事，事事关心”的责任担当和传承意识。我们从二曲对其所列出的适用类书目进行的详细注解中①就能解读到二曲强烈的责任担当意识.

……自《衍义》以至《奏议》等书，皆适用之书也。噫！道不虚谈，学贵实效，学而不足以开物成务，康济时艰，真拥衾之妇女耳，亦可羞已！②

从上述可以看出，二曲以“明体”为指导，对“适用类”书目进行详细注解，从而进一步对社会生产、社会治理以及政治经济、政策、物质生产、科学技术等方面的理论纲要进行深入探讨。此外，二曲还积极关注农业生产、地理水利等科学性的产业知识。对二曲而言，他并不满足于此，还对泰西水利等域外科学知识有所关注，“以上数种，咸经济所关，宜一一潜心”③。也就是说，二曲的“明体适用”思想不仅包括经世致用思想，同时极具现实时代感。在二曲的《匡时要务》序中，我们更能体会到他救世济时的迫切心情：

先生甫弱冠，即以康济为心，尝著《帝学宏纲》、《经筵僭拟》、《经世蠡测》、

① 二曲在《体用全学》章节中还分别对《大学衍义》《文献通考》《吕氏实政录》《经世挈要》《武备志》等适用类书目做详细注解，表现出他对政治经济以及物质生产方面的关注。

② ［清］李颙撰，陈俊民点校：《二曲集》，第 54 页。

③ ［清］李颙撰，陈俊民点校：《二曲集》，第 54 页。

《时务急着》诸书，其中天德王道，悲天悯人，凡政体所关，靡不规画。①

我们可以很清晰地看到，二曲一直致力于社稷民生，并给予热切关注。在他学术生涯开展的早期，二曲就以经世济世为主。值得留意的是，受《儒行》中刚毅品性气节精神的影响，即“儒有可亲而不可劫也，可近而不可迫也，可杀而不可辱也……其刚毅有如此者”，二曲终因民族气节而不仕②，故而在“雅意林泉，无复世念”的执着之念下，二曲将其早期所作原稿尽付“祖龙”而于此后绝口不提。在二曲的内心深处，他认为只有学术才能“醒人心”，大丈夫若无心于斯世则已，但若有心于斯世，则必须从大肯綮处着手，如此，才能做到事半功倍而不劳易举。二曲于治学中，有意识地将这一点纳入儒学框架之中，并指出，“吾儒”原以经世为宗，儒者之学即为“明体适用”之学，欲明体兼具而为“明体适用”之学，则须读“明体适用”类书籍。至此，才能达致经世致用之功，也才能在不累于物欲之求、外在功业的情况下达致真正的“事功”，从而做到经世致用而济世。在二曲看来，这一过程之实现正是“儒行”实效之表现，是经济事功复返于心性本体中，而最终达致事不累于心、心不累于事的“毫无沾滞”之境。至此，外在事功才真正达致“体用兼赅”以经世载物的鹄的。当然，这正是二曲“明体适用”思想的经世实义之所在，更是其“儒行”所产生的实效方案和标准。二曲认为只有这样，才能实现传统儒家所倡导的为己之学，真正在践行中实现传统儒家的“儒行”界定，从而产生一定的实效，并向孔孟元典精神回归。

结　语

总而言之，二曲能不为明清之际的时局所困而慨然救弊，以其个人真修实证的生命体验融摄“剖破朱陆藩篱，而上接邹鲁之统”，并以经世、力行为宗，于反身体证和践行中果断提出独具特色的“明体适用”思想，从而通过生命实践来活化传统儒学的真精神。可以说，这一真精神正是传统儒学“儒行”精神的体现，它促进了传统儒学道统的重建，契合了“四书”“六经”元典，由此开启了有清一代儒学在关中的新局面。在二曲这里，真儒作用并不在于儒冠、儒服或者儒言等言辞章句，而在于“行儒之行”、对三代“道统”的承传，更在于道德、经济兼备而有体有用、“不坠一偏”，

① ［清］李颙撰，陈俊民点校：《二曲集》，第 103 页。

② 二曲的这一气节精神正是《儒行》中儒者所具备的“正大刚毅之气”的折射和反映，这一点在后代文化中影响非常大。这样的德行和气节是任何时代所需要的。

且于日用常为事中切身躬行践履的善学善行。也正因为如此，二曲非常推崇《礼记·儒行》等文献中关于儒行的界定，这也是二曲对儒进行重解的应有之义。

可以说，二曲上承孔孟，汇融程朱陆王，是传统儒学从先秦到清初转型发展的关键人物。孔孟荀在先秦时期对“儒”的循环式、上升式改造，使得传统儒家在既往那些逝去的历史发展关键时期不至于“下坠”，抑或“集体堕落”，二曲能在明清之际的大动荡时期逆向而上做出正确的抉择，对“真儒”做出正确的解构和建构，这对于儒者思想内蕴的历史传承，乃至中华文明的延续起到了不可估量的作用。

论《鼎锓二翰林校正句解评释孔子家语正印》评语的特色与价值

杨 洁

在全球汉籍合璧工程的视野和背景下，海外珍本、善本得以回归，2017年《子海珍本编》影印出版了日本内阁文库所藏明代顾锡畴注本《鼎锓二翰林校正句解评释孔子家语正印》三卷（以下简称《孔子家语正印》），2020年文物出版社再次影印出版。此版本目前在国内尚未发现，属《中国古籍善本书目》未著录之作，此前研究者的著述中也从未提及该版本，此本独一无二，实为孤本秘籍，具有极高的整理、研究价值。

一、《孔子家语正印》的版本特点与价值

《孔子家语正印》是一部明代产生的《孔子家语》的重要注评本，日本内阁文库藏明天启三年（1623）怡庆堂余完初刻本，2017年由《子海珍本编》影印出版。经核查，不见于《中国古籍善本书目》，极为珍贵。《孔子家语正印》由翰林院编修文震孟作序，明代礼部尚书顾锡畴注释，孔子第六十三代孙、翰林院编修孔贞运评论。解析题目之意，“锓”为雕刻。“二翰林”意指评语者孔贞运和序文作者文震孟，二人都担任过明代翰林院编修。“校正句解评释”意为校对、逐句注解和评释。“正印”即正宗。题目意思为：由二翰林按照《孔子家语》正宗传本进行校正、逐句注解和评释的雕刻最为精美的《孔子家语》版本。全书正文共3卷44篇（自相鲁第一至弟子解四十四），正文之前有序文1篇，反映孔子生平重大事件的版画20幅，及“先圣世系”“先圣履历”等5篇。正文在《孔子家语》原文的基础上，用双行小字进行详细的句解注

释，同时上方对应原句处评述。刊版者为怡庆堂，万历天启间刻书多种，当为建阳地方书坊。

《孔子家语正印》版本完整精美。《孔子家语》在传流过程中，版本较多，但善本较少。《孔子家语正印》内容丰富，刻印精美，顾锡畴、孔贞运的注评承载了一定的文化及价值观念，文震孟的抄本序言体现了一种洒脱自如的劲健美，有碑文特点。其书法源自家传，造诣深厚，较曾祖文徵明的秀雅遒劲更显转折方劲。序言之后 20 幅反映孔子生平重大事件的版画笔法纯熟、清秀逸美，极具表现力。正文版式设计合理，原文单行大字，注释双行小字，同时以分框形式在原句上方评论，工整秀美，刻印规范。

《孔子家语正印》的一大成就，体现在评语的数量多，价值高。评者孔贞运是明朝中后期上层士人，具有一定政治背景，带有儒家正直文人的思想特点，代表了高洁正直的官场清流。其评语含蕴深刻，渗透了深厚的儒家观念，一定程度上反映了明代士人的文化心理和思想学术水平，在《孔子家语》评林中独树一帜，具有极高的思想价值和学术研究价值。

二、评语的作用

《孔子家语正印》的评语丰富深刻，发挥了包括疏通句意、阐述观点、注释字词、校正误字、补充内容、深化思想、概述写法等多方面作用，以下具体分析之：

疏通句意，解释字词。大部分评语解释说明句意，有的也注释字词。如“五刑解第三十”评曰：“《谊传》：加，当作行，谓系引而行也。其下又有‘其中罪者，闻命而自弛，君不使人颈盭而加之也’二十字，此盖阙‘中罪’一节而误也。弛，废也。颈盭者，师古曰：‘以受盭其颈而加刀锯’，则又甚于执缚系引矣。”① 解释了“加”“弛”之义。又如“辩政第十四”，评语对台、榭、苑囿加以注释，其云：“筑土曰台，有木曰榭，苑囿者，繁育花木鸟兽之所也。”

补充正文内容。评语借鉴其他版本，补充正文的不足。如“颜回第十八”，东野毕善御，颜回预言马必佚失，鲁定公询问缘由，颜回加以解释。篇中未叙预言应验与否，评语补出，其云：“当回之对定公，公不悦其言，谓左右曰：‘君子诬人也。’及退三日，复来讯之曰：‘东野毕之马佚，两骖曳两服入于厩。’公因召回。即其事也。”这段内容《孔子家语正印》正文无，而黄鲁曾本和何孟春本皆有，孔贞运可能参照了其他

① ［明］顾锡畴注，［明］孔贞运评：《孔子家语正印》，文物出版社 2020 年版，第 169～170 页。

版本，于是以评语形式添加，使叙事更加完整。再如“观周第十一”叙述孔子听说老子博古知今，与敬叔一起到周地拜访问道。问道过程仅概述“问礼于老聃”。评语增添细节，详述老子的谆谆教导：“君子得其时则驾，不得时则蓬累而行。吾闻良贾深藏若虚，君子盛德，容貌若愚。去子之骄气与多欲，态色与淫志，皆无益于子之身。① 吾之所告子者，如此而已。”使事件的起因、经过、结果完整地呈现出来。

评语延伸总结正文提到的情况，或提供另一种说法。如“在厄第二十”叙述了曾子不受鲁君官职之事，评语则延伸概述出孔门未仕之人，“孔门之不愿仕者，闵子、曾子、漆雕开数人而已”。再如“屈节解第三十七”叙述齐国田常许诺暂缓伐鲁，等待子贡游说吴国，再转而伐吴。评语曰：“此言田常不纳子贡之说，竟加兵伐鲁，《传》云：‘即日移兵伐吴。’未知孰是。”引用《左传》为正文提供更多甚至相左的说法，扩大读者视野，但并未考证判断。

评语通过议论提出个人观点，深化正文思想。如“辩政第十四”评语：“楚有萍实之谣者，齐有商羊之谣，何独于夫子而闻之，而齐楚之民未闻？传此事盖夫子之至诚如神，能知人之不知，特借童谣以证真言之有稽耳。”孔贞运没有局限于提出疑问，“何独于夫子而闻之，而齐楚之民未闻？”而是继之给以解答：一方面深化了正文思想，指出孔子“至诚如神”；另一方面揭示写作方法及用意，乃“借童谣以证真言之有验”。评语还对时事发表议论，直接表达看法。如“在厄第二十”，“按：危邦不入，夫子何依，依于陈、蔡间欤？盖圣人之心，犹之天然，苟可以仕削弱，非所计也。其万物一体、四海一家之心，可想见矣。若夫危邦不入之言，乃为未至于圣者立法耳。圣人体道之大权，则不可执此以议之也。”孔子周游列国途中被困陈、蔡，如果为自身利益考虑，则应该“危邦不入”。评论揭示出圣人之所以不同凡人，就在于有天然的圣人之心，并认为此事表现了圣人追求政治理想的矢志不渝精神。

评语提示写作方法。如“曲礼子夏问第四十”云：“子夏问曰：‘官于大夫，既升于公，而反为之服，礼与？’”评曰：“再用子夏一问，更发一番议论。”分析正文写法，点明“子夏问”这一情节引发议论的特殊作用。又如“儒行解第五”，评曰：“以席珍喻自重，最为切当。”提示读者正文使用了比喻手法。类似的还有“致思第八”，“以风、木为喻，最亲切有味。”可见评语不只从内容层面，也从构思、写法等形式方面探讨分析，是全方位、多层次的评论和总结。

有的评语校正文中误字，订正讹误。如“曲礼子贡问第三十九”之“形还葬”，评曰：“还，当作旋，言即葬也。”此处评语出校语，纠正误字。有的评语订正古籍中

---

① “益”，底本作“色”。

的讹误之处，如“终记解第四十三”叙述孔子“遂寝病，七日而终，时年七十三矣”。评曰：“按《史记》，孔子七十四岁壬戌，周敬王四十一年，鲁哀公十六年也，是年四月丁巳夜，孔子梦坐两楹之间，而见陈奠，知其为将亡之征也。明日戊午，孔子蚤坐，有‘泰山、梁木’之歌，语子贡以坐奠之梦。寝疾，七日而卒，乃四月十八日乙丑午时也。按，《左传》作‘己丑日，孔子卒’。然是年四月戊申朔，有‘乙丑’，无‘己丑’。盖‘己’与‘乙’相近，误书耳。”通过对孔子去世时间的考证，认为《左传》所记“己丑”应为“乙丑”之误，属字体形近而讹。

三、评语的写作手法

《孔子家语正印》并不是平铺直叙地直接评论，而是使用按语、引用典籍、运用比喻、使用叠音词等多种表达方式综合运用。

以按语方式发表议论，提出个人观点。如“执辔第二十五”：“古者天子以内史为左右手。”评曰：“按：内史掌王之八柄，以辅王治。正王法，凡命诸侯及孤卿大夫，则策命之；凡四方之事，书则宣读之王制，禄则赞为之以方，出之赞词也。方，版也，赏赐亦如之，故王以为左右手。”用按语方式阐明内史职责，解释了为何“以内史为左右手”。

引用典籍，与原文内容互证阐发。评论引用《诗经》《尚书》《春秋》《左传》《论语》《孟子》《周书》《周礼》《礼记》《管子》《大学》等典籍，及何景明《大复集》、韩愈《原毁》、郑樵《通志》等文章、书籍，引经据典地从多个角度阐发正文论断，加深读者的思想认识。如“五刑解第三十”：“圣人之设防，贵其不犯也。制五刑而不用，所以至治也……是以上有制度，则民知所止；民知所止，则不犯。”评曰：“舜命皋陶曰：‘汝作士，明于五刑，以弼五教，期予于治。刑期于无刑，民协于中，时乃功，懋哉！’此见圣人好生之德洽于民心，兹用不犯于有司也。”引用《尚书》与正文互证阐发，《尚书·虞书·大禹谟》以问答形式记载了皋陶向帝舜陈献治理方略、大禹向帝舜陈述功绩的情况。帝舜任命皋陶后，告诫他要通晓五刑，辅以五教，采用合理的治国方式。引文丰富了史料，起到了加深思想、明确观点的作用。本篇还有多处引经据典，如评语“象以典刑，流宥五刑，鞭作官刑，扑作教刑①，金作赎刑。眚灾肆赦，怙终贼刑。钦哉钦哉，惟刑之恤哉”，以按语形式直接引用《尚书·舜典》的话；评语“《周礼·大司徒》：‘以五礼防万民之伪，而教之中。’国家之范围，人道之纪纲也。越礼犯分而防溃矣，刑罚其可已乎？善政者，必拔本塞源而后可”引用了《周

---

① “扑”，《尚书》作扑，底本作“朴”。

礼·大司徒》的话，及《左传·昭公九年》中“拔本塞源”一词；评语“礼义廉耻，谓之四维。四维不张，国乃灭亡”出自《管子·牧民》；评语“其中罪者，闻命而自弛，君不使人颈盭而加之也”出自《汉书·贾谊传》。仅一篇当中就引用五篇典籍与正文互证阐发，可谓旁征博引，融会贯通。据笔者统计，全书评语引用最多的典籍是《尚书》，其次是《诗经》。

使用比喻手法品评人物，结合前后文总括特点，增强人物阐释分析。如“屈节解第三十七”：“子路气象如苍松古桧，凌空耸望，自不同于凡卉。”描述子路气象风格苍劲雄浑，如高耸卓立的苍松翠柏，类似魏晋时期人物品评手法。评论还结合前后篇章、段落，总括人物特点。如“正论解第三十八”：“子谓子产有君子之道四，又谓其为惠人，此又言其为仁人，贤哉郑大夫也！”结合“有君子之道”“惠人”，及此处“仁人”等总括分析，发出“贤哉”的感叹，使子产形象更加立体丰满。

通过使用叠音词、对仗等修辞手法增强表达效果。如“刑政第三十二”：“此等俱本于《周礼》，井井有据，头头是道，而‘刑政’之说无余旨矣。”“井井有据，头头是道”具有韵律感和节奏感，很好地增强了表意效果。又“子路第十九”云：“子路初见夫子，冠雄鸡之冠，服戎者之服。”句式对仗，结构统一，格式严整，表达生动。

四、评语的思想价值

《孔子家语正印》的思想价值主要体现在评语当中。分析评语思想内涵，联系创作的时代和社会背景，可以考察明代士人思想，体会时代观点，概括其文化价值。

对忠孝仁人的赞美，蕴含了深厚的忠孝观念。如“困誓第二十二”，叙述史鱼以“尸谏”规劝卫灵公任用贤才，表现了史鱼的耿耿忠心，卫灵公的知错善改，也从侧面体现了伯玉的贤良。评语云：“卫南子曰：‘忠臣孝子，不为昭昭信节，不为冥冥堕行。’伯玉，贤大夫也，仁而且智，敬而事上，是以知之。是公因其言固识伯玉之为忠贤矣。”“伯玉”是春秋时期卫国的上大夫蘧瑗，因贤德闻名于诸侯，他与孔子亦师亦友，在孔子周游列国时曾多次提供帮助，因而孔子对他十分赞赏、尊敬。《论语》载：“子曰：君子哉，蘧伯玉，邦有道则仕，邦无道，则可卷而怀之。”评语通过对伯玉忠贤仁智的赞美，表现了深厚的忠孝观念，及对君王明辨忠奸、用人去佞存良的肯定。联系成书时天启年间的时代背景，以魏忠贤为首的阉党一手遮天，忠臣良将屡遭打击，奸邪佞臣肆意横行。因此孔贞运通过颂扬伯玉借古讽今，表达了对魏忠贤等奸佞的反对，对正直忠义大臣的赞美，也对不辨忠奸的君王提出警示劝谏，其深厚的忠孝观念和对国家君王的拳拳深情可见一斑。

体现了重视君子言行的思想。评语将君子言行放到了极为重要、关键的位置，如“大婚解第四”，评曰：“言行，君子之枢机也。枢机之发，荣辱之主也。故不可以不慎焉。”认为言行决定着人的荣辱穷达、命运走向，至关重要，因此提出“不可以不慎”的观点，语词精警，极有见地。“子路第十九”中有类似表述，评曰：“言行，君子之枢机也。枢机之发，荣辱之主也。修身之道，惟于言行无所苟而已。”相似表述反复出现，足见评者对谨言慎行的重视程度。言行审慎还应注意防微杜渐，这一观点体现在“观周第十一”中。正文载：“焰焰不灭，炎炎若何。涓涓不壅，终为江河。绵绵不绝，或成网罗。毫末不札，将寻斧柯。”评曰：“蔡氏曰：‘勿以小善而不为，万邦之庆积于小，勿以小恶而为之。’”引用南宋学者蔡沈之语，对小患酿成大难的思想概括引申，从发展变化角度深入探讨。

表达了对淫乐行为的看法。淫乐行为对政治和社会都具有一定危害，历朝历代又难以完全禁绝，因此也引起了孔贞运的注意。“子路第十九”记载齐人送给鲁君好女八十人，“桓子既受女乐，君臣淫荒，三日不听国政”，孔子因此愤而离去。对于鲁君耽于享乐，荒于国政，评语云：“按：孔子一言大夫过制，而遂堕三都之城；再言颛臾不可伐，而遂寝季氏之欲；至于女乐之受，则不能谏止。吾以是知淫声艳色，比祸利尤足以惑人，而无人情之所易溺。虽圣人亦末如之何也已。”揭示了淫乐的危害。评者生活的明代天启年间，社会淫靡之风盛行。一是由于上行下效。明朝天启元年（1621），明熹宗将举行大婚，先进行大规模选秀，13 岁至 16 岁的少女均列入挑选范围。有司给予女孩家银币，父母将这些女子在统一时间送到京师。据记载京师聚集了 5000 名少女，再经过多轮筛选，最终确定得封嫔妃者。这种重视美色的淫靡风气，从上至下弥漫整个社会，一定程度上荼毒了风气，削减了意志。二是受社会思潮影响。明代中后期社会思想走向自由化，提倡发挥人的自然本性。王阳明去世后，王学分化成左右两派，并且逐渐下移。其中一派即阳明左派，又叫泰州学派，在学术领袖王艮带领下，不仅更加反对程朱理学，而且对君主专制政体和封建礼教也加以批判。他们提倡尊重人的自然本性，具有平民化色彩。反对禁锢思想的同时，对人性自由秉持宽容态度，对于美色追求不加约束。三是明代商品经济发展的影响。自嘉靖以后，人们开始弃农经商、弃儒从商，商品经济的价值得到充分认识，商业活动频繁。商业发展催生了城市的产生，引起了诸多观念改变，如“工商亦为本”，又经过隆庆、万历、泰昌五十多年发展，价值观念、消费观念、生活方式都发生了巨大变化，社会风气也逐渐走向奢侈淫靡，到处“人情以放荡为快，世风以侈靡相高”。在这样的大背景下，孔贞运清醒地认识到美色和淫乐对精神的麻痹作用，对于国家和社会的不良影响，十分难能可贵。他忧思深重，感叹淫靡现象无法禁绝，因此以评语形式议论，提出自己的担忧和看法。

评语体现了对孟子思想的深刻认识。孔贞运善于将孔、孟思想结合起来阐发，寻找其中的共同点。如“五仪解第七”，评语将孔、孟论断融合阐释，对士人、君子、贤人等分别评价。评语曰：“士者之才，足以修政、立事，即孟子所谓‘信人、善人’也。”认为士人即孟子所谓“信人、善人”，类似还有“君子之德，足以辅世长民，即孟子所谓‘充实之美’者”，“贤人则才全德备，即孟子所谓‘充实而有光辉之大’者”。将有才德之君子、贤人与孟子所谓的“充实之美”“充实而有光辉之大”者共相比附，可见孔贞运对孔、孟思想的深刻体察领悟。

评语还反映了对生死的看法及过往盛世的钦羡和赞美。“本命解第二十六”中引用《周易》，赞同孔子的生死观，对生死采取了达观态度。评曰：“夫子所言性命、生死、始终之理，最为深切著明。《易》曰：‘继之者善也，成之者性也。’言气寓于刑，而理寓于气，与生俱生，即谓之命。又曰：‘原始反终，故知生死之说。’性由命而始，生死由终也。”① 其中性命有始终、生死自然循环的观念，反映了古人朴素的唯物主义生命观。评语还通过对治世明君的赞美，曲折表现对现世的不满。在“礼问第三十一”中，孔子赞美了政治修明、团结和睦、欣欣向荣的三皇五帝及夏商周明君统治时期，评曰：“古昔大猷之世，化行俗美有如此者，而今何以能古若乎？”既点明孔子对盛世的向往，对今不如昔的喟叹，也蕴含评者对自己所处时代朝政荒疏、社会颓败的不满，委婉表达了批判之情。

《孔子家语正印》的评语具有极高的思想价值，带有一定的时代特点，反映了明代中后期士人的深厚学养和正直文人士大夫的精神风貌。用语简洁明了，质朴典雅，清新隽永。不少地方阐发义理深入浅出，识断精审，用典准确，扎实有据，显示了儒家义理的兼擅融通。正如《家语正印叙》所述：“其辞旨雍雅，尤参之典谟训诰，绝非炫虚吊诡，不必古，不必非古；不必奇，不必非奇。况解释出于顾先生，评林成自孔太史，是又合《左》《国》《史》《策》之神气，融《庄》《骚》《荀》《列》之名理，而为一者也。”②

五、传承与嬗递

《孔子家语正印》接续了元代刘祥卿本，成为与何孟春本、黄鲁曾本不同的注本体系，在注本源流系统方面有着重要价值。元代流传的版本主要有王肃注《孔子家语》十卷本、王广谋注本和元朝至正二十七年刘祥卿家刻本。明代接续元代版本体系继续

① ［明］顾锡畴注，［明］孔贞运评：《孔子家语正印》，第156~157页。

② ［明］顾锡畴注，［明］孔贞运评：《孔子家语正印》，第4~5页。

发展，黄鲁曾覆北宋本《孔子家语》，是王肃注本体系传承的产物；王广谋本在元代流传甚广，明代接续流传，《钦定天禄琳琅书目》《千顷堂书目》《经义考》等均有王广谋本的记载，何孟春补注王广谋本，延续和传承了元代王广谋的注本体系。而元代两大版本系统中的另外一支刘祥卿家刻本，到了明代也仍然有着较强的生命力，《孔子家语正印》正是接续发展了刘祥卿家刻本，代表了明代《孔子家语》的另一个重要注本系统。《孔子家语正印》和何孟春本一道，传承了元代刘祥卿本、王广谋本这两大注本体系，使《孔子家语》在明代继续流传并进一步深化发展，而王肃本在明代的影响力则不及以上两个版本系统。

《孔子家语正印》与刘祥卿本传承关系明显，评语有了极大发展。二者皆在正文上方对应原文处评释，位置大体一致，评语数量基本相当。但相较之下，《孔子家语正印》的评语数量稍多，且其详尽丰富程度及思想深度、广度都大大超越了前者并富有特色。前十篇评语数量比较见下表。

前十篇评语数量统计表

版本＼篇目	一	二	三	四	五	六	七	八	九	十	总计
刘祥卿本	26	11	6	7	6	3	8	12	5	7	91
《孔子家语正印》	15	10	13	7	6	3	10	26	5	13	108

刘祥卿本评语简括，多在五字以内，半数以上专门释音，《孔子家语正印》则基本在十字以上，四五十字者比比皆是。如“五仪解第七”孔子归纳庸人、士人、君子、贤人、圣人的不同特点。刘祥卿本只在原文上方提示性标出“庸人”“士人”“君子”“贤人”等字，未列“圣人”，也未加详释。《孔子家语正印》则结合孟子哲学理论阐发分析，评论周详，表述精审，有一定思想深度，体现出版本的发展嬗递。

综之，《孔子家语正印》独一无二，极为珍贵，既具有很高的版本价值，其评语部分又具有极高的研究价值。评语以其多种多样的写作手法，发挥了多方面的作用，蕴含着明代中后期士人的忠孝观念、深厚学养，以及对人生、对时事的达观态度，体现了对孔、孟思想的深刻认识，反映了明代中后期儒家正直文人士大夫的精神风貌。《孔子家语正印》继承并推进了元代刘祥卿本，其评语在解释正文、深化思想等方面，发挥了更加鲜明、不可低估的作用，一定程度上代表了明代中后期《孔子家语》的研究阐释水平，独树一帜，对于拓展《孔子家语》研究具有重大意义和价值。

再读《孔子家语通解》札记六则

孙永波

《孔子家语》是一部专门记录孔子及其弟子思想言论的著作，其内容又大量见于先秦其他古籍，特别是《礼记》，再加上王肃之前此书在孔氏家族外部并未广泛流传，因而长期以来被误认为伪书。后来随着相关出土材料的发现和研究者不断深入的研究和努力，此书不伪成为越来越多研究者认可的结论。《孔子家语》中记载了大量的孔子言行事迹，对于研究孔子的生平事迹及思想具有非常重要的意义。目前，比较通行的关于《孔子家语》注释和解说的本子，兼具学术性和普及性的，莫过于儒学名家杨朝明及其弟子宋立林等主编的《孔子家语通解》一书。笔者在阅读学习的过程中有了一些想法，在此以札记的形式提出来以求教于方家。

一、兵革不动而威，用利不施而亲

《王言解》有“是故兵革不动而威，用利不施而亲，万民怀其惠”① 一句。注释无解，通解部分将“用利不施”翻译为“奖赏不用”。

按：此句前有“是故”一词，则“用”不能理解为表示顺承或结果的“因而”，则“兵革不动而威”与“用利不施而亲”必然为并列短语，相对为文。从其词语所处的语法位置和地位来看，“用利”与“兵革”相当，“兵革”是名词并列成分，则“用利”也应如此。“利”作为名词，理解为“利益”“好处”，则此处“用”应该也作为名词理解并且拥有近似的训诂。我们翻检古籍可知，“用”字有这种用法。《广韵·用韵》“用，货也”；《周礼·天官·宰夫》“乘其财用之出入”，郑玄注“用，货贿也”；

① 杨朝明、宋立林主编：《孔子家语通解》，齐鲁书社 2013 年版，第 23 页。

《论语·学而》“节用而爱人”，刘宝楠《正义》“用，谓财用也”。[1] 可知，“用”在先秦有“货”“财货”“财用”之义，则“用利”可以训诂为“财货和利益”“财用和好处”等，正与“兵革”解释为“兵器和甲胄”相呼应。准此，则“兵革不动而威，用利不施而亲”，意思是“不动兵器和甲胄就能有威仪，不用财货和好处就能让人亲近”。有意思的是，这句话在《大戴礼记·主言》里也有，王聘珍解释此句之“用”，正曰“用，货贿也”。[2]

二、道涂不争险易之利，冬夏不争阴阳之和

《儒行解》有“道涂不争险易之利，冬夏不争阴阳之和”[3] 一句。注释“道涂不争险易之利”为“儒者在路途上行走，不与别人争着走平坦易走的地方”。此句在《礼记·儒行解》中郑玄注释为“行不争道，止不选处，所以远斗讼”。[4]

按：注释和《礼记》郑注都忽略了“险”字。“易”字可以注释为“平坦”，而我们翻检先秦古籍，找不到“险”字也有训为“平易”“平坦”的。如果说此处“险易”理解为偏义复词而“险”字无义，则“道涂无险易之利”又与下文“冬夏无阴阳之和”不相和谐。我们认为，“险易”二字并列，显然是相反的两个词并列而成，这正与后文“阴阳”构词相似。准此，“险易”在此处应训为“危险和平易”，则“道涂不争险易之利”，应理解为“在道路上行走，不去争着走那些或危险或平易而容易达到目的地的便利之地”。我们知道，有一种路叫作“捷径”，捷径是使一个人到达彼岸的快速通道，它同样也是危险的道路，它能给人快速到达的便利，同样带给人危险。这正好能说明为何“险”的“道涂”还能有“利”。

三、周章远望

《五仪解》有“缅然长思，出于四门，周章远望，睹亡国之墟，必将有数焉”一句。注释“周章”为“惶惧的样子”。[5]

按：周章，惆怅也，音通而义同。周，上古音章母幽部字；惆，上古音透母幽部

---

① 以上各项见宗福邦等主编：《故训汇纂》，商务印书馆 2003 年版，第 1477 页。
② 方向东：《大戴礼记汇校集解》（下册），中华书局 2008 年版，第 36 页。
③ 杨朝明、宋立林主编：《孔子家语通解》，第 38 页。
④ ［清］孙希旦撰，沈啸寰、王星贤点校：《礼记集解》，中华书局 1989 年版，第 1401 页。
⑤ 杨朝明、宋立林主编：《孔子家语通解》，第 64 页。

字。二字上古声母同属舌音，韵部相同，上古读音极其接近，且惆字本就从周得声，故周、惆可通。章，上古音章母阳部字；怅，透母阳部字。二字情况与周、惆相似，故亦可通。实际上，周章、惆怅都是双声连绵词，字形不同而读音一致，其所代表的词义一致。“惆怅远望”，正与前后文“缅然长思”“睹亡国之墟”相呼应。

四、漭瀁之野　旷如望羊

《致思》中有“赐愿使齐、楚合战于漭瀁之野”① 一句。《辩乐解》又有“旷如望羊”一句。漭瀁之野，注释“漭瀁”为“宽广辽阔”，并引王肃注“漭瀁，广大之类”。旷如望羊，注释引用王肃注“旷，用志广远。望羊，远视也”。

按：漭瀁、望羊，并字异而义同。漭、望，二字上古音均属明母阳部字；瀁、羊二字上古音均属余母阳部字。故漭、望可通，瀁、羊可通。漭瀁、望羊，是一组叠韵连绵词，字形不同而词义相同。又《庄子·秋水》篇中有“望洋向若而叹曰”一句。望洋、漭瀁、望羊，并字异而义同，其义正如注释所说，乃是辽阔宽广之义。

五、上者尊严而危，民者卑贱而神

《入官》有“上者尊严而危，民者卑贱而神。爱之则存，恶之则亡。长民者必明此之要。”② 其中“神”字，注释认为王肃注之为“君有爱思之心感于民，故谓如神”是不正确的，并根据王聘珍注释《大戴礼记》此句之“神”为“神者，不可测者也”而进一步解释为“即如神一样不可揣测”。通解把“民者卑贱而神”翻译为“百姓地位卑贱但如神一样不可揣测”。

按：诸说将“神”读如字，于文义皆有未安，皆不可取。百姓既然卑贱，则将卑贱之百姓比作高高在上之“神”，本身就很荒唐。又“上者尊严而危”句与“民者卑贱而神”句相并列而对应，则“神”字至少含有与“危”字词义范畴相反的义项。准此，我们重新翻阅典籍，发现了一些线索。在典籍中，“神”字存在和“伸”“申”等字同音假借的关系，比如在《论衡·论死》中有“神者，伸也”的声训，在《风俗通义·怪神》中也有“神者，申也”的描述。③ 而我们知道，在古籍中，“伸”字常常同

① 杨朝明、宋立林主编：《孔子家语通解》，第 74 页。
② 杨朝明、宋立林主编：《孔子家语通解》，第 257 页。
③ 以上见宗福邦等主编：《故训汇纂》，第 1599 页。

音假借为“信”字，例子很多，不必列举。“神”与“伸”通，“伸”与“信”通，因此，我们认为，此处的“神”字也很有可能读为“信”。从文义上来看，“信”代表的是一种坚守和不变的稳定状态，这与“危”所代表的随时都有可能改变的紧急状态相反。“民者卑贱而信”是说百姓们虽然身份卑贱，但是百姓们是有信的，这种信就是“爱之则存，恶之则亡”。在上者爱护百姓，百姓就拥护；在上者残害百姓，百姓就反对，这就是百姓的“信”。而在上者虽然很有威严，但是一旦不心系百姓，那么他的地位就很容易不保，这就是“危”。“上者尊严而危，民者卑贱而神。爱之则存，恶之则亡。”这也正是下文接着总结的内容，即“长民者必明此之要”。如此，则文从而字顺。此外，我们检索《故训汇纂》，还惊喜地发现，在《白虎通义·皇霸》篇引《含文嘉》中，竟直接将“神”训为“信”，“神者，信也”。因此，我们又认为，此处的“神”字或可直接训诂为“信”字。

六、是以正明目而视之，不可得而见

《论礼》中有一段话，即“诗礼相成，哀乐相生，是以正明目而视之，不可得而见；倾耳而听之，不可得而闻”。① 其中，“正明目”通解翻译为“睁大眼睛”。《礼记·孔子闲居》此句作“是故正明目而视之，不可得而见也”，郑玄并未对“正明目”做出解释。

按：“正”字盖衍文。“是以”或“是故”以下，“明目而视之”与“倾耳而听之”对文工整，“明目”上着一“正”字显得不伦不类；且“明目”之“使眼睛明”的使动用法，已有“睁大眼睛”之义，其上徒增一“正”字，则“明”字无处安放。从前后文句子的工整程度以及文意来看，此句“正”字衍文无疑。值得庆幸的是，出土文献证实了我们的想法。在《上海博物馆藏战国楚竹书（二）·民之父母》中，《孔子家语·论礼》篇的后半部分和《礼记·孔子闲居》这部分，同出。三篇文献出处不同而内容大体一致。在楚简中，此处正作“明目而视之”而无“正”字。这为我们正确理解文义提供了有力的证据。同时，传世的两篇文献《孔子家语》和《礼记》中的这处记录一致，而与出土楚简不同，由此也可以猜想《孔子家语》和《礼记》的关系，或许有同样的文献来源，而这个来源可能已经存在衍文。而传世文献与出土文献的此篇，或许有不同的传本。

《孔子家语通解》一书作为一部兼具学术性和普及性的优秀读物，其注释和通解原

① 杨朝明、宋立林主编：《孔子家语通解》，第324页。

文基本上遵循着平易而中允的原则，因此不少有争议或者有问题的字词并没有给出新的尝试性的解读，这就留给我们可讨论的空间。以上便是我阅读《孔子家语通解》这本书所遇到的一些疑问和做出的一些尝试性的解读，这些解读未必皆成定论，在此提出来抛砖引玉，以供讨论。

"南方之强"与"南方之音"

——读《中庸》"子路问强"与《孔子家语》"子路鼓瑟"的一点思考

陈 霞

在儒家经典《中庸》一书中，有一段"子路问强"的记载。面对弟子的提问，孔子回答说：

> 南方之强与？北方之强与？抑而强与？宽柔以教，不报无道，南方之强也，君子居之。衽金革，死而不厌，北方之强也，而强者居之。故君子和而不流，强哉矫！中立而不倚，强哉矫！国有道，不变塞焉，强哉矫！国无道，至死不变，强哉矫！

显然，在这里，孔子推崇的是"南方之强"。那么，何谓"南方之强"？朱熹注解说："宽柔以教，谓含容巽顺以诲人之不及也。不报无道，谓横逆之来，直受之而不报也。南方风气柔弱，故以含忍之力胜人为强，君子之道也。"可见，孔子所谓的"南方之强"，是一种饱含宽厚、仁爱、坚毅的"强"，有如孟子所说的"动心忍性"的坚韧德性。这与北方所体现出来的"衽金革，死而不厌"的粗犷、豪放的"北方之强"有着很大差异。因此孔子对"南方之强"推崇备至，认为"君子居之"，并由衷地赞叹"强哉矫"，认为这才是真正的强。

孔子对于子路的询问如此回答，固然有引导鲁莽、好勇力的弟子的意图，但南方所表现出来的这种"强"也是与孔子历来讲究仁爱，提倡中庸、中和的思想相贯通的。在这里，孔子并没有明确指出"南方"与"北方"具体指哪些地区，不过孔子生于春秋末年，根据当时的地理形势以及“北方之强”的特征来看，他所说的“北方”应该是指中原以北的塞北地区，而“南方”应该是吴越一带。从这一地理划分来看，在先秦时期，中原地区无疑是人文精神最为发达的地区，南方则多被认为是礼乐文化所不及的“蛮荆”之地，那么，这种带有明显的人文气质的“南方之强”怎么会出现在南方呢？

这样的差别，人们历来主要从地理、气候、环境等方面来考虑。俗话说“一方水土养育一方人”，不同地区的人的确体现为不同的气质与秉性。从我国的地理位置来看，南方湿润的空气、温和的气候作用于当地人，于是百姓的性情也比较温和；而北方土地辽阔，冬季寒风凛冽，甚至飞沙走石，这些环境、气候作用于当地人，自然会使得百姓性情豪放、好勇斗狠、无所畏惧。这种地理环境的差异应该是南方与北方人民性格差异形成的重要因素。

不过，根据文献记载，孔子所强调的“南方之强”，除了地缘因素之外，或许还与南方的“乐教”传统有着很大关系。在儒家重要文献《孔子家语·辩乐解》中，就有一段与“子路问强”类似的记载：

> 子路鼓琴，孔子闻之，谓冉有曰：“甚矣！由之不才也。夫先王之制音也，奏中声以为节，流入于南，不归于北。夫南者，生育之乡；北者，杀伐之域。故君子之音温柔居中，以养生育之气。忧愁之感，不加于心也；暴厉之动，不在于体也。夫然者，乃所谓治安之风也。小人之音则不然，亢丽微末，以象杀伐之气。中和之感，不载于心；温和之动，不存于体。夫然者，乃所以为乱之风。昔者舜弹五弦之琴，造《南风》之诗，其诗曰：‘南风之熏兮，可以解吾民之愠兮；南风之时兮，可以阜吾民之财兮。’唯修此化，故其兴也勃焉，德如泉流，至于今，王公大人述而弗忘。殷纣好为北鄙之声，其废也忽焉，至于今，王公大人举以为诫。夫舜起布衣，积德含和，而终以帝。纣为天子，荒淫暴乱，而终以亡，非各所修之致乎？”

在这里，孔子与子路的探讨也涉及南、北方的比对，只不过，这里所对照的是南、北方不同的音乐，即体现为“君子之音”的南方音乐与作为“小人之音”的“北鄙之声”。然而，此一记载与《中庸》中的“子路问强”有相似之处，那就是孔子明显地流露出对“南方”的赞赏与推崇。不仅如此，孔子认为，南方人通过音乐所体现出来的也是“温柔居中”、无所忧愁、无所暴厉的温和性情。而北方人通过音乐，所体现出来的则是激烈尖细、杀气腾腾、缺乏温和的这样一种刚烈的性情。显然，在这里，孔子也认识到南北气候迥异的地理环境，认为南方是"生育之乡"，而北方则是"杀伐之域"。不过，他更强调音乐教化对南、北方的不同影响。

孔子认为，先王创制的音乐，就是通过中和之声来调和、节制人的性情，这种音乐流传到南方，弹奏起来温润、柔和、适中，更利于南方生存繁育之气的养成。于是，在音乐的感动教化下，百姓"忧愁之感，不加于心也；暴厉之动，不在于体也"，从而社会和谐，国家稳定。而且，孔子认为，从前舜弹五弦之琴，歌《南风》之诗，注重对百姓进行诗乐教化，从而也有利于调和民众的性情，有利于政治治理。而北方则不同，孔子甚至将北方的音乐称为"小人之音"，表现为激烈尖细，带着杀戮征伐之气。殷纣喜好这种音乐，最终身死国亡。显然，在南、北不同风气的养成中，"乐教"起了很大的作用。因此孔子批评子路"今也匹夫之徒，曾无意于先王之制，而习亡国之声，岂能保其六七尺之体哉?"① 认为弹奏"北鄙之声"有性命不保的危险，更别说性情的培养了。而子路听了老师的批评，"惧而自悔，静思不食，以至骨立"，音乐对人的影响之巨大由此也可见一斑。

那么，在先秦时期，南方是否存在着"乐教"传统呢？回答是肯定的。根据文献记载，南方的礼乐教化传统或许应该追溯到舜帝时期。

舜虽然是崛起于中原地区的帝王，但历史记载他在位时期曾南服三苗和巡守江南，并崩葬于苍梧。"三苗"，又被称作"有苗""苗民"，是原始社会末期的南方大族，其活动区域大致主要在今河南南部及洞庭湖至鄱阳湖一带，以长江中游的江汉地区为中心，也延及江南广大地区。"三苗"在尧帝时壮大起来，虽然尧曾发起多次战争以图征服三苗，但并未如愿，最终只是在舜的帮助下，"迁三苗于三危，以变西戎"(《史记·五帝本纪》)，获得南方的暂时安宁。舜为天子后，残存南方的三苗又卷土来犯。在武力征服不下的情况下，舜制止了禹等"请伐之"的要求，偃兵修教，推德怀远，结果喻教行德三年，三苗不仅欣然诚服，而且"移风易俗"。文献对此多有记载：

> 三苗不服，禹请攻之。舜曰："以德可也"。行德三年，而三苗服。②
>
> 舜却苗民，更易其俗。③
>
> 当舜之时，有苗不服。禹将攻之，舜曰："不可！上德不厚而行武，非道也。"乃修教三年，执干戚舞，有苗乃服。④

---

① 《孔子家语·辩乐解》。

② 《吕氏春秋·离俗览·上德》。

③ 《吕氏春秋·恃君览·召类》。

④ 《韩非子·五蠹》。

当舜之时，有苗不服。于是舜修政偃兵执干戚而舞之。①

当舜之时，有苗不服。其不服者，衡山在南，岐山在北，左洞庭之波，右彭泽之水。由此险也，以其不服。禹请伐之，而舜不许，曰："吾喻教犹未竭也。"久喻教而有苗请服。天下闻之，皆薄禹之义而美舜之德。②

从这些记载可见，舜停止武力征服，在南国进行了长达三年的文明教化，最终获得三苗的归附，并使苗民"移风易俗"，由野蛮走向文明。而舜也获得南方民众的赞美与爱戴。

至于舜在南方如何行德，如何教化，文献没有具体说明，但根据记载，舜出身于音乐世家③，他本人也精通音乐。历史文献多有关于舜与乐的记载，例如：

昔者舜作五弦之琴，以歌《南风》。夔始制乐，以赏诸侯。④

昔者舜欲以乐传教于天下，乃令重黎举夔于草莽之中而进之，舜以为乐正。夔于是正六律，和五声，以通八风，而天下大服。⑤

可见，舜不仅精通音乐，而且注重音乐的教化功能，"欲以乐传教于天下"，以期使"天下大服"。故而，《尚书·舜典》记载帝舜命夔典乐教胄子："帝曰：'夔！命汝典乐，教胄子：直而温，宽而栗，刚而无虐，简而无傲。诗言志，歌永言，声依永，律和声。八音克谐，无相夺伦，神人以和。'"这段记载历来被认为是中国古代诗乐教化的源头。

既然帝舜有着这样的音乐背景与社会治理理念，可以想见，其在抚化南方民众时，也必然使用这一方式，而且，还应该是很重要的一种治理教化方式。上面引用的文献也提到"执干戚舞""执干戚而舞之"。"干"是盾，"戚"是斧，两者都既是古代兵器，同时又是跳舞时手中所执的器具，这就是古代所说的"干戚舞"。而古代诗、乐、舞三位一体，跳舞必伴有诗、乐。因此，从这体现着欢乐、热烈的"干戚舞"中我们

---

① 《淮南子·齐俗训》。

② 《韩诗外传》卷三。

③ 根据文献记载，舜本人及其父祖都与乐有着极为密切的关系，有虞氏这一族群，在原始社会末期或文明社会早期的公共机关中应是担任乐官一职。舜的父亲瞽叟便是一位盲乐师，据载，他不仅对音乐十分精通，而且还是弦乐器瑟的改作者之一。可参见许兆昌：《虞舜乐文化零证》，《史学集刊》2007 年第 5 期。

④ 《礼记·乐记》。

⑤ 《吕氏春秋·慎行论·察传》。

可以窥得乐在南国民众间的流行。

不仅如此，前面《孔子家语·辩乐解》“子路鼓琴”一段还提到“舜弹五弦之琴，造《南风》之诗”。有学者指出，舜所歌之《南风》的出现应该不是偶然的，它属于舜帝教化思想的体现。① 我们结合舜服三苗，且注重对南方地区的诗乐教化来看，《南风》之诗或许就是舜在推德怀远、喻教于南时期所作。“南风之熏兮，可以解吾民之愠兮；南风之时兮，可以阜吾民之财兮”，这句式整齐的歌词，既是对南风的歌颂，又体现了舜帝关心民众、注重民生的“圣王”心怀。《史记·乐书》曰：“夫《南风》之诗者，生长之音也，舜乐好之，乐于天地同意，得万国之欢心，故天下治也。”正是通过这样的诗乐教化，舜帝获得了民众的爱戴与政治的成功。同时，也开启了南方礼乐教化的源头，无论是对“乐教”的发展还是对当地民众性情的养成，都有着重要的影响。

在舜之后，南方的礼乐教化应该进一步发展，这从《诗经》中的“二南”可见一斑。“二南”，即《周南》《召南》。关于“南”的意思，学界虽有不同的看法，但据学者们考证，“南”实际上代表着诗篇的产生地，它之所以包含在《风》中却不像其他各地诗篇命名，是因为江汉地区的姬姓小诸侯国在春秋前期大都被楚国所吞并，故而也无法将这些诗篇像其余十三国《风》那样以其所产生的诸侯国来划分。② 崔述《读风偶拾》也说：“（《周南》《召南》）盖其体本起于南方，北人效之，故名以‘南’，若汉人效《楚辞》之体，亦名之为‘楚辞’者然。”实际上，“二南”中的诗篇正是产生于我国古代南方地区，即今天的河南南部、湖北北部的江汉流域。这从“二南”中多次提到“江”“汉”“沱”等水名即可证明。

从内容上看，“二南”多言花草鸟兽，许多诗篇的作者可能是妇女，诗的内容反映了她们的劳动、恋爱、归宁、思夫等生活与思想感情，诗风可谓委婉、清丽、纡徐。通过这些诗篇我们可以看出，南方的民众注重用诗乐来调节、完善自己，他们将自己的思想感情甚至包括苦闷、愤恨都借助歌谣、诗篇表达出来，即使有所发泄，也委婉得当，从中可见当地人民性格的温和与敦厚。这应该就是诗乐教化的结果。

“二南”诸诗的创作时间，汉代的《毛诗》及齐、鲁、韩三家《诗》都定在西周初年。但是现代学者运用历史、考古等多方面材料研究考证，认为《周南》《召南》中的诗篇大约创作于西周末、东周初，即周王室东迁前后。虽然时间可能稍晚，但从这些已经比较成熟的诗篇来看，在孔子以前的南方地区，应该形成了比较悠久的诗乐传统。而长期在这种诗乐的教化之下，民众自然而然地会养成“温柔敦厚”的性情。

---

① 杨金砖：《虞舜〈南风〉对潇湘文学的豁蒙》，《求索》2007 年第 8 期。

② 聂石樵主编：《诗经新注》，齐鲁书社 2000 年版，第 4~5 页。

作为儒家创始人的孔子，一生致力于社会的和谐有序，提倡仁爱、中道，反对暴戾、杀伐。而在实现社会的仁爱有序的途径中，孔子尤为推崇礼乐教化。他曾说：

> 入其国，其教可知也。其为人也，温柔敦厚，《诗》教也；疏通知远，《书》教也；广博易良，《乐》教也；洁静精微，《易》教也；恭俭庄敬，《礼》教也；属辞比事，《春秋》教也。①

认为《诗》《书》《乐》《易》《礼》《春秋》六经各有不同的社会教化功能。以六经为教，可以改善民风，国泰民安。

因此，面对过于好勇的子路对“强”的询问，孔子提出了“南方之强”，并因其“和而不流”，“中立而不倚”而倍加称道。而从《孔子家语》“子路鼓琴”一段，我们也可看出，礼乐教化应该是“南方之强”之所以形成的一个重要因素，这与孔子历来所倡导的礼乐教化思想暗合，故孔子也对“南方之强”非常赞赏。

综观以上，将《中庸》与《孔子家语》中的两则材料对照来看，无论是“子路问强”，还是“子路鼓琴”，其中孔子都非常推崇“南方”；而之所以如此，是因为“南方之强”“南方之音”符合孔子的“中道”“中和”思想；从“子路鼓琴”中，我们还可以窥得“南方”之所以“强”的一个重要原因，那就是“乐教”传统，这也是孔子历来所倡导的。

以上是笔者在读《中庸》“子路问强”与《孔子家语》“子路鼓琴”两则材料时的一点浅析思考，不正之处，敬请指教。

---

① 见于《礼记·经解》。又见于《孔子家语·问玉》。

【学术专访】

《孔子家语》为伪书不可信从

——廖名春教授学术会议访谈录

【采访人】 廖教授，非常荣幸，也非常高兴您能够接受我们的访谈。

第一个问题，请您发表一下自己的观点，我们当时为什么要重视《孔子家语》的研究，它的价值和意义是什么？

【廖名春】 这个从学术上面讲一下吧，《孔子家语》这部书历来就有争议，很早的时候，从唐代开始，大家就觉得它是王肃伪造的，所以一直到现在国内外学者大部分对它都存在疑问。然而，实际上我们对《孔子家语》的这些怀疑，大部分是没有多少文献依据的。清人做了一些工作，把《孔子家语》跟其他的书相同的地方进行了对比，比如说《孔子家语》跟《荀子》，《孔子家语》跟《说苑》，《孔子家语》跟其他的一些典籍。凡是跟它们相同的地方就认为《孔子家语》是从别的书里面抄来的，而且说是王肃伪造的。现在来看，虽然大家，包括港台地区很多学者，大陆的很多学者，都很相信这一点，但是实际上我们认真地研究之后，发现这种说法是靠不住的。为什么呢？因为《孔子家语》有很多记载它是跟《论语》《荀子》《说苑》有相同的地方，但是它也有不同的地方。不同的地方是，《说苑》这些书记载没有这么全面，记载的都是语录，但是它对这个语录的前因后果、来龙去脉没有交代。《孔子家语》就有一个相对完整的交代，这个话是在什么情况下讲的，它都有这么一种交代。这种交代说明它对事件的来龙去脉有一个比较全面的了解。如果它是伪造的话，你伪造一段两段可能还可以，全部伪造这个是一件很困难的事情。

现在来看，《孔子家语》所讲的这些东西跟《说苑》进行比较，《说苑》里面有的这些东西，大部分都是正确的。所以，我们对《孔子家语》的研究要做细致的工作。从我的经验来看，我觉得《孔子家语》的大部分记载都是比较可靠的。因为《论语》只是语录，记事的部分极少，《孔子家语》除了记孔子的话之外，还记了一些事情，使我们对孔子的言行有更全面的了解。所以我们读《孔子家语》，对孔子讲的话，我们就了解得更深刻一些，也更丰满了，如果单独讲语录，我们就搞不清孔子在什么情况下说的，它的针对性就不明显。《孔子家语》的很多记载都能满足这个要求，所以它对于我们认识孔子，对于认识孔子的思想是有非常重大意义的。

当然，现在要使大家确认这一点，还需要学术界做大量的工作。要把《孔子家语》为什么可信，进行充分的证明。这样的证明不是讲几条大道理就能够说服的，我们进行微观的考究，一条一条的。我们只有摆出过硬的证据来，才能够说服人家。所以这个工作现在还远远没有到结束的时候，也可以说是才刚刚开始。不过现在曲阜这边，以杨朝明为代表的曲阜的专家做了非常好的工作，以后他们的工作影响会越来越大，在孔子研究中能够发挥越来越大的作用。

【采访人】谢谢廖教授！您能不能对这次会议给我们做一个点评？

【廖名春】我们开儒学的学术会议，现在一般性的会议太多了，有实际内容的，有学术水平的不是太多。大家讲儒学都是讲学以致用的问题。但是这个会议有它的特点，完全是基础性的学术研究工作，纯粹是研究《孔子家语》的问题。我觉得这次会议对现在的儒学研究是非常重要的。我们现在的儒学研究有三个部分：第一个部分是基础性的研究，像我们研究《孔子家语》就属于基础性的研究；第二个部分就属于创造性的转化，现在不是讲“两创”嘛，这个也非常重要；第三个就是宣传，我们现在在宣传上面做了非常多的工作，“两创”我们也想做，但是我们的基础研究还是做得不够，所以大部分儒学的会议严格来说学术性不是太强。

所以这些年来，儒学的会我一般都不太愿意参加，这个会我本来也不想参加，为什么来参加呢？我觉得这个话题，这个选题非常之好，是个高水平的学习会议。只有基础性的学术工作做好了，我们以后做儒学研究才有材料，所以我们现在三方面工作，宣传工作、“两创”工作，包括基础理论的研究都要有一定的比例，不能够偏向哪一个方面，我觉得学术研究工作是基础，只有循序渐进地把它搞清楚了，我们的宣传才能有力量，才能够说服人。

【采访人】您刚才也提到了，我们要加强基础性研究，针对《孔子家语》这部著作的研究来讲，您觉得有什么样的建议吗，下一步应该怎么进行创新性的研究工作呢？

【廖名春】现在我提一个具体的建议，港台地区的一些学者，台湾有、香港有，包括我们大陆有一些学者，比如复旦大学有一些学者，上海大学也有一些学者，他们对《孔子家语》提出很多的质疑，我觉得针对他们的质疑要一一进行回答，他对哪些有怀疑，提出反对意见。我们要经过考究，做细致研究要能够说服他们，一条条地要驳住他们。这种研究要有针对性，人家说出多少条反对的理由，我们就要一一对应回答。

虽然我们不能够全面回答，但是我们要把要害的问题都能够回答了。这样在学术界才能够服人，《孔子家语》的真实性才能够立得住。不然的话，你不能说服他们，他们的影响还是很大。现在学界主流还是认为《孔子家语》是不可信的，这就需要我们要具体的一个一个的证据，一个一个的工作去做，这是一个很漫长的工作，而不是哪一个人能够独立完成的。

【采访人】听了您所说，现在学术界仍然对它存在很大的质疑。

【廖名春】学术界主流都是质疑的。

【采访人】我们知道您一直以来在研究马王堆帛书《易传》、上海博物馆楚简，您是做最前沿的学术研究的，也可以说最权威、最前沿的学者了。您对这本被历史上定为伪书标签的，至今仍然有误读的书，它的可靠性，您是怎么看的呢？

【廖名春】我对《孔子家语》应该说没有做过全面的研究，所以我不好说怎么样。但是平常研究之中接触到《孔子家语》的一些材料，在我接触的这些材料，在我有限的研究范围内，我觉得《孔子家语》还是可信的。我今天也讲了《孔子家语》里的一段话，这个完全说明《孔子家语》说法是有来源的，它不是后人伪造的。

实际上我们还有其他的一些证据，但是我做的工作比较少，不是那么全面，也不是那么系统。我觉得大家都能够这么做的话，我们把这些有怀疑的段落、有争议的问题一个一个解决。哪怕不能够百分之百解决，解决个百分之七八十，那《孔子家语》的可信性就能够成立了。

【采访人】谢谢廖教授。

注重研究，注重宣传
推动《孔子家语》研究迈上新台阶

——张涛教授学术会议访谈录

【采访人】张教授您好！因为您比较早关注《孔子家语》，您当时是如何留意到这样一部曾经被贴着“伪书”标签的文献而开展研究的呢？

【张涛】您提的这个问题非常好，提起《孔子家语》，很多人都会认为是伪书，或者即使不是伪书，它的学术价值也应该没有多少。所以学术界对《孔子家语》这本书的认识一直是有误解的，以至于这样一部重要的儒学经典被长期忽略、忽视，甚至说是被错误地对待。

所幸的是，20 世纪 70 年代以后，随着地下出土文献的发掘、整理与研究。人们开始对《孔子家语》有了一个全新的认识，特别是著名学者李学勤先生，他提出了“走出疑古时代”这么一个学术理念，并且他在具体的这些古代典籍的研究中，就认为很多地下出土文献能够证明《孔子家语》这本书不伪，而是汉魏时期孔氏家学的产物。这样一个学术观点后来逐渐被学术界所重视。

我是在研究先秦、秦汉典籍的过程中注意到了《孔子家语》，它的学术价值以往的确是被低估了，它的传承，它的研究，实际上都还存在着很多的问题。当时我就想把《孔子家语》从文本的角度、文献学的角度进行全面的整理，特别是校注和翻译这样一部传世经典文献。所以，后来也就有了三秦出版社 1998 年 1 月出的这么一部书。20 世纪 90 年代后期学术界才逐渐关注了这么一部书。因为当时是在陕西三秦出版社出的，加上它是和另外一些著作，比如《白话老子》《白话庄子》等放在一套里头，又是小开本，小 32 开，并没有引起大家足够的重视。

当然，后来也有学者写了书评，包括山东大学的王承略老师。他从撰写这本书的

书评开始，我们就开始进行学术交流、学术往复、学术研讨。在这一过程中，大家忽然发现这书的好。所以，我也说，在早期儒学的研究方面，曾做了一些事情。但是现在看来，确确实实后出转精，我自己对那一段的研究整理也不是太满意。今后我们还可以再进一步开掘，因为从 1.0 版、2.0 版到 3.0 版，自己也要自我扬弃、自我完善、自我发展，这也符合现代学术发展的内在规律。

【采访人】张教授，刚才您谈到 1998 年出的这本书，现在已经过去 20 年了，大家现在看学术界仍然有不同的声音。针对《孔子家语》这部书的可靠性，您有没有自己的学术观点或认识呢？

【张涛】这样说，有两个方面吧！一方面从学术史的书里来说，汉唐学者并没有认为《孔子家语》就是伪书，而是从宋代以后，有的学者顺应了当时疑经辨古这么一个学术风尚。我们知道包括对《易传》的怀疑，那是从欧阳修《易童子问》开始的。从宋代就有学者怀疑这么一部书的可靠性问题，当然动机各有不同。另一方面就是这种学术探讨，我们也无意说它就是不对的。随意给这些书贴伪书的标签，它也是一种学术探讨。当然，现在看来是有点疑古过勇、疑古过头了。把好多古代典籍的本来面目，反而弄得不清晰了，以至于大家不敢用了。由于学者不敢用，久而久之，研究的人就少，探讨的人少，这些伪书的标签越贴越牢靠，好像是形成了一种共识，提起《孔子家语》，好多人认为是伪书，即使不认为伪书的，对它也不敢放心大胆地使用，不敢肯定它的价值和意义，目前学术界就是这么一个情况。

【采访人】您今天上午发表了一个主旨演讲，当然，您没有完全讲学术论文。您的题目叫“《孔子家语》的再认识”。您能不能给我们简单地阐述一下，这些年您对《孔子家语》著作一些新的研究、新的视角或者说新的成果。

【张涛】我上午实际上也提到了对《孔子家语》的再认识问题，或者说是对《孔子家语》伪书说的考辨和拨乱反正，应该说得益于新出土文献的挖掘、整理和研究。但是，在这个过程中，我们又不能仅仅满足于早期的出土文献有什么，《孔子家语》里头也有相应的内容。比如我们之前运用的二重证据法当然是对的，但是还远远不够，因为时间非常久远了。大家认为它是伪书的这种认识已经深深地影响了一代又一代的学者，目前还没人敢把这样一部著作作为先秦时期的典籍使用。

所以它和《论语》在以往的时代的情况不可同日而语，没有可比性。应该说，在辨章学术、考镜源流这个角度来说，它也是不公正的。在 20 世纪 90 年代那本小书的前言里面，我就特别强调了学术的公平、公正性。因为我们现在用的好多史料，比如说孔子的夫人的姓氏，孔子什么时候结的婚，仅见于《孔子家语》相关的记载，其他地方是没有的，或者说不是特别清楚。所以，学者们一方面说这本书是伪书，另一方面还用着这本书中的不少材料。就从现实生活来说，这是不公正的，也是不公平的。

当然，这种现象也不是说靠某位学者的一点勇气或者努力就能解决这个问题的。要将这个问题拨乱反正、回归正途，恐怕还需要一个非常长期的过程。所以，在这个里面我就提出，一方面挖掘它的成书史，它是孔氏家学的产物，而且并不是一代人完成的。我们都知道先秦两汉时期典籍本是单篇流行，一般的情况下不是成于一人、一时、一地的，《孔子家语》也是这样的一类作品。

正因如此，对于《孔子家语》这本书的研究，我们也不能从一个极端走到另外一个极端，我们现在说它是牛到比《论语》还牛，重要到比《论语》还重要。这句话我不想说，也不能说。当然，对于《孔子家语》的认知，我们应该一方面从出土文献与传世文献的结合上，也就是王国维倡导的“二重证据法”这个角度去思考、去探索、去研究。另一个方面，我们也应该从其他的方面，比如说后人是怎么引述《孔子家语》的。今天上午王承略教授发表的唐代注疏中引用《孔子家语》的情况，我觉得这就应该说是等于对《孔子家语》研究的又一个重大的深化和拓展。这是一方面。后人的研究史、接受史、传播史，这方面我们也是要做的，比如明代是怎么看《孔子家语》的，清代人怎么研究《孔子家语》的。我看到杨朝明教授带的硕士、博士生，也有以《孔子家语》研究为专题的。我想它作为一个硕、博论文肯定还有好多工作要做，特别是汗牛充栋的这种前人的笔记、文集，这些东西还可以再挖掘，再研究。

从这样的角度说，这也正是我为什么要提出对《孔子家语》的再认识、再探索、再考察、再研究、再推广、再宣传。这几个“再”，我说出来就是三个字，但是我觉得是非常有内涵的。我们不能简单地说它就不是伪书，这就拉倒了。我们现在的学术是要与学术研究、学科建设、人才培养、文化传承这些相结合的。学者们要以理服人，受这么多年的影响，大家想让它一下子改变那是很难的。所以在这个问题上，我也说人家不承认我们，说一定和《论语》媲美，人家不承认这个观点，没事，我们再探讨，再研究。它是怎么成为伪书的，一步步地通过学术的研究，辨章学术，考镜源流，遵守学术规范。

当然，我们说的宣传是在研究基础上的宣传，我们说的推广是在深度考察的基础上的推广，不能意气用事。不说《孔子家语》好话的就不是我的朋友，那不行。所以这个研究还得做好结合的文章。咱们再探讨，再认识，应该是在遵守学术道德、学术规范的基础上，我们一步一步地挖出来，还原它的本来面目，还原它被定为伪书这个案子的来龙去脉。这样才能够让更多的学术界的人了解这个事情。因此，在《孔子家语》的研究、教学和推广的过程中，还有大量的工作需要细致地做，而且这个还不能颐指气使，还不能唯我独尊，一定要有平等客观的态度来对待《孔子家语》本身，也对待大家对《孔子家语》的认识。我觉得这样《孔子家语》的研究、儒学的研究、孔子的研究、孔子家学、孔氏家学的研究可能都会有一个新的进展，有一个新的高度，这是我自己的认识，不一定正确。

【采访人】还一个问题，您上午提到《孔子家语》当代价值的问题，对儒学的研究、孔子的研究，研究它有怎样的价值和意义呢？

【张涛】是的，我们知道关于孔子和儒家、儒学的研究，应该说相关的著作数不胜数，代有传人。但是我们还是苦于早年的材料不足，这个不足一方面是文献有缺，确确实实好多没有记载。为什么说出土文献特别重要呢？后来的郭店简、上博简、清华简等一系列的新出土文献，这些文献好多的典籍都和儒家、孔子都密切相关。应该说，新出文献极大地丰富了孔子、儒学的研究。这是一方面。另外一方面在传世文献这个方面，如果仅仅靠《论语》研究孔子和儒家，可能这些材料又是不足的。所以为什么当年郭店简，尤其是里面思孟学派的一些材料出来以后，我们为之雀跃，为之欢呼呢？就感觉从孔子到孟子、子思这些相关的材料，我们把它丰富了、完善了。孔子、儒学的研究说起来材料看似挺多的，但是还是远远不够的。

如果我们再把《孔子家语》定为伪书，这么一些宝贝，大家没有去认知，没有去使用，没有去进一步地推广，我觉得这对学术界来说是一个巨大的损失。而且这些年确确实实天不爱道，地不爱宝，出土了好多的地下文献。应该说，就像王国维当年讲的，“古来新学问大都由于新发见”。所以，新发现里头又包括两个：一方面是地下出土的这些文献，好多地方都是把地下出土文献作为学术研究的根本，学术的一个极大的宝库。现在有清华简、北大简，此前还有浙大简。但有些遗憾的是，据说浙大简是假的，连书都销毁了，现在还有安大简，还有岳麓简，等等。这些出土文献极大地丰富了早期的思想文化史，特别是儒家思想史、儒学史的研究。

反过来我们再说这个问题。二重证据法大家还是需要传世文献的，而传世文献里面，如果没有《孔子家语》作为儒家、儒学、孔子研究重要的资料的话，这一定是有欠缺的。而且出土文献使我们考虑到《孔子家语》巨大的学术价值、文化价值。因此，这一方面是不能忽略的，但是这个不能忽略仅靠这些具体研究的人是不够的。正因如此，上午我也提出，从学科建设、人才培养等角度，加大《孔子家语》的传播力度、宣传力度、研究力度。所以我用了一个“再”。“再”实际上就是说我们又到了一个新的阶段。我们的研究实际上也是很尴尬的，目前学科的分立，分科治学、分科立学，中国古代经典好多都没办法纳入其中，这些经典大家不知道是放在文、史、哲，还是放到哪一个学科里头。所以，在学科分类上还存在着这样的问题。但是我们要大力推动，比如说中国文学史里头它会设一个专章——《论语》的文学价值，我们也可以设

《孔子家语》的文学价值。

我在提交的学术论文里头也提到了很多散文史，在文学描写这方面，《孔子家语》还是有很多独到之处，有很多可以进一步丰富中国古代文学、文献学的作用。目前我还只是想到这么一个问题，下一步在中国哲学史的编写中，文学史的编写中，史学史的编写中，我们希望他们设立专章、专节，或者是用相关的文字来描述、介绍《孔子家语》的价值，介绍这样一部长期被贴上伪书标签，而被错误对待的典籍，我们给它进一步平反昭雪。应该说，再认识的前提是，前面我们已经给它开了平反会，但是还没有实质地渗透到、推广到学科建设、人才培养、学术发展等相关领域里头。

所以，我想借今天召开的研讨会，把《孔子家语》的研究以及与《孔子家语》相关的早期儒学或者是中国早期的思想发展史、哲学史，都加以丰富、完善和发展起来。这是我来开这个会的初衷，希望一起开会的这些朋友们，各位同道、同行，我们再把《孔子家语》的研究，再加把火，再加把力度，再来一个新的高潮，把这个研究推到一个新的高度。

【采访人】最后两个问题：一个是如何推进《孔子家语》的研究，您刚才提到学科建设和研究方向；再一个问题就是您认为举办此次会议的意义所在？

【张涛】这次你们孔子网高度关注这件事，我觉得说明媒体办得非常好。这些学术热点和社会焦点实际上都是相通的。有时候我们也低估了各界人士对学术的热情，好像是纯学术的研究，但是有很多有识之士都非常关心这些问题。所以，这也是未来推广这个问题更难的部分。以前的推广说实在的就是国学热的早期，你给他讲讲就行了。现在真的来问这件事情，我觉得也是世纪之问。

在平常国学研究和国学推广过程中，我曾提出了要精准地学国学，精准地推广国学的问题。就是精准化，孔子的形象您用的是什么材料呢？实际上，这些年对孔子的研究看似热情很高，成果很多，学者也很多，但是还有很多的问题是需要进一步探讨的，所以薄弱环节和短板还是存在的。正因如此，我们也希望包括孔子网在内的各家媒体多关注我们学术界，多关注我们的学者，多关注看似是纯学术的问题，是阳春白雪，但是又能进一步推广和宣传的。只有这样，文化强国战略才能真正实现。这个也是我们当前研究的不足之处。所以，现在看《孔子家语》再怎么做也不为过，再怎么研究也不为过。我也希望孔子网多关注相关的学术热点、文化焦点。同时我也祝愿孔子网越办越好，风生水起，一切顺利。

谢谢杨记者！

【采访人】感谢您的鞭策和鼓励。

从《孔子家语》走进孔子

——杨朝明《孔子家语》研究访谈录

【采访人】一些儒学爱好者他们对《孔子家语》还是了解的，但是好多普通受众对这本书还是知之甚少。我的第一个问题就是《孔子家语》是一本怎样的书？

【杨朝明】《孔子家语》这本书实际上是一部非常重要的儒学著作，它重要到什么程度呢？它的价值绝不在《论语》之下。大家心里都明白，中国传统文化的经典以“四书”“五经”为核心。“四书”比“五经”都重要，“四书”是解释“五经”的。《孔子家语》的价值绝不在“四书”之下，为什么这么说？这本书长期以来被认为是伪书，所以长期以来没有受到重视，因此人们虽然有时也零星地都谈到了这本书，但是相对于它的价值来说，学术界知道的人太少，人们利用得很不够。

这本书从性质上讲，它是关于孔子言论以及相关资料的一种汇编。按照历史材料的说法，它和《论语》完全一样，只不过后来孔子的遗说得到整理的时候，就把孔子的很多言论汇集到一起以后，编《论语》的人就把其中一些重要的材料，用汉代孔安国的话说，“取其正实而切事者，别出为《论语》，其余则都集录之，名之曰《孔子家语》”。这句话是什么意思呢？也就是说，孔子长期从事教学，留下了很多的遗说。这些遗说都是孔子在教学过程中记录下来的，相当于孔子弟子所做的笔记。

那么，孔子去世以后，大家在传播孔子学说的过程中，人们汇集了这些关于孔子的材料，汇集了以后进行编辑，编辑的时候为了更好地表达孔子的思想，所以选出了一些材料编成了《论语》，剩下的那些材料和《孔子家语》性质是一样的。所以，由此可见《孔子家语》到底有多么重要。

【采访人】它和《论语》又是怎样的一种关系呢？

【杨朝明】如果我们从形式上看，《论语》好像是个语录体的。它是一个片段一个片段记录的，它是《论语》的编者借用孔子的话来表达孔子。也就是说，孔子以后的很多人为了表达孔子思想，为了宣传孔子思想，从不同的角度去宣传。所以，孔子以后儒分为八，用韩非子的话说，儒家八派都觉得自己是在传承孔子，谁能确定你是传承的真孔子呢？

从这样的角度说，《论语》的编者他实际上用孔子来表达孔子。他把孔子的很多言论选出来，按照自己所理解的孔子的思想，按照一定的逻辑进行编排。所以，如果说《论语》属于孔子的思想的话，这当然没错，但是《论语》的思想首先属于《论语》的编者对于孔子的理解。那么，这就是《论语》。

《孔子家语》呢？《孔子家语》相当于孔子材料的一种汇集、汇编。当然，在传承的过程中会有孔门弟子润色的成分。但是这和故意造伪是完全两码事，所以《孔子家语》的价值极高，而且从数量上讲，《孔子家语》的数量、字数超过了《论语》的 3.5 倍还要多，可见它的内容非常丰富，价值极高。

【采访人】因为您在学界《孔子家语》的研究中应该属于一个绕不开的权威性、代表性的人物。并且您做了《孔子家语通解》这本书，业内被评为是一个学术界里程碑式的工作。您当时是如何留意于这样一个曾经被贴着伪书标签的文献，从此开始进行深入研究的呢？

【杨朝明】关于《孔子家语》我很早就知道有这么一部书。但是疑古思潮盛行时期，大家认为它是一本伪书。我记得是 20 世纪 80 年代末期，还不到 90 年代的时候，我和几个朋友在一起聊天，他们就说在安徽的阜阳发现了一批汉简，这批汉简证明《孔子家语》的可靠性。因为在曲阜，在孔子故里研究孔子，对于研究孔子的材料我们一直非常留意，虽然那个时候还处在读书的时期，但是它毕竟是研究孔子的传世材料，而且是篇幅很大的《孔子家语》。

所以，《孔子家语》书名当然我们早就知道了。从目录学的角度来讲，我们当然很早就知道有这么一部典籍，但是如果靠不住，我们就不大愿意去看它。然而，当我们忽然发现，考古材料证明它的不伪时，从此以后《孔子家语》就常在念中，常常会想到它。再后来，我的恩师李学勤先生在《孔子研究》上发表过一篇文章，题目是《竹简〈家语〉和汉魏孔氏家学》，也是通过考古材料，通过定州八角廊汉墓里边出土的《儒家者言》来探讨《孔子家语》的问题。他认为里边发现的一些材料，可能是《孔子家语》的原型。李先生的这篇文章再一次激发了我们对于《孔子家语》研究的兴趣。我们在一直不停地看它。但是呢，只是读，没有用心去研究它的真伪。

到了后来，在战国时期的楚墓中竟然发现了《孔子家语》类文献，这实在是让人感到非常惊讶，非常震撼。所以，从那时候关于《孔子家语》我们就开始仔细阅读。当然，在我们之前也有一些注译本，但是没有太多涉及材料价值的研究，只是顺从了以前人们的看法。从那以后我们就开始思考它的真伪问题，思考它的材料来源问题，思考它的编纂问题，进而思考它的价值问题。

所以，从本世纪初，我和我们的研究生，就开始一起对这个书进行注译、注解、研究、思考。我们组织读书班，我们开始研究《孔子家语》的文本，后来越研究越发现《孔子家语》的价值高。后来我们就进一步研究，系统地研究，并进行通解。所谓“通解”，就是从全书整体上去观察它，对每一篇、每一章进行深入的思考。对于和它相关的这些文献进行对比等，从不同的角度来研究它，这就是我们的《孔子家语通解》。当然，这个书我们做的时间很长了，我们觉得还要进一步去研究它。

【采访人】正像您所说，您和您的团队对《孔子家语》这本书也是从头到尾进行了注解以及书的可靠性研究，都做了很多大工作。是不是学界到目前为止仍然有这样的声音，依然在怀疑这部著作的真实性和可靠性呢？

【杨朝明】在最初早期文献被发现以后，特别是汉简发现以后，实际上这个问题并不算真的解决了。相反的声音或者认为它是伪书的声音依然有，但是直到上海博物馆竹简被发现，对于学术界算是一个巨大的震动。为什么呢？原来说《孔子家语》是伪造者，有人说是三国时期的王肃，也有人说是西汉时期的孔安国。实际上人们有意无意地都认为是他们做了伪。但是事实上，战国时期的文献发现了，战国时期的文献发现了以后，它竟然和《孔子家语》文献相同，是同一篇，实际上这就像庞朴先生曾经说过的，它就“轰然打破了我们的成见”。我们不能不承认它是孟子以前的遗物，孟子以前那就很早了，公元前300年左右。所以面对“竹”的事实，我们不能不承认它的价值，所以庞朴先生很幽默，以前我们面对铁的事实，这回不是铁，这回是竹简。所以现在只要是对《孔子家语》认真下功夫研究的人，基本上意见都是一致的。只不过《孔子家语》在和其他的文献，它们的先后关系中，时时也会有一些不同的声音，但是对于《孔子家语》的价值，我没有看到依然认为它是伪书的人。

当然了，有一些人不了解它，他们在说什么表示疑虑，这是很正常的。因为我们学术界长期以来盛行疑古思潮，这个疑古思潮长到什么程度？从宋代就开始了。只不过宋代那时候疑古思潮并没有这么厉害，而且宋代的疑古，其目的是卫道，也就是捍卫儒家的道统。但是到了近代中国，中国人的自信没了，这时候的疑古就变了味，它要和古代彻底决裂，甚至要彻底打倒传统。所以，这时候的疑古思潮基本上就是把这些书看得一钱不值。甚至《孔子家语》成为伪书之中尤其伪者，叫赝中有赝，意思是假中还假，那假的没有办法了。甚至到了疑古思潮，特别是到了疑古学派代表人物那里，都认为《孔子家语》没有什么再讨论的必要了，连痛加批判的必要都没有。谁要说《孔子家语》不伪，那简直是不可思议，但是现在不可思议的事情竟然就发生了。

【采访人】既然有这么大的变化，其实我觉得还是非常的震惊。您一直强调一件事情，就是《孔子家语》是“孔子研究的第一书”，可见在您的心目中它有一个非常重要的地位。我们怎么理解它是“孔子研究的第一书”这个判断呢？

【杨朝明】不论是从性质上讲，它和《论语》一样，还是从篇幅上来讲，它超出了《论语》3.5倍还多。而且从大家使用的程度上，使用的人非常少。但是历史上大家有的也都看到它的价值，只不过还是有疑虑。比如说清代的四库馆臣，就是清代编《四库全书》的时候，那些四库馆的大臣们，他们甚至也说“知其伪而不能废”。请问它既然是伪书，为什么不能废呢？实际上，大家在研究这个书的价值的时候，他们用什么方法呢？用疏证的方法，什么叫疏证呢？《孔子家语》有一条材料，其他文献有对应的，《孔子家语》有一条材料，其他材料有相通的，《孔子家语》有一条材料，其他有那个影子。他们认为，《孔子家语》的编者就是靠这些编起来的。但是他们就没有想，如果连这种影子都没有，如果相通和相同的都没有，那么《孔子家语》真的是凭空来的。

由于疑古思潮的盛行，方法论上已经很难扭转过来。所以《孔子家语》它的价值虽然非常高，但是真正认识到《孔子家语》价值的人还是非常少的。因为毕竟专门研究的人比较少，宣传得太少。所以，今天我们为什么要探讨《孔子家语》，要开这样的学术会议。实际上就是要让更多的人去了解它。

2020年12月26日，我在济宁孔孟之乡智慧沙龙有一个大型的演讲。他们专门邀请我去讲《孔子家语》及其价值。我讲完了以后反响非常强烈，而且他们在和我沟通之后才请我去讲的。他们专门请了一个非常有名的书法家，是曲阜师范大学书法学院的乌峰教授。他专门给我写了一副对联，并且已经装裱好了。在我讲完了以后，他亲自送上来。我看了以后非常震撼，上联是“半部《论语》治天下”，下联是“一部《家语》兴中华”，我特别喜欢这副对联，它不仅字好，而且意好。大家都知道半部《论语》治天下，但是一部《家语》兴中华，这个意义是非常重大的。这就像庆祝建党100周年的“七一”讲话，习近平总书记在天安门城楼上特别讲到，坚持把马克思主义基本原理同中国具体实际相结合、同中华优秀传统文化相结合。

事实上呢，中国的实际也许可以包括中国优秀的传统，但是总书记为什么要特别强调和传统文化相结合？其实《论语》和《孔子家语》的关系也是这样。难道孔子的思想，《孔子家语》和《论语》不一致吗？当然是一致的。用《论语》也可以研究，如果一个人够聪明的话，这些材料足够了，但是材料越多，我们认识越全面。

所以，《孔子家语》的大量材料它不仅可以纠正我们原来对于孔子研究，对于《论语》研究的一些错讹，甚至是一些明显的错误，而且补充了大量的早期材料。《家语》让我们看到了孔子思想的丰富性，看到了这些资料或者这些材料给我们带来一个全新的认识。正因如此，在研究的过程中，我深深地感觉到《孔子家语》是一个宝库。

【采访人】我这两年来一直听了您好多讲座。您在讲座里对《孔子家语》的一些典故包括原典都如数家珍，我是不是可以这么来理解，《孔子家语》能让我们普通人更真实地了解、走进孔子。因为它里面有很多的典故，您觉得作为普通人，不是搞儒学研究的人，怎么能走进这部儒家经典著作呢？

【杨朝明】有很多朋友问我，我要学习儒学先读哪些书？以前的时候没有说《孔子家语》，现在我在推荐《大学》《中庸》《论语》之后，一定少不了《孔子家语》。《大学》《中庸》当然很简短，但是读懂并不容易。《大学》定其规模，《中庸》是儒家心法，《论语》是孔子的言论集合。但是《孔子家语》里边有很多生动的故事场景，而且描述得比较细腻，有前后的场景，比如像《论语》就那一句话，这一句话可以进行不同的解读，可以“仁者见仁，智者见智”。但是如果把这句话放在特定的背景中，它的意义就有了一个大致的范围，或者有了思考的规定性。《孔子家语》的意义就在这儿。当我们读《孔子家语》的时候，它里边有很多的场景，有很多对话的内容，而且这种对话非常生动，非常形象具体，它不是三言两语，不是简简单单，而且相对来说比较全面。比如说我们现在为什么认识到这么多的孔子遗言，为什么那么多“子曰”，这些“子曰”是怎么来的？因为孔子长期从事教育，弟子们各有所记，弟子们有随时记录孔子言论的习惯，所以这样的材料留下来了。

那么，这样说有什么依据呢？其实，除《论语》里边透露出一点信息外，《孔子家语》中有很多这样的场景。比如说子张、子夏向孔子请教问题，孔子说得太精彩了，至少弟子认为很精彩，于是“蹶然而起，负墙而立，曰：‘弟子敢不志之！’”遂退而记之。这些故事都非常生动，它不仅记载了孔子讲话的内容，显示了孔子的思想，更重要的是，这个场景让我们知道这些材料是谁记下来的，退而记之。这些场景让人觉得好像有一点现场感。

还有一条资料很重要，在《孔子家语》的《七十二弟子解》这一篇中，就记载了孔子有两个学生，在孔子晚年时候负责记录孔子的言语。孔子的两个学生比他小 50 岁左右，“每孺子之执笔记事于夫子，二人迭侍左右”。什么意思呢？孔子晚年常常讲学，讲学的时候周围的弟子们可不少，有两个小家伙年龄比较小一点，大约比孔子小 50 岁，一定是年轻的弟子。他们两个人就轮流来记，他累了他记，他累了他记，也可能是同时记。在教学的过程中，孔子讲的内容除了他们各有所记，专门有两个人来记录。所以，我们就理解了，这些材料还真的都有一定的来源。而且孔子弟子他们记录孔子遗言，最重要的是他们想传承孔子学说。所以，这些遗言未必都是那么的准确，但是它一定想表达孔子本意的。这就像后来子思曾经整理孔子遗言，他整理孔子遗言的时候，肯定常常用这些话来论证自己的思想。当时就有人怀疑，怎么怀疑的呢？有人说你就是孔子的孙子，你就是先天的条件，动不动就说这就是我爷爷的话。于是，当时鲁国的国君鲁穆公当面就问子思，他说别人都说“子之书所记夫子之言，或者以为子之辞”。他说你记载的这些话，有人说不是孔子的话，是你的话。子思当时就说了一句，他说：“臣所记臣祖之言，或亲闻之者，有闻之于人者。虽非正其辞，然犹不失其意焉。”这句话什么意思呢？就是我记录的这些话，有的是从别人那听来的，有的是我亲耳听到的。他说这些话虽然不一定一个字不差，但是大体不失孔子的本意。很明显，这些材料就是《孔子家语》材料的来源。所以，子思的这个话也可以帮我们更好地去理解《孔子家语》的价值。

【采访人】谢谢院长。通过刚才几个问题，我们对《孔子家语》这部书从宏观和微观上都有了一个大致的了解。2013 年，习近平总书记视察孔子研究院，看到您做的《孔子家语通解》，他说要仔细看看。现在已经 8 年过去了，孔子研究院在针对《孔子家语》的研究方面又有哪些新的成果呢？

【杨朝明】《孔子家语》我们进行了很多的研究，孔子研究院专门成立了“论语学研究中心”。其实，《孔子家语》在《汉书·艺文志》里边就著录在《论语》类里边，所以《孔子家语》也属于《论语》类文献。

除我本人以外，我的很多学生的论文、硕士论文、博士论文都是直接研究《孔子家语》或者是直接利用了《孔子家语》。所以，这是一批有生力量，他们有一大批成果。我所在的孔子研究院，有人称之为研究《孔子家语》的一个阵地，也是主战场。

我们明天将要开的这个会议，其中很多论文都是孔子研究院的学者写的。我本人还专门出了几本书，有普及本的，在河南专门出了一个注说本。在济南出版社出版了一本教师读本，我本人还有一本《孔子家语综合研究》，就是我个人的论文集汇编。

另外，很值得一说的是，《孔子家语》热可谓呈现出一种迹象，为什么这么说？最近这几年来，连续出现了至少 3 本以上的博士论文，就是专门研究《孔子家语》。而且我读了以后，这些人研究得都很有深度，而且结论都差不太多。虽然在一些具体问题上会有些分歧，但是在真伪的结论问题上差别不大，这是大问题，这是最根本的问题。如果它是伪的，那就没有讨论的意义。所以，学术界的最新成果仅仅是专著就好几本。另外，中华书局、上海古籍出版社都出版了一些校点本。比如说曲阜师范大学的宋立林教授，专门出版了一本他自己的学术著作，叫《〈孔子家语〉探微》，而且他还校点了一个日本的版本，那个版本非常不错，他自己校点的，在上海出版。另外，曲阜师范大学文学院高尚举教授，在中华书局出版了一个“新编诸子集成本”的《孔子家语校注》。应该说，这些书对于《孔子家语》的研究都将是一个非常好的推进。

另外，全国图书馆文献缩微复制中心专门把《孔子家语》重要的版本进行了汇集影印，影印了八大册。它在前言里边说，有的学者说这是孔子文化第一书，这个“有的学者”显然是指在下。实际上它也受我们的影响和推动。

应该说，这些年来，随着学术的进展，随着大批地下文献的出土，《孔子家语》研究得到了极大的推进。如果《孔子家语》能够被更多的人所认识，这对于中国文化的研究，对于早期儒学的研究，甚至对于整个中华文明的研究都具有极大的意义。甚至它对于文化自信也非常有意义。为什么这么说呢？如果孔子那个时候只有短短的几部文献，就那点《论语》，而且疑古思潮盛行之下连《论语》都靠不住。最极端的看法，中国人的看法影响到国外，美国有的学者就说，这部书只有第四篇的前 16 章可靠，其余的都是在孔子去世以后 242 年中陆续加进去的。如果是这样的话，孔夫子真是“空夫子”了。但是事实不是这样的，《孔子家语》将会对我们上古文明的理解是一个极大的冲击，它实际上打开了一个思想的世界，让我们重新认识中国的古代文明。所以，对于当前的文化建设，对于创造性转化、创新性发展，对于我们树立文化自信，可以肯定地说都有重要的价值。

【采访人】院长您刚才说的这些年的学术成果，您功不可没。即便如此的话，您认为当前对于《孔子家语》的研究还有哪些问题和不足？

【杨朝明】如果说《孔子家语》有问题有不足的话，就是还没有引起更多人的重视。我们学术界、思想文化界特别是研究早期儒学的人，研究传统文化的人，不能不关注《孔子家语》，不能麻木。如果对《孔子家语》的真伪问题没有疑虑的话，就应该使用它。如果有疑虑的话，就应该去关注还有没有疑虑。所以，我们的文化研究，如果不利用《孔子家语》将是一个非常大的遗憾。

【采访人】您刚才说，核心问题就是说，现在学界还是不够重视这部著作？

【杨朝明】疑古思潮的影响太大了。

【采访人】对于咱们孔子研究院来说，或者对于您本人接下来在《孔子家语》方面的研究，会有哪些创新性的工作？

【杨朝明】对于《孔子家语》的宣传要全方位，比如说我到一些地方演讲，有机会一定要宣传《孔子家语》。第二个我们还曾经推动了几次书法作品的出版和展览，比如说国际儒联叶选平先生，我选了 100 句，他写成书法作品出版。在孔子研究院专门请了一大批书法家，在这里举行《孔子家语》的书法展。通过这种形式让文化界、艺术界也去了解。

还有我们举行报告会，孔子研究院组织了一个班子进行《孔子家语》讲读，不仅要让我们的学者对外讲，而且我们自己先弄明白，自己如果对《孔子家语》打开了一扇窗，走进去，意义非常重大。所以，不仅要出相应的科研成果，更重要的是人才的培养。

【采访人】好，谢谢院长！我问题大概就这些。关于明天的论坛，您在说的过程中都涉及了，就是为什么举办这次论坛。您是不是可以对这个事单独说一条。

【杨朝明】好的。我们明天举行的论坛是孔子研究院论语学研究中心策划了很长时间，一直想举办，因为疫情没有举办的这么一次会议。这次疫情刚刚好一些，我们就迫不及待地举行这样的会议，而且列入了计划。目的只有一个，就是推进《孔子家语》的研究，推动引起社会各界对于《孔子家语》的关注。只有更多的人去关注它，让更多的人去走进它，才能去了解它，才能去使用它，才能让它发挥作用。

【采访人】谢谢院长！您看还有其他问题需要补充吗？

【杨朝明】没有了。

伪书不伪，价值斐然

——王承略教授学术会议访谈录

【采访人】 王教授您好！咱们就谈第一个问题，因为您是做先秦两汉文献不同版本校勘研究的，是这方面的前沿专家。您能不能谈一谈您上午说的唐颜师古注和《孔子家语》这两个视角，被历史认为是伪书的这样一部经典，您的一个最新的研究视角和成果？

【王承略】 先看《孔子家语》的来历，它的来历最早在哪里呢？著录在《汉书·艺文志》中。《汉书·艺文志》这个书是怎么来的呢？是刘向校书以后编了一个目录叫《别录》。在这个《别录》的基础上，刘歆又删改成了《七略》。后来又被班固收录进《汉书·艺文志》之中。刘向当时是校勘过的，也就是说他当时既校勘了《论语》，也校勘了《论语》类的这些资料。在刘向的眼里，这些都是真实可信的文献资料。这就是《孔子家语》最早的来历，最早见于目录著录。

唐代，有一位非常有名的大学者颜师古。他给《汉书》做注，自然也就包括《艺文志》在内。在《孔子家语》的后面，颜师古就写了一句话："非今所有《家语》"。就这一句话，一石激起千层浪。后来的学者就说，颜师古都说"非今所有《家语》"，也就是说当时的本子就已经不是刘向整理的《家语》了。后人就认定说这不是"伪书"吗？这就是伪书一个非常有力的证据。实际上，颜师古的话并不是这个意思。那么，颜师古这个话的意思是什么呢？刘向整理的《家语》跟我们现在看到的这个《家语》有所不同，有什么不同呢？就是内容有所不同。从汉代一直到唐代，实际上孔氏家学一直在延续。我们知道到唐代有个大学者叫孔颖达，也是孔家的人。为什么孔颖达后来主持《五经正义》呢？还是家学在起着关键性的作用。

孔氏家学一直非常昌盛，尤其是在魏晋南北朝时期。这个时候还有一部非常重要的著作《颜氏家训》。颜氏能作《家训》，孔氏就应该作《家语》。《家训》和《家语》

很匹配。一个作《家训》，一个作《家语》。

孔家很重视《家语》的编撰，以至于孔颖达作《毛诗正义》的时候说，这是孔家的东西。孔颖达非常小心，他自己就是孔家的人啊，他对这个过程是非常熟悉的。唐人注疏当中引用《孔子家语》，并且非常信任《孔子家语》，广泛的引用，得一百多条，这与孔颖达的态度有关系。

【采访人】这句话得重新说一下，因为很重要。

【王承略】好吧！唐人注疏里引用《孔子家语》有一百多条，而且基本上持肯定的态度。这与孔颖达有关系，孔颖达是孔家人，他认为这是可信的。孔颖达的态度也会影响其他著书学者的态度。

从古书的流传来说，我们说刘向的校本和唐代的本子之间，会有内容不同这是肯定的。古书流传向来就这样，后人阅读的时候不停地添加一些内容，尤其是孔家。他们甚至刻意保留一些文献，他们乐意这么做，故意往里添加一些内容，免得丢失了。所以，从古书的流传来说，这个过程是很正常的。

王肃就是当时学界的一个领袖人物。后人对王肃的评价偏颇，可能因为他和郑玄的矛盾。有一些学术争论，大家对他有所批评，而且批评的重要原因是他手握《孔子家语》。人们说王肃改造了《孔子家语》，以此跟郑玄故意作对和标新立异。王肃是不是做过这个事呢？从现有的资料来看，有个别的条目，还是有一些这方面的证据指向他。有一些条目，也就是七八条。因为引《孔子家语》一百多条，那一百多条里边有一些资料是完全信赖的。七八条比例不高。怎么说呢？相信的多，怀疑王肃改造了的少，而改造少的条目其实与"三礼"，就是与礼制争论有关系。

我们知道，从先秦一直到南北朝甚至隋唐，关于礼的问题，尤其像"庙制"这些问题、"婚制"这些问题，其实一直没有定论，所以汉代人不停地争论，南北朝人也在争论，唐朝人也在争论。实际上，王肃和郑玄也在争论，学术争论是正常的，完全是正常的。后来关于"礼制"的这些问题慢慢地开始大家趋向于一致。像三年之丧到底是多少个月，到了唐宋的时候渐渐地就稳定下来了。

这个过程实际上有争论是正常的。如果是王肃真的做了一些改动，也是为了支撑他自己的观点。说他非要跟郑玄争个高低吗？非要意气用事吗？也不见得，实际上也未必，还是争论在这里起作用。

唐人眼里的《孔子家语》有一个很有意思的现象，有的问题他认为《孔子家语》的记载甚至比"五经"还可信。我发现那些资料非常重要，比如《礼记·檀弓》说是子夏丧毕，三年丧毕，予之琴，和之而不和，弹之而不成声，给他弹，他就流泪，没法弹奏。他很悲伤啊，说先王之礼不敢忘也。但是《孔子家语》怎么记载的呢？《孔子家语》记载的是给他琴，他侃侃而乐，弹得很高兴，这是矛盾的啊。《礼记·檀弓》说他没法弹，他弹不下去，《孔子家语》说他侃侃而乐，这个事情它有旁证。孔子去世以后，子夏就到了西河，做魏文侯师，他儿子死了，他竟然哭瞎了眼睛，子夏发生过这么个故事在他身上。曾参见了他后，把他猛批了一顿，说你这算个什么事啊！你父亲去世了，没听说你有多么悲哀，没听说你有什么异闻，就是表现得与众不同。怎么叫与众不同啊？你守丧守得很严，甚至守得更长，这才是与众不同。没听说你有什么不同，但是你儿子去世了你竟然哭瞎了眼睛。从这个故事来看《孔子家语》记载的三年之丧以后侃侃而乐这个更有合理性。所以，孔颖达作疏的时候也认为是合理的，《孔子家语》记载得合理，那就说《檀弓》的记载不合理。它在这个地方竟然说《孔子家语》的记载比本经还要可信。这了不得，你想后人认为它什么都不可信，一概否定，这是完全不同的态度。

其他的书，像章怀太子注的《后汉书》，李善注的《文选》，司马贞作的《史记索隐》，杨倞注的《荀子》里边，通通都把《孔子家语》当成是信史，可信的资料来用。而且在使用的过程当中并没有指责、怀疑。实际上怀疑《孔子家语》是伪书，是因为南宋时的王柏。王柏为什么说它是伪书呢？是因为他和朱熹关于《中庸》章句的分法有不同意见。朱熹是参考了《孔子家语》的一些说法、一些资料而分章，王柏就不同意这个。而朱熹又根据的是《孔子家语》，他要想反驳这个事就要把《孔子家语》说成有问题，朱熹的这个做法自然就不成立了。所以，他就说《孔子家语》是伪书。说《孔子家语》是伪书证据是什么呢？还是唐人说的那些，有的时候是王肃增加了一些内容，唐人说是增加了一些内容而已，人家没说他伪造了这本书啊，实际上还是这个事。

但是从此以后这个说法就比较流行，就导致了一个非常不好的影响。今天上午的文章主要就说了这么多问题。

【采访人】第二个问题，您如何看待《孔子家语》在当今对儒学、孔子研究的价值和意义呢？

【王承略】实际上，对于孔子的研究和儒学的研究，我们作为研究者，最困惑的是什么？资料少，资料有限。以前只说《论语》是最可信的。今天上午也有老师说，《论语》也不见得都可信啊，它有可能也有一些问题啊。

再就是关于孔子的资料和孔子弟子的研究，就是《史记》中的《孔子世家》《仲尼弟子列传》，这是最可信的。然后就是《礼记》的有关记载，接着就是《孟子》《荀子》的有关记载，就这些资料。当然，现在有一些地下出土文献的发现，像《孔子诗论》的发现，我们觉得丰富了这些资料。但是资料够吗？显然还是不够的。

《孔子家语》是大宗的资料。这一大宗的资料，如果是我们认可它，认为它可信，然后把它拿来做孔子的研究和孔子弟子的研究，以及儒学的研究的话，那会极大地促进儒学的研究和孔子研究的发展。这种促进力是可以出乎想象的。以前大家不敢用，或者说偷偷地用而不敢说。这个现象很奇怪，用了也不敢说，为什么用了呢？因为它有独特的资料，比如说关于曾参的生卒年，《孔子家语》的记载是最可信的，比如说樊须的年龄，《孔子家语》的记载也最可信，比《史记·仲尼弟子列传》要可信得多。这些资料大家明明都相信，也都觉得非常好，但是以前用起来都小心谨慎的。我们就大大方方地用有什么不可以啊？尤其现在地下出土文献也证明了它的可信度。

当然，我们把关于礼制争论的那些条目用得稍微谨慎一点，其他的不妨放心大胆地用就可以了。有一些资料实际上现在看来，通通可以放心用，没有什么问题。再像过去那样闪烁其辞地也没必要，这样的话，会很大地促进孔子和儒学的研究。因为《孔子家语》作为大宗资料里边的史料价值、资料价值和《论语》正好可以互补。

《论语》是孔子的弟子们编纂成书，《孔子家语》是孔家流传下来的孔子的一些话语和孔子家里追溯的祖上传下来的那些话。它们有什么可冲突的吗？都是“语”，那个“语”很多都是孔子说的。《论语》的“语”和《孔子家语》的“语”不都是孔子的“语”吗？只是弟子记载的不同和家里记载的不同，没有什么矛盾和冲突的。我觉得两者可以互补。

【采访人】第三个问题，下一步我们如何进一步推进《孔子家语》的研究，您有哪些建议呢？

【王承略】下一步《孔子家语》的研究还是在认识上，大家最好通过一些会议，通过一些宣传，通过一些大的文章来确定它的价值。首先是认识的改变，不要再把它当成伪书来看待了。别老觉得它是王肃干了个什么坏事，这个观念一定要改变。因为地下出土文献也证明了，我们的研究有指向了，唐人的那些态度也指向了它的可信，它没什么大问题。只是王肃有可能的那些小问题也另当别论，但是王肃也是出于学术争鸣的目的，也不见得有什么险恶的用心。在这个问题上一定要转变观念。要在细致入微处再下功夫。什么叫细致入微啊？就是说我们如果能发现《孔子家语》的这些资料，远远地有所承，有所祖，有所本，而且甚至于比《礼记》还早，那就更加证明了它的可信性。

现在地下的出土文献，今天上午廖名春老师有一篇文章，他就说，从“五至”来论，这个资料显然要好于《礼记》的记载。它好于《礼记》的记载，那就说明一个问题，它的资料的来源要早。其实，跟《礼记》的来源可能是同源的，好多资料都是同源。这就是当年刘向校书的时候，把资料全部收集起来了。刘向校书就是把所有的版本全收集起来，去掉重复，写一个定本，你想它甚至和《论语》都同源，如果追溯是最古老的资料来的话，就更有价值。第二个，要在细致入微处，再进一步挖掘它的史料来源、资料来源。

第三，我们还是多做普及工作，对研究它是有好处的。出一些通行本，或者说名言名句本也可以。它里面的名言很多，比如我们说“良药苦口而利于病，忠言逆耳而利于行”，就在《孔子家语》里。比如说我们现在特别重视历史，《孔子家语》里就有一句话叫“明镜所以察形，往古者所以知今”。这不就是唐太宗说的以镜为鉴，以史为鉴吗？这些话好好地普及一下，让大家都知道，很通俗，说得也非常睿智。这些语境实际上跟《论语》是非常接近的。

还有说，“与人交，推其长者，违其短者，故能久也”，是说在与人交往时，要赞扬别人的长处，避开他的短处，这样才可以长久地交往下去。这些话都非常好，像这里边好的故事，好的句子，咱可以做《孔子家语》故事新编、名言新编。《孔子家语》和《礼记》《毛诗故训传》记载的内容，前人做比较是为了证明它的“伪”，我们现在做比较是为了互相促成。这些工作都值得去认真地做。

【采访人】好的！谢谢王教授。

【王承略】谢谢。

孔门四书，《家语》独特

——孔德立教授学术会议访谈录

【采访人】 第一个问题，孔教授请您谈一谈“孔门四书学”，究竟有怎样的特定内涵呢？

【孔德立】 今天在《孔子家语》与中国文化新认识的论坛上我提出了一个概念叫“孔门四书学”，其实也可以叫“孔氏四书学”。大家知道“四书五经”的“四书”就是《论语》《大学》《中庸》《孟子》，这个在中国文化经典中的地位是非常高的。但是今天这个会是以《孔子家语》为主旨，为中心。这个会对我有一个很大的启发。在准备这个会议发言的时候，我就发现学术界对于《孔子家语》的研究，实际上它有一个关注点，它和汉魏的孔氏家学的传承有很大的关系，但是如果说到孔氏家学的话，肯定是后裔传承过程当中发挥了比较大的作用。

事实上，《孔子家语》确实是经过孔安国等人的整理才慢慢地发挥了很大的影响。《孔子家语》里面的内容比《论语》多很多，在“孔门四书学”当中它应该是最广最多的。除了《孔子家语》“孔门四书学”里边还包括什么呢？我把《论语》放进去了，因为《论语》学术界有个观点，我个人也这样认为，就是孔子的孙子子思在这里边发挥了很大的作用。《论语》的编者不只是孔子弟子和孔子的再传弟子，还有孔子的家人。也就是说，中国文化的传承实际上有一个家学的传承和师门的传承，也就是我常说的家法和师法。所以，从《论语》和《孔子家语》里面这两个都有，这是两部了。

如果说我们再加两部的话，另外一部是《中庸》，司马迁在《史记・孔子世家》里面讲子思作《中庸》，所以这个是没有疑问的。还有一部是叫《孔丛子》，《孔丛子》是汉晋时期孔氏家学的学案，什么叫学案呢？学案就是孔氏家学的学术史。从孔子、子思然后到孔鲋，把从孔子到孔子第九世然后再往下传，他们重要的文献、重要的对话聚在一起了，实际上就是一部孔氏家学的学术史。

所以，《论语》和孔子的后人有关系，《孔子家语》与孔安国的关系是学术界公认的，特别是《孔子家语》里面有孔安国的《后序》，子思作《中庸》，《孔丛子》又是孔氏家学的学案。所以说，我们把这四本书放在一起，如果说得准确一点是早期儒学传承之中的孔氏后裔的这四本书，所以我把它称为“孔门四书学”或者叫“孔氏四书学”。

历史上，孔子后裔在儒家的文化和中华文化的传承之中分别做了很多贡献，比如说唐代的孔颖达，编《五经正义》，再到清代孔广森，是公认的公羊春秋大家。但是你看《五经正义》他是对于“五经”的一种解释性的著作了。孔广森的“春秋公羊学”也是研究性的著作。所以，如果说我们从带有一些早期的儒学传承和原创性上来讲，把《论语》《孔子家语》《中庸》《孔丛子》放在一起，我个人浅见还是能立住的。因为这是第一次提出来，也希望能得到学术界的批评和指正，我们再慢慢探讨。

我想在“孔氏四书学”里面，《孔子家语》和《论语》这两个的家学特征还是非常明显的，特别是《孔子家语》。《孔子家语》就是孔子家的语，所以这一点是非常明显的。《论语》可能孔子的弟子参与得比较多一些。

从这个来讲，启发了我们研究中国古代的学术，不光要注重学派的传承，还要注重家族文化的传承，因为你看孔子作为儒家学派的创始人，他也是孔氏家学的开创者。孔子曾经给孔鲤讲，“不学《诗》无以言”，“不学礼，无以立”，所以孔家的家教就是从这儿开始的。你想我们中国人是注重家教的，所以一个老师他要教好孩子，教好弟子，肯定对自己家人的教育也是非常重视的。这是中国文化的一个根，古人讲修身齐家，而且齐家是治国平天下的一个基础。

所以，从这个来讲的话，我们研究中国古代的学术发展不能忽视家学的传承，特别是对于孔子后裔，对于孔子这样的家族更是如此。这个和西方文化有着很大的不同，特别是我在上午的发言之中提到的和佛教的传承有很大的不同。所以，基于这个思考，我想“孔门四书学”可能在学术界，使大家关注一个家学的传承，这是我最初的一个想法。

【采访人】第二个问题，孔教授您谈一谈《孔子家语》在当代研究的价值和意义？

【孔德立】《孔子家语》以前长期被认为是伪书，从宋代欧阳修兴起疑古思潮开始，包括王柏他们这些人都这样认为。所谓的伪书，我的一种研究，他们提出来有他们的政治目的，有他们特定的目的。你信他们说是伪书，那你为什么不信《汉书·艺文志》呢？《汉书·艺文志》里面说的《论语》类文献里边就有《孔子家语》二十七卷啊。所以，大家为什么宁愿信宋代人，不信唐代人，不信汉代人呢？是不是汉代人离孔子更近呢，所以，这是学术研究方法的问题。

第二个疑古思潮在近代以来，特别是我们反传统的时候，发挥了不好的作用。所以造成很多古书的价值被遮蔽了，没有被发现。现在我们在弘扬中华优秀传统文化，对中国古代优秀的传统文化进行研究，发现它有很大的价值。所以就《孔子家语》的研究而言，随着学术界的研究，包括学者们的讨论，我们发现如果你不用《孔子家语》很多事情说不清楚，所以它的价值就显现出来了。

当然这个也基于新中国成立以来考古的发现，比如说河北定州竹简、郭店竹简、上博简……就研究的状况来看，我个人感觉到，20 世纪 80 年代改革开放之后，我们的学术开始慢慢地发展，像张涛教授、廖名春教授，他们是改革开放之后《孔子家语》研究的开创者，我把他们称为 1.0 版。然后到了 2005 年，杨朝明先生他的专书出来以后，特别是指导学生写硕士论文、博士论文，出了大量的成果。所以他的《孔子家语》研究就更加系统，他既有综合性的研究，又有单篇的研究；他既有文献学的研究，又有义理学的研究；他既有研究，又有人才培养，他还有传播。所以，他的体系我把它称为《孔子家语》研究的集大成者，所以这就是 2.0 版。

今天我们开《孔子家语》与中国文化新认识的论坛，我想是一个新的 3.0 版的开端，3.0 版就是《孔子家语》不能只局限在研究早期儒学，不能只局限于让它印证其他文献的可靠性。也就是说，不能把它只局限在历史文献学的研究领域，不能只局限在早期儒学的研究，它对于整个中国文化的发展是有价值的。特别是《汉书·艺文志》里面讲，为什么讲完六艺——六艺先讲《易》，后来讲《春秋》——讲完六经之后接着讲了《论语》，接着讲了《孝经》，接着讲了《小学》，它没有放在诸子类啊？所以它的地位就很明显了。

我的一个感觉是什么呢？“六艺”是孔子传承了他之前的 2000 多年的中华文化，诸子是春秋战国兴起的中国文化。《论语》和《孔子家语》正好处在这个中间，所以它实际上是中华文化 2000 年来未有之大变局的一个转折点。所以，我们应该把它放在承上启下的角度来考虑《论语》和《孔子家语》的价值。这样的话，对于中华 5000 年文明的延续和发展，对于它的内核式、内涵式的研究可能会更加清楚。为什么中国和西方走了一条不同的道路呢？其实根要追到文化上。追在文化上是什么，这是什么样的基因，比如说我们人要先做好人才能做事，这叫修己安人。你要做一个领导，你要先有仁爱之心。

所以，我们会发现，在《论语》《孔子家语》里边有大量的论述，甚至《孔子家语》里边论述得比《论语》要更加系统，更加细腻。它补充了《论语》里面好多没有展开的内容。《论语》就是语录体，《孔子家语》对孔氏家学的传承可能更重要，但是它实际上也是通过对话的形式展现出来的，所以这个更加有原汁原味的儒家文化的特点。从这个来讲的话，它保留了原始的儒学的素材。

中国文化在汉代为什么选择儒家呢？儒家不只是因为汉代统治者的提倡，它才走向了意识形态最高的殿堂，是因为它有价值，就是“须臾不可离也”，“道也者，须臾不可离也，可离非道也”。离了它，这个社会就转不了。所以无论什么时候你都要做一个好人，无论什么时候你都要做一个好官，无论什么时候人要尊重人，孔子的仁爱，它的价值体现在什么，我服务社会，我帮助他人，体现自我价值，这是仁学。

所以，以这个为基础的话，《论语》《孔子家语》大量地围绕仁、礼来展开的，这是中华文化的基因。以这个我们再拓展和其他诸子的比较，甚至是和其他的西方文化的比较，中国文化的主体性就会更加清晰。在今天来看的话，我们弘扬中华优秀传统文化，自信会更加足。我觉得这是《孔子家语》一个是在学术史上的价值，一个是在当下中国文化往广义上开拓，甚至是在世界各文明对话中应发挥更大的作用。这是我的一个想法。

后 记

2021年10月15~17日，由中国孔子基金会资助、尼山世界儒学中心孔子研究院主办，中华孔子学会论语学研究中心、《孔子研究》编辑部和洙泗书院等机构承办的“《孔子家语》与中国文化新认识高端学术论坛”在山东曲阜召开。此次会议共邀请到来自清华大学、北京师范大学、首都师范大学、山东大学、孔子研究院等高校及科研院所的五十余位专家学者参会，共收到学术论文三十余篇，核心议题是《孔子家语》的学术史、文献研究及其与中华文化的关系等。两天热烈而深入的研讨，深化了学者对当前《孔子家语》不少相关热点问题的认识，并达成了令学者满意的诸多共识。

本次会议是目前国内首次以《孔子家语》为主题召开的学术专题会议，它的重要性自然不言而喻，或许能成为中国“论语学”史上具有里程碑意义的一件大事。就《孔子家语》这本书而言，虽然学术界仍然存在一些不同的观点，甚至存在质疑该书真实性的声音，但主流的观点则认为《孔子家语》是一部重要的早期儒家经典，是值得学术界珍视的“孔子遗说”。就研究孔子及其早期儒学而言，其价值甚至不在《论语》之下，这也是学者们将其称为“孔子研究第一书”的原因。所以，研究孔子及其思想的价值，阐释孔子、儒学与中华文明的关系，《孔子家语》这本书都能提供大批珍贵的文献资料。

会议结束之后，在《论语学研究》编委会指导下，编辑部便启动了选编《论语学研究》（第三辑）书稿的工作。在征得作者的同意之后，我们最终遴选、整理出二十余篇质量相对较高的学术论文以及五位著名学者接受中国孔子网的采访稿。这些文稿基本都是专家学者提交给本届论坛的学术成果或者发言稿，所以《论语学研究》（第三辑）的出版，也算是本届高端学术论坛学术成果的一次集中展示。通过这样的方式，我们希望以《论语》《孔子家语》等为代表的早期儒家经典，能够在新时代“论语学”的传承、弘扬和普及进程中起到积极的推动作用。

《论语学研究》（第三辑）的编辑完成与出版发行，得益于中华孔子学会、孔子研究院领导的亲切关怀，得益于孔子研究院同仁的友情协助，更得益于诸位前辈师友的全力支持。更要感谢的是中国孔子基金会，全额资助了本书的编辑与出版费用。此外，需要特别感谢的是齐鲁书社的许允龙编审，感谢以他为代表的齐鲁书社同仁，能同意继续用《论语学研究》这一名称出版第三辑，为我们解了燃眉之急，同时也延续了此前的学术工作。

《论语学研究》创办于2018年，并于当年12月由青岛出版社出版了第一辑，2020年5月又出版了第二辑。创办的初衷是期望能为当前国内外“论语学”研究领域搭建一个最新学术成果的展示平台，在推进中国传统范式论语学研究的同时，也能为推动新时代“论语学”新范式的研究、传播和普及尽一份绵薄之力。当然，需要向诸位表达歉意的是，由于疫情的阻隔，加上本人忙于其他事情，使得相关学术会议的召开、书稿的编辑事宜等都没能按时接续，有愧于诸位师友的期待与厚望，成了一位不合格的主编。我们将以《论语学研究》（第三辑）出版为契机，力争向诸位师友期望的方向奋进，真正实现我们的初衷。

当然，由于尚处于初创期，不少问题还都没有协调好，特别是存在经费筹集、稿件来源等困难，衷心期望诸位师友同仁能继续支持我的工作，继续支持我们这本小书，将撰写的与“论语学”相关的、自己满意的稿子赐予我们。我们相信，《论语学研究》在众多师友、读者的关心帮助下一定能茁壮成长，成为新时代中国“论语学”研究、传承、普及的一个重要学术平台。

魏衍华于孔子研究院

二〇二二年十月十日